KB273244

번아웃
BURNOUT

회사는 나를
다 태워 버리라고
한다

사빈 바타유 지음 / 배영란 옮김

번아웃
BURNOUT

회사는 나를 다 태워 버리라고 한다

번아웃 이후, 어떻게 다시 기력을 회복할 것인가

스트레스와 사회심리적 문제를 다룬 책이나 원만한 직장 생활을 저해하는 요인에 관한 책은 서가에 얼마든지 널려 있다. 이를 다루는 인터넷 사이트도 한두 가지가 아니다. 직장 내 문제 요인에 대한 분석이 나왔다면 그다음으로는 해결책이 나올 법도 한데, 원활한 직무 수행과 업무 피로 회복에 관한 책은 그보다 훨씬 더 적다. 번아웃 증후군과 그 치료 및 예방법을 다룬 이 책을 쓴 이유도 바로 여기에 있다.

이 책은 일반 사원뿐만 아니라 회사 간부까지를 그 대상으로 삼고 있다. 다들 말만 많이 할 뿐 정작 변화는 이끌어 내지 못하는 직장 내 암울한 현실에 대해서도 독자들에게 여러 가지를 일깨워 주는 책이 될 것이다. 또한 이 책은 번아웃 증후군을 경험한 사람들이 직무 정체성을 다시 회복하는 길을 모색하는 데에 도움을 줄 것이다. 가까스로 번아웃 증후군을 모면한 사람이나 곧 이를 겪게 될 위험에 처한 사람에게도 꽤 유용할 것이다.

이 책에는 직장 생활 중에 번아웃 증후군을 경험한 직장인들을 대상으로 한 연구 조사 결과가 수록되어 있다. 조사는 나의 실무 경험을 기반으로 이루어졌으며, 연구의 기본 틀은 사회학자인 로랑스 세르벨Laurence Servel과 노르베르 알테르Norbert Alter가 잡아 주었다. 이 연구는 2012년 5월, 근로환경개선위원회ANACT* 이사회로 구성된 심사위원단으로부터 상을 받기도 했다.

번아웃 경험자들의 증언과 산업 보건 전문가들의 조언을 바탕으로 하여, 나는 이 책에 번아웃 증후군 극복을 위한 여러 가지 회복의 지표를 제시해 두었다. 독자들은 이를 지표로 삼아 번아웃 상태에서 벗어나는 길을 모색할 수 있을 것이다.

이 책을 통해 내가 추구하는 첫 번째 목표는, (회사 전체로서든 특정 직위에서든) 근무 환경 내에서 번아웃 증후군이 발생하는 원인을 규명함으로써 번아웃이 재발되지 않도록 하는 것이다.

이어 두 번째 목표는, 여러 가지 증언들을 바탕으로 개인적인 상황(나이나 교육 수준, 직업 경력, 가족 관계 등)과 각자의 사례를 고려하여 그 안에서 스스로 효율적인 회복 요소를 발견하도록 도움을 주는 것이다.

---

* Agence nationale pour l'amélioration des conditions de travail: 1973년에 창설된 프랑스 노동고용보건부 산하 행정 기관. 기업의 효율성을 높이고 근로자들의 근무 상황을 개선하기 위해 힘쓴다. – 옮긴이

독자들은 이 책에서 번아웃에 관한 여러 가지 설명과 사연, 예시, 훈련 자료 등을 통해 각자의 번아웃 탈출 경로를 찾아볼 수 있다. 이를 위해서는 책을 읽기 전에 먼저 준비해야 할 것이 있다. 바로 연필과 작은 수첩이다. 이 책을 읽는 독자들은 언제든 이 두 가지를 가지고 다니면서 번아웃과 관련 있는 생각이나 몇 가지 특징적 요소들을 적어 두기 바란다. 이 책에 수록된 일부 훈련은 어느 정도 시간을 두고 고민해야 답이 나오는 것들도 있기 때문에 장기적인 관점에서 접근해야 한다. 따라서 수첩에 상세히 기록해 두면 자신이 어떤 상태에서 출발했는지를 구체적으로 알 수 있고, 또 그날그날의 일지를 작성함으로써 자신이 어떤 경로를 거쳤는지도 알 수 있다. 뿐만 아니라 앞서 무슨 일이 있었는지, 또 무슨 생각을 하며 살고 있는지도 파악할 수 있으며, 나아가 회복 가능성을 점쳐 볼 수도 있다. 이 수첩이 진짜 자기만의 번아웃 탈출 성공기가 될 것이며, 이 책은 그저 그 과정에서 도움을 주는 보조 역할만을 할 뿐이다. 자기만의 직무 회복 탄력성을 만들어 내는 주체는 바로 독자 자신이다.

뒤로 갈수록 훈련은 차츰 심화되는데, 각 장별로 특화된 맞춤식 훈련이 제공된다. 아울러 훈련 유형별로 기호를 표시해 두었으니 참고하기 바란다.

한 주, 한 달, 나아가 한 해, 한 해에 걸쳐 조금씩 직무 기력을 회복한 번아웃 경험자들의 사례를 바탕으로, 나는 번아웃 탈출 경로를 그려 볼 수 있었다. 사례를 제공해 준 사람들은 서로 얼굴 한 번 본 적이 없었고, 서로 알지도 못하는 사이인 데다 일하는 분야도 저마다 제각각이었다. 하지만 이들은 모두 똑같은 상처를 안고 있었고, 힘든 상황에서도 이를 극복하여 계속 일을 해야 하는 처지였다. 각자의 직무 정체성을 재구축하는 과정에서 저마다 비슷한 단계별 과정을 겪었기 때문에 이를 기반으로 번아웃 회복 모델을 세울 수 있었던 것이다.

따라서 이 책에서는 단계별로 따라가야 할 지표나 그림을 제시함으로써 번아웃 상태에서 직무 회복 탄력성을 복원하고 원래의 자리로 복귀하는 과정을 소개하고자 한다. 이 시대의 사회상에 대한 일종의 기록이기도 한 이 책은 우리가 일에 대한 내성을 복원하여 고용 시장에서 낙오되지 않도록 길을 밝혀 줄 것이다.

차례

3부 이제는 되돌아가야 할 시간
상처 입지 않으면서 다시 무대 위에 오르기

지금은 잠시
멈춰 서야 할 시간

끝없는 추락에서 헤어나기

"우리 앞에 시야를 가리는 무언가를 세워 둔다면
아무 생각 없이 벼랑을 향해 돌진할 수 있다."
– 블레즈 파스칼

영광의 상처, 상처뿐인 영광

살아남은 자의 한 마디

요즘에는 하루라도 누군가의 자살 소식이 들리지 않는 날이 없다. 상공업 분야든 서비스 분야든, 업종을 막론하고 많은 기업들이 도마 위에 오르고, 르노와 푸조 같은 유수의 자동차 기업은 물론 유명 통신사나 우체국도 비난의 대상이 되고 있다. 비단 어제 오늘의 일이 아닌 이러한 사회 현상을 두고 산재 예방 전문가와 사회과학자, 노무사, 그 외 관련 전문가와 상담사 들은 문제를 제기하며 해결 방안을 모색한다. 업무 피로로 인해 직무 기력이 소진된 상태를 의미하는 번아웃 증후군과 관련하여 여기저기서 다양한 의견이 쏟아지고 있는데, 이는 강압적인 경영 방식으로 인해 취약해진 근로 환경과 압박이 결국 어떤 문제를 가져오는지를 잘 보여 준다.

정년 연장에 따른 업무 장기화

    언론은 근로 현장에서 일어나는 비극적이고 파국적인 결과에 대해 비난의 목소리를 높이고 있는데, 일부 필진들은 정신 건강을 지켜 준다는 차원에서 일의 보호적 측면을 부각하기도 한다. 즉, 근로 활동 그 자체를 통해 정신 건강을 유지할 수도 있다는 것이다.[1] 고용 시장을 뚫기가 고되고 힘들기는 하지만, 그래도 일은 자아실현의 가능성을 제공하고 그에 따라 자연히 사회심리적 위험을 예방한다는 점에서 무시하지 못할 요인이다. 그런데 고객이든 협력 업체든, 지위 고하를 막론하고 각자의 삶에서 일이 차지하는 비중이 커짐으로써 생기는 번아웃 증후군은 정년이 늦춰지고 있는 상황에서 더욱 시급히 해결해야 할 문제가 되었다.[*] 그러므로 이제는 근로 기간의 연장에 대비해 지속적으로 업무를 수행할 수 있는 능력을 키워야 한다. 더 오래 일할 수 있는 체력과 정신력을 갖추어야 하는 것이다. 모두가 최소 62세까지 일하는 상황에서는 고용 적합자로서의 자질과 능력을 유지하고 일에 대한 동기 부여를 할 수 있어야 하며, 일에서 의미를 추구하는 것도 62세까지로 연장된다. 인사본부장의 책상 위에도 정년 연장 관련 문건이나 고령자 고용에 대한 계획안이 넘쳐 난다. 법 규정에 따라 고용 장기화에 대비해야 하는 50인 이상 사업장은 정년 연장에 따른 근

---

1 Clot Y., *Le travail à cœur : pour en finir avec les risques psychosociaux*, La Découverte, 2010.

* 프랑스에서는 2010년 연금개혁법에 따라 정년이 60세에서 62세로 늦춰지고, 연금 수령 시기도 65세에서 67세로 미뤄진다. – 옮긴이

로 조건 악화에 대비할 수 있는 실천 계획이나 협정을 마련해야 한다.[2]

직무 기력 소진과 관련해서 노동 단체에서도 정부의 답변을 요구하며 질문 공세를 펴고 있다. 예를 들어 근무 연한 관리와 고령 근로자에 관한 해법, 유해 환경이나 발암 요소에 대한 노출 위험과 고된 노동 강도, 남녀 고용 평등 문제 등에 대한 대책을 요구하고 나선 것이다. 하지만 근로자의 정신 건강과 관련된 직무 기력 소진 현상은 여전히 부차적으로만 다루어지고 있으며, 기업이 이 문제에 대해 구체적으로 고민하게끔 강제하는 규정은 전혀 마련되지 않았다. 편안하고 만족스러운 직장 생활을 누린다거나 하다못해 일하는 즐거움을 찾겠다는 바람은 사치에 지나지 않으며, 사회심리적 위험이 제기되고 난 후에야 비로소 방어막에 대한 논의가 이루어진다. 더욱이 번아웃 증후군은 다각적인 시각과 여러 영역에 걸친 접근법을 가지고 풀어야 하는 문제이나, 번아웃 증후군의 문제가 명확히 규정되지 않은 오늘날의 상황에서도 번아웃 피해자는 분명히 그 증상을 호소하고 있으며, 주위 동료나 상사, 거래처 고객, 친구나 가족까지도 이 증상을 감지할 수 있다. 따라서 사내에 번아웃 피해자가 있다면, 머지않아 회사 측도 그 근로자가 어려움을 겪고 있다는 사실을 알게 된다.

보건이나 사회 복지 부문, 교육 부문, 경찰 부문 또는 서비스 부문[3]

---

2 이 규정은 2012년 1월 1일부로 발효되었으며, 고용주는 6개월간의 유예 기간을 두고 시행에 들어가야 한다. 정년 연장에 따른 부작용을 최소화하기 위해 산재 위험 요인에 대한 대비책 마련을 법제화한 것이다.

3 Buscatto M., Loriol M. & Weller J.M., *Au-delà du stress au travail. Une sociologie des agents publics au contact des usagers*, Eres, 2008.

등의 특정 업무와 직종에서 인지적·정신적·감정적으로 압박을 받을 때 생기는 위험성에 대해서는 이미 잘 알려져 있다. 이에 대한 비판이 나온 지도 꽤 오래되었다. 그런데도 그런 중압감은 여전히 과소평가되고 있고, 피해를 입은 사람만 그저 문제 있는 사람으로 낙인찍혀버리거나 나약한 사람으로 치부당하고 만다. 조직 내의 문제일 수도 있다는 사실을 간과하는 것이다. 직무 부담 평가에 관한 전담 부서를 두고 있는 기업이나 전문 조사 기관도 별로 없을뿐더러, 사회적·인지적·행동적 부담 간의 미묘한 관계에 대해 평가하는 경우는 더욱더 보기 힘들다. 하지만 회사에서든 우리의 삶 전반적으로든 요즘에는 사회적·인지적·행동적 균형을 유지하기가 쉽지 않다.[4] 몇 가지 대표적인 모델이 존재하긴 하지만, 개인과 집단의 복잡한 상황을 다 포괄하기에는 무리가 있다.

그러나 이 문제에 대한 고민을 더 이상 늦출 수는 없는 상황이다. 이러한 불균형으로 야기되는 결과가 나이와 지위 고하를 막론하고 모든 근로자들에게 영향을 미치기 때문이다. 업무 부담이 큰 고위직에 오르지 않더라도, 또 근로 환경이 아주 나쁜 편은 아니라 하더라도, 근로자는 얼마든지 업무 피로를 호소하고 일찍부터 직무 기력이 소진되는 상태에 빠질 수 있다. 하지만 개인이 느끼는 업무 피로감과 번아웃 상태가 서로 다르게 나타나는데도 우리는 지극히 상식적인 관점을 통해서만 이들을 보살피려 한다. 지위가 높은 상사인 것도 아니고 그

<hr>

4 Chantal Matima Sergent, "La charge de travail, une bombe à retardement?" *Les Echos*, 29/02/2013.

렇다고 완전히 일을 할 수 없는 상태도 아니며, 엄밀한 의미에서는 노동법 제4121-3-1조에서 정하는 육체적 위협 환경*에 노출되어 있는 상태도 아니므로 이 애매한 중간자적 존재의 근로자들에게 통용되는 법칙이란 오로지 강자의 법칙밖에는 없기 때문이다.

근로 현장에 정글의 법칙이 적용됨에 따라 생기는 문제는 한두 가지가 아니며, 근로자들은 마흔다섯 살이 되기도 전에 일할 의욕과 보람을 상실한다. 이로써 치명타를 입은 근로자들은 다시 일어설 수 없는 재기 불능 상태에 빠지기도 한다. 이는 비단 개인뿐만 아니라 회사에도 극심한 피해를 불러온다. 직업 경력에도 문제가 생기고 일에 대한 꿈과 포부도 무너져 버리기에 근로자 개인의 차원에서 물론 문제가 되지만, 인사본부 차원에서도 근로자들의 역량 관리와 관련하여 치명적인 오류가 생기기 때문이다. 더욱이 한번 이런 상황이 발생하면 끊임없이 악순환이 반복된다. 한 사람의 '인적 자원'이 해내던 몫을 앞으로는 두 사람, 세 사람의 '인적 자원'이 감당해야 할 수도 있기 때문이다. 그러므로 서둘러 이 문제를 인식하고 이와 관련한 고민을 공론화하며 최악의 상황을 피해야 한다. 인적 자원의 손실이 회사 자본의 손해임은 말할 것도 없으며, 지구의 자원이 한정된 것과 마찬가지로 인적 자원 또한 한정되어 있다. 앞으로 얼마든지 새로운 사람을

---

* 1. 위험한 기계를 다루거나 위험한 자세로 일하는 등 특정 신체적 위험에 노출되어 있는 경우, 2. 유해 물질을 다루거나 고온·고소음 환경에서 작업하는 경우, 3. 야간 작업이나 교대 근무 등 비정상적인 업무 시간대에서 근무하는 경우 등, 눈에 띄는 상해 흔적이나 돌이킬 수 없는 건강상의 피해가 우려되는 근무 환경 – 옮긴이

뽑으면 된다는 생각은 통하지 않는다는 말이다. 지속 가능한 개발이라는 개념은 환경 부문뿐만 아니라 근로 부문에서도 통용된다. 이제는 우리 모두가 인적 자원을 보호하고 서로가 서로를 지켜 주며, 필요하다면 법이 규정한 바에 따라 미리 위험을 알려야 한다.

직장에서 겪는 어려움

사내 스트레스 유발 요인이나 집단 사기 저하, 병가 증가의 원인에 대한 연구는 꽤 많이 이루어지고 있으며, 이 연구들은 직장 생활에서 나타나는 문제 증상들을 파악하여 직업병을 설명하는 데에 유용하다. 그런데 사내 복지와 직무 회복 탄력성에 대해 우리는 얼마나 자유롭게 이야기할 수 있는가? 영미권에서 이야기하는 사내 웰빙과 사내 복지의 개념이 어느 나라에서나 쉽게 받아들여지지는 않겠지만, 근로자들이 일 때문에 상당히 괴로워하는 상황에서 사내 복지 외에 그 어떤 개념을 가지고 회사 내 삶의 질 추구에 대해 논할 것인가? 일을 통해 성장하고 일에서 의미와 가치를 찾으며 일로써 '최소한'의 자아실현을 하는 것에 대해 우리는 그 어떤 표현으로 이를 포괄할 것이며, 어떤 개념으로 이를 논해야 하는 것일까? 회사에서 삶의 질을 추구한다는 것은 선험적으로든 경험적으로든 도달할 수 없는 이상향인가? 직장에서의 고충을 토로하는 것은 더 이상 쉬쉬할 일이 아니다. 즐거운 환경에서 일하고 싶다는 생각 또한 더더욱 숨길 일이 아니다. 즐겁게 일하는 것은 자아실현의 원천이자 일에 대한 욕구와 참여 의식이 발현되기 위한 조건이다.

그렇다면 근로자들이 일에 지친 상태라는 것을 어떻게 확인할 수 있을까? 수시로 경쟁의 법칙이 달라지는 조직 내에서 사생활도 없이 도를 넘어설 정도로 일에 몰두했는데, 이제 어떻게 하면 직무 탄력성을 회복할 수 있을까? 일에 지친 근로자들이 잃어버린 삶의 좌표를 다시 세울 수 있는 방법은 무엇일까? 근로자들의 진로를 안정적으로 만들어 주면서도 그들의 동기나 의욕을 조직에 부합하는 방향으로 맞춰 나가는 방법은 무엇일까?

조직은 끊임없이 변화하고 있고, 근로자들은 조직의 변화에 가능한 한 잘 적응해야 한다. 이 과정에서 어떤 이들은 상당한 노력 끝에 성공적으로 적응하기도 하고, 또 어떤 이들은 결국 실패하여 도태되고 만다. 곁에서 그렇게 도태되는 동료를 지켜볼 때도 있고, 간혹 이들이 재기에 성공하는 모습을 지켜볼 때도 있다. 물론 자의로 회사를 떠나는 사람들도 있고, 안타깝게도 다시는 돌아오지 못하는 사람들도 있다. 이러한 상황에서 '생존자 증후군'의 문제까지 생길 수 있지 않을까? 무사히 위기를 넘긴 사람들, 조직에서 잊힌 사람들, 자폐 증상을 보이고 세상과의 벽을 쌓아 가는 사람들, 사표를 내고 회사를 나간 사람들, 상처 입고 좌절한 사람들, 이들은 모두 어떻게 되었을까? 회사에서 영광의 상처 또는 상처뿐인 영광을 안고 떠난 사람들은 다들 어떻게 되었을까?

내가 알고 싶었던 것은 바로 이 부분이었다. 학회나 세미나에서, 또

는 직무 상담 등을 통해서 나는 이런 근로자들을 찾아내거나 우연히
마주친 뒤, 이들과 면담을 진행했다. 이 사람들에게 그동안 어떤 시
련을 겪었는지에 대해 물어본 것은 아니었다. 그런 내용이라면 책이
나 인터넷에도 넘쳐 나기 때문이다. 그보다 나는 이들이 어떤 과정과
단계를 통해 위기를 극복하고 직무 기력을 회복할 수 있었는지 알아
보는 일에 집중했다. 직장에서 '왜' 직무 기력이 소진되었는지보다는
'어떻게' 직무 기력을 회복했는지가 더 주된 관심사였다.

　직무 전선에서 살아남은 이 남녀 '전사'들은 내게 자신들의 이야기
를 해 주었다. 그들은 예전의 기억들에 대해서도 말해 주었고, 직무
기력 소진이라는 악순환의 고리를 어떻게 끊고 나왔는지도 이야기해
주었다. 그 가운데에는 번아웃 증후군 이후 회복의 소중한 불씨를 되
살린 사람도 있었고, 안타깝게도 아직 이 불씨를 되살려 내지 못한 사
람들도 있었다. 이들은 모두 번아웃 증후군의 상처를 간직하고 있었
으나, 새로운 기반을 토대로 하여 다시 시작하는 길을 선택한다. 모두
가 이런 선택을 할 수 있었던 것은 번아웃 증후군을 경험한 덕분이었
다. 심지어 어떤 이들은 신기하게도 번아웃이 자기 인생을 살렸다는
이야기도 했다. 시련의 순간은 분명 길고 고통스러웠으며, 사막을 건
너는 순간은 견디기 힘들었다. 그런데도 이들은 잿더미에서 건져 올
린 불사조의 상징을 자랑스럽게 내보인다. 당신이라고 그러지 못할
이유가 어디 있겠는가?

　상처를 소화하고 흡수하는 데에는 분명 시간이 필요하다. 어떤 사
람에게는 이것이 지우기 힘든 기억일 수도 있고, 나아가 정신적 외상

으로 남은 경험일 수도 있겠지만, 그렇다 하더라도 이를 한 단계 더 높은 수준으로 승화시켰으면 좋겠다. 모든 것을 다 잊어버리는 것도 상처 회복의 한 방법이 될 수 있겠지만, 그보다는 결코 이를 잊지 않기 위해 기억을 되새기는 편이 더 바람직하지 않겠는가? 이 책을 작업하면서 만나 본 여러 사람들의 증언을 통해 독자들은 아마 자기만의 답을 찾을 수 있으리라 생각한다. 저마다의 속도에 맞게 몇 주에 걸쳐, 나아가 몇 개월, 몇 년에 걸쳐 이 책을 읽으면서 독자들은 스스로 해법을 만들어 볼 수 있을 것이다. 필요하다면 중간에 책을 덮고 특정 단계의 훈련에 더 오래 집중해도 좋다. 어떤 단계의 훈련은 시간이 오래 걸릴 수도 있을 것이다. 시간이 어느 정도나 걸릴 것인지는 물론 저마다의 증상과 경험에 따라 달라진다. 오랫동안 번아웃 증후군에 빠져 있던 사람일수록 회복에 오랜 시간이 필요하다. 회복 단계에서도 연달아 훈련을 이어 가야 할 때도 있고, 중간에 잠시 쉬어야 할 때도 있다. 이 책에 회복 단계별 지침이 제시되어 있기는 하지만, 이를 따르는 것은 각자의 속도에 맡기도록 한다.

중간에 책을 잠시 접었다가 나중에 다시 읽는 방식이 생소할 수도 있지만, 그것은 전혀 이상한 일이 아니다. 그저 책의 내용을 소화하는 데에 시간이 필요할 뿐이다. 책을 읽다가 과거 직장에서 겪은 안 좋은 기억이나 사건들이 떠오른다면 잠시 책을 덮고 읽기를 중단하라. 아직 이 책을 읽을 때가 되지 않은 것이다. 그럴 경우에는 시간을 두고 천천히 독서를 진행하는 것이 좋다. 한번 체득한 것은 사라지지 않는다. 다시 되돌아가는 것은 없다. 최악의 상황도 이미 내 뒤로 멀어진 상태이다. 서서히 앞으로 나아간다면, 내가 잃을 것은 전혀 없다. 더욱이 현재 번아웃 상태에 빠져 있다면 지체 없이 한 발 한 발 앞으로 나아가야 한다. 번아웃 경험담을 들어 보면 모두 이와 같았다. 번아웃 회복기에는 회의감과 좌절감을 맛보게 되고, 안타깝게도 이는 부인할 수 없는 사실이다. 반대의 예를 보여 주는 번아웃 경험자는 한 명도 없었다. 사실 즉각적으로 번아웃 증후군을 치료하는 방법이란 있을 수 없으며, 치료 기간이 짧게 끝나는 경우도 없다. 이는 번아웃이 질병이 아니라 소진 현상이기 때문이다. 굳이 이야기하자면, 번아웃은 병이라기보다는 병을 초래할 수 있는 정신적 외상에 더 가깝다. 인생에는 한 가지 방향밖에 존재하지 않고, 번아웃 경험자들과 마찬가지로 이 책을 읽는 당신 또한 미래를 향해 나아갈 수밖에 없다. 우리가 시간을 다스릴 수는 없으므로 우리가 생각해 볼 수 있는 유일한 선택지는 자기만의 리듬에 따라 살아가는 것뿐이다. 얼마 전 겪은 시련이나 경험을 통하여 이를 인지할 수 있는 것도 바로 우리 자신이다. 우리가 이 책을 읽으면서 다시 기력을 회복하는 시간 동안은 그 누구도 우리를 채근거나 압박하지 말아야 할 것이다. 이 순간은 오로지 우리 자신의 시간이다. 유충에서 성충이 되기를 기다리는 번데기는 남이 도와주는 것을 좋아하지 않는다. 이는 번데기 자신에게도 해롭다. 또 한 번 위험에 빠질 필요는 없으며, 그저 시간이 제 역할을 다하는 것을 감수하고 기다리는 수밖에 없다. 그렇게 해서 새로이 도약하게 될 사람은 바로 우리 자신이다. 설령 우리 배가 풍랑을 만나 갑판에 물이 찼다 하더라도 배는 여전히 떠 있는 상태이다. 그러니 방향키를 제대로 잡고 자기 자신을 믿어야 한다. 한 발 한 발 그렇게 앞으로 내딛는 것이다. 그날그날의 고통만 생각하는 것으로 충분하다. 내일 일은 내일 생각하라.

번아웃 상태에서 빠져나온 뒤 인생에서 일이 차지하는 자리가 근본적으로 달라지고 나면 일이 본래의 궤도에서 벗어나는 일은 결코 없을 것이다. 물론 나 자신이 밑바닥부터 근본적으로 달라지지는 않는다. 하지만 예전에는 미처 보지 못했던 것들이 새로이 눈에 띌 것이다. 특히 내재적인 가치, 나 자신을 어딘가 특별하고 훌륭한 존재로 만들어 줄 그런 가치를 발견하게 될 것이다. 내 안에 깊이 파묻혀 있는 내재적 가치는 내 안의 숨겨진 보석이자 나만의 탄광 속에 파묻힌 천연 금괴와도 같다. 하지만 이를 찾으러 들어가는 길은 험난할 여정이 될 것이며, 이를 가지고 영롱하게 빛을 발하는 다이아몬드로 만드는 일도 쉽지는 않을 것이다. 길고 긴 터널을 지나는 것은 상식을 되찾고 회복하는 데에 필요한 시련이다. 그리고 이 시련을 거치고 난 후에야 비로소 우리는 앞을 환히 밝혀 주는 발판을 토대로 하여 다시 길을 떠날 수 있다.

보일 수 없는 속마음

"얼마 전부터 슬슬 제 역량 평가를 해야 할 때가 아닌가 하는 생각이 들어서요. 그래서 찾아뵈었습니다만……."

"아, 그래요? 그런 생각을 한 지 얼마나 됐죠?"

"사실 꽤 됐습니다. 번아웃 증상이 나타난 이후 병으로 인한 휴직계를 낸 상태이고, 의사 선생님도 이제 슬슬 업무 복귀를 고려해야 할 것 같다고 하셨어요. 하지만 저는 아직 그럴 기력이 없는 것 같아요. 밤마다 일에 대한 악몽까지 꾸고 있는걸요."

"제가 제대로 이해했다면 기존의 일이 여전히 불안을 야기하는 요소가 되고 있는 것 같군요."

"네, 맞아요. 일 때문에 불안해 죽겠어요. 제 일을 좋아하긴 했지만, 제가 어떻게 그 일을 해낼 수 있었는지 모르겠다니까요. 이제는 새로운 일에 제대로 뛰어들 수도 없을 것 같아요."

"이번에 역량 평가를 통해서 기대하는 바는 무엇이죠?"

"역량 평가를 해 보면 제가 어느 정도 역량을 갖고 있는지 좀 더 분명하게 알 수 있을 것 같아요. 그러면 제 인생을 변화시키기 위한 방안을 모색하는 데에 도움이 되겠죠. 맨손으로 다시 시작해야 한다는 건 알겠는데, 어디부터 시작해야 할지를 모르겠어요. 할 수 있는 게 뭔지도 잘 모르겠고요."

이 사람이 자신의 역량에 대한 종합적인 평가를 원하는 데에는 여러 가지 이유가 있었다. 다른 자리에서 다른 일을 해 보고 싶은 마음도 있었고, 전보다 더 발전하고 싶었으며, 어디론가 떠나 스스로를 되돌아보며 삶을 변화시키려는 욕구도 있었다. 이러한 바람 뒤에는 직장에서 겪는 어려움으로 인해 힘겨운 시간을 보내고 있는 직장인이 우선적으로 바라는 욕구가 숨어 있다. 간혹 상황이 매우 분명하게 드러나는 때도 있지만 대개는 여러 가지가 복합적으로 나타난다.

"직업을 바꾸고 싶다는 생각에 찾아왔습니다만……."
"하고 싶은 일이 따로 있나요?"
"아뇨, 아무 일이나 다 좋아요. 지금 하는 일만 아니라면요."
"지금 하는 일에서는 어떤 부분이 잘 안 맞는다고 생각하죠?"
"그냥 뭐…… 더 이상 이 일은 할 수 없을 것 같아요. 이제 한계에 다다랐거든요. 현재 직장에서 상황이 별로 좋지 않은 편이고요. 얼마 전에는 고객을 만나러 가다가 자살을 시도한 동료도 있었어요. 그 사람이 왜 그런 행동을 했는지도 이해가 가요. 지금 일 때문에 받는 압박이 보통이 아니거든요. 저도 진이 다 빠져 버린 것 같아요. 두렵고 겁이 나요. 다시는 일터로 돌아가고 싶지 않아요……."

문제를 안고 있는 번아웃 피해자의 상태가 긴급히 도움의 손길을 요하는 상황일 수도 있고, 일시적으로 동기 부여가 안 되는 상황일 수도 있으며, 모든 것이 무의미하게 느껴지는 상황이거나 인생에서 커다란 위기가 닥친 상황일 수도 있고, 또 직업적 좌절을 겪은 상황일 수도 있다.

다만 그 어떤 상황이든 간에, 직무 기력이 떨어지고 직장 생활이 무너진 것과 관련하여 본질적인 문제 인식과 문제 제기가 이루어져야 한다. 단순히 종합적인 진단을 내리는 차원을 넘어서서, 과연 어떻게 하면 일에 대한 관심을 되살리고 일에서 의미를 되찾을 수 있을 것인가? 우리를 서서히 갉아먹는 이 문제 상태에서 어떻게 벗어날 수 있을 것인가?

여러 분야에 걸친 다원적인 접근

일에서 의미를 찾는 문제든, 아니면 직무 정체성이나 업무 배치의 문제든, 문제 제기는 상당히 복합적으로 이루어진다. 여러 갈래의 문제들이 상호 교차되어 있고, 다양한 영역에서 다루어야 하는 여러 가지 과업이 모여 있기 때문이다. 따라서 직무와 관련한 사회심리적 문제를 제대로 평가하려면 여러 분야에 걸쳐 다각적으로 접근해야 한다. 업무 문제로 어려움을 느끼는 근로자에게는 일단 1차적으로 산업의학 및 산업심리학 쪽에서의 지원을 제공해야 하며, 이어 2차적으로 다른 분야에서의 접근을 통한 치료법을 추가로 제공하여 직무 기력을 회복할 수 있도록 도와주어야 한다.

전문 상담소의 경력 관리 상담사를 찾아가면 체계적으로 문제를 조명할 수 있으며, 산업심리 상담사나 진로 관련 전문 상담사의 도움을 받으면 새로운 업무 동기를 발견할 수 있다. 심리 코칭과 행동 치료, 실존심리학 분야의 전문가를 만나 보면 일의 의미를 찾는 데에 도움을 얻을 수 있다.

| 표 1.1 | 이럴 때에는 누구에게로?

어려움을 겪을 때	도움을 줄 수 있는 사람
직업을 바꾸고 싶을 때	진로 코칭 상담사
활동 분야를 바꾸고 싶을 때	인사 이동 상담사
직무 역량 평가를 하고 싶을 때	인사 이동 상담사 직무 역량 평가원 진로 코칭 상담사
새로운 직위에서 일하고 싶을 때	고용 상담사
(회사 밖에서) 업무상 어려움을 상담하고 싶을 때	심리 상담사, 정신과 전문의, 일반의
(회사 내에서) 업무상 어려움을 상담하고 싶을 때	가까운 선임, 인사본부 담당자, 직무 위기 관리사, 사회복지사, 근로자 대표 심의회, 임직원 대표
근로 복지 향상에 대한 고민을 상담하고 싶을 때	심리 치료사, 산업심리 상담사, 행동심리 상담사, 심리 코치 및 상담사

일관된 논리로 올바른 방향에서 접근을 시도하다 보면 여러 분야에서의 접근법이 서로 상보 효과를 보이게 마련이다. 육체적으로 힘든 것은 그 어려움을 인정받기도 쉽고 포용력 있게 수용되는 편이지만, 정신적인 어려움은 흔히 저평가되기 쉽다. 객관적으로 평가하기 어렵기 때문이다. 정신 건강과 관련해서는 여전히 쉬쉬하는 분위기가 크기 때문에 아직은 이에 대한 언급을 꺼리는 상황이다. 하지만 세계보건기구는 정신 쇠약을 야기하는 이러한 정신적 고충이 향후 2020년까지 병가 휴직의 가장 큰 원인이 될 것으로 내다보고 있다. 언젠가는 이 문제에 대해 공론화해야 한다. 2020년이라면 그리 멀지 않은 미래의 일이다.[5]

기댈 곳이 필요하다

최근 들어 직무 상담을 진행하다 보면 직무 관련 고민 때문에 감정적으로 힘들어하거나 지쳐 있는 사람들을 점점 더 많이 만나게 된다. 직무상 느끼는 어려움은 회사 생활 속에서 은연중에 말로 표출되기도 하는데, 상담 코치들은 이들의 말에 적극적으로 귀를 기울여 주어야 하며, 시야에서 늘 이들을 놓치지 말아야 한다. 이들은 언제라도 무너질 수 있는 존재이기 때문이다.

5 Peruzzi M., "The prevention of psychosocial risk in European Union law," *Colloque international Comparisk 2013*.

이를 진단하는 관련 교육을 받지 않았다고 하더라도 이를 간파해 내는 것은 심리 코치의 책임이다. 심리 코치는 어려움을 겪고 있는 근로자를 분간하고, 그의 상태가 어느 정도 수준인지 진단해야 하며, 회복을 돕기 위해 이들을 관련 전문가에게 인도해 주어야 한다. 그리고 제아무리 선의에서 나온 행동일지라도 섣부른 처방은 내리지 않도록 주의한다. 이는 대충 봐서는 알 수 없는 심각한 사안으로, 상황은 언제든지 급격히 악화될 수 있다.

근로자가 회사 내에서도, 그리고 직업 고충과 관련한 전문 상담소에서도 자신의 사정을 털어놓지 못할 경우, 이들은 심리적 괴로움과 고립감을 느낀다. 정신적인 고충은 겉으로 드러나지 않아 한눈에 파악하기도 힘들다. 가족이나 주위 사람들에게 자신의 심경을 표출할 수만 있어도 이들이 겪는 슬픔이 괴로움으로 발전하지는 않을 수 있으며, 어느 정도 시간이 흐르고 나면 힘들고 고된 순간도 과거의 일이 되어 버리고, 일에 투자할 수 있는 자질과 능력도 손상을 입지 않는다. 하지만 그런 대화를 나눌 수 있는 공간이 존재하지 않거나 존재할 수 없다면, 문제를 안고 있는 근로자는 자신이 기댈 수 있는 제3의 중립적 공간을 찾아야 한다. 이 공간에서 그는 심신의 안정을 취하거나 자신의 문제에 대한 해법을 모색해야 할 것이다.

   현재 당신의 상황은 어떠한가?

- 당신은 직업과 관련한 고민을 털어놓을 만한 상대가 있는가?

  - 직장 또는 동종 업계 지인: ....

  - 가족: ....

  - 그 외 주위 사람들: ....

- 최근 들어 사람들에게 고민을 나누고 싶었던 직업상의 어려움은 무엇이 었는가?

- 이 문제를 혼자서만 해결해야 했을 때의 기분은?

빨간불이 켜지면 멈춰야 한다

경고 신호에 귀 기울이기

"그림자가 불을 끄지는 않는다."

– 폴 엘뤼아르

경고란 전체적으로 봤을 때 무언가 제대로 되어 가지 않는다는 것을 알려 주는 어떤 신호이자 징후이다. 크게 눈에 띄지 않을 수도 있고 반복적으로 나타날 수도 있으나, 대개는 시각적 또는 청각적으로 인지 가능한 형태로 갑작스럽게 나타난다. 간혹 경고를 무시하고 넘어가는 경우도 있는데, 이럴 경우에라도 조속히 조치를 취하지 않으면 상황은 나빠질 수 있다. 후속 조치를 마련하게끔 하는 것이 바로 경고의 존재 가치이자 주요한 기능인 것이다. 예를 들어 우리 몸의 열이 40도까지 올라간다면, 이는 곧 우리의 몸이 외부 공격에 대응하고 있거나 바이러스, 감염 등의 요소와 싸우고 있다는 뜻이다. 우리 몸이 고열이라는 증상을 내보냄으로써 무언가가 잘못되어 가고 있음을 알려 주는 것이다(경고 단계). 다행히도 체온 상승은 우리 몸이 스스로를 지키는 한 방식이기도 하다(적응 단계). 우리 몸은 그렇게 스스로를 지켜 내고, 열은 우리 몸을 쓰러지게 만들어 다시 예전 상태로 되돌리려고 한다(기력 보충 단계). 그런데 고열이 너무 오랫동안 지속되면 우리의 몸은 차츰 피로를 느끼고(기력 소진 단계), 해로운 스트레스가 방출되어 피로감은 더욱 가중된다. 이때부터 우리 몸에는 빨간불이 켜지고, 균형 회복을 위해 어떤 식으로든 대처가 이루어질 때까지 적색 경고등은 지속된다.

피로한 우리 몸이 쉴 틈을 찾아 헤맬 때

직무 기력이 다하면 두 가지 경고 신호가 발동된다. 첫 번째 신호는 내적이고 주관적인 신호로서, 우리에게 어떤 문제와 이상이 있음을 스스로 느끼게 한다. 구체적인 현상으로 나타나는 두 번째 신호는 외적인 특성을 갖고 있으며, 우리의 상태가 좋지 않다는 사실을 회사 및 주위 동료들에게 알려 준다. 하지만 모두들 저마다 맡은 일에 열중하다 보니 이 두 번째 신호는 묻히는 경우가 많다. 경고 신호를 외면하는 경향이 있다면, 우리는 이상 상태를 눈치채지 못한 채 그냥 지나쳐 버릴 가능성이 높다. 가까운 주위 사람 몇 명 정도만이 우리 행동의 변화를 가까스로 눈치챈 뒤 최근 들어 만성적인 스트레스 상태가 자주 눈에 띈다고 지적해 줄 뿐이다. 예를 들어 기분이 널을 뛴다거나 허리가 아프다거나 주초만 되면 편두통이 온다거나 피부 상태가 나빠지고 좀처럼 집중이 안 된다거나 신경성 기침을 하고 후두염이 자주 발병한다거나 하는 문제를 짚어 주는 것이다. 하지만 그렇게 말해 주는 사람들도 많지 않고, 설령 이를 눈치챈다 하더라도 자신이 나설 일은 아니라고 생각하여 말하지 않는 사람도 있다. 따라서 우리는 꽤 오랜 기간 불편한 상태를 감춘 채 살아갈 수 있는데, 이는 문제를 안고 있는 우리에게도 좋지 않고 회사에도 이득이 되지 못한다. 경고 신호에 주의를 기울이지 않는다면 얼마 지나지 않아 곧 심각한 결과가 초래되는 법이다.

또한 가까운 지인이라도 아무런 낌새를 채지 못할 수도 있다. 당신의 어딘가에 문제가 있다고는 상상도 못 하는 것이다. 당신은 늘 모든 것을 알아서 잘 처리해 왔고, 무슨 문제가 생길 리 없기 때문이다. 그들로서는 당신에게 문제가 있다는 것은 생각지도 못할 일이다. 다른 사람이라면 몰라도 당신은 그럴 리 없다고 여기는 것이다.

우리는 우리가 직장에서 느끼는 고통을 그저 우리 앞길을 가로막는 요인으로만 생각해서 이를 모르는 체한다. 단순히 고통이 두려워서 그럴 수도 있다. 한 사람이 약한 모습을 보이면 그런 분위기가 집단 내에 곧 확산되고 말 것이라고 생각해서 그럴 수도 있다. 하지만 정신 건강상의 문제가 부담스럽기 때문에 그냥 모르는 체하는 경우가 훨씬 더 많다. 다른 사람이 고통받고 있는 모습을 외면하고 스스로의 불편함을 부정하면 자신이 구축해 놓은 세계에 균열이 가기 시작하는 상황을 피할 수 있다. 다른 사람들의 세계에 금이 가는 것을 바라봄으로써 그 자신의 정신적 균형까지 깨져 버릴지 모른다면 차라리 이를 외면하고 말겠다는 심리이다. 그렇다면 우리는 왜 직장 내에서 다른 사람이 고통받는 상황에 관심을 가져야 하는가? 이유는 간단하다. 우리 또한 조직 사회의 일원이기 때문이며, 조직은 건전한 상태를 유지하여 능력을 발휘해야 하고, 우리도 심신의 건강을 유지해야 하기 때문이다. 이와 관련해서는 우리 못지않게 고용주에게도 역시 책임이 있으며, 고용주는 사내 문제에 따른 결과에 책임을 질 의무도 가지고 있다(노동법 제L4121조).* 그러므로 우리는 사회심리적 위험 요인을 다각적으로 분석해 볼 필요가 있다. 우리가 감지하는 번아웃 경고 신호는 사회적 차원에서 또 다른 경고 신호 두 가지를 발동시킨다. 바로 사회심리적 차원에서의 경고와 조직사회적 차원에서의 경고이다.

사회심리적 차원에서의 경고 신호는 육체적·감정적·심리적·행동적 차원에서 나타나는 근로자의 직무 기능 이상에 대한 신호이다. 이러한 경고 신호는 의사나 심리 상담사, 심리 치료사 같은 치료 전문가들의 도움을 빌어 개인적인 차원에서의 원인 요소가 규명되면 곧 경고 신호의 발령이 중단된다. 단점이라면, '나약'하고 '민감'한 면모를 지닌 개인 자신에 대해 직접적으로 비난이 가해질 수 있다는 점이다. 하지만 개인의 나약함이나 민감성의 측면이 언제나 문제의 직접적인 원인이 되지는 않는다. 개인의 성격에 따른 구조적 요인보다는

---

* 고용주는 직장 내에서 근로자의 신체적·정신적 건강을 보호하고 안전을 보장하기 위해 필요한 조치를 취해야 한다는 내용을 담은 고용주 의무 관련 조항 – 옮긴이

타인과의 상호 작용에 따른 상황적 요인이 주요하게 작용하기 때문이다. 이는 그저 환경 때문에 초래된 만성 스트레스의 결과를 나타내 줄 뿐이다. 사회심리적 차원에서의 경고 신호는 특히 우선시되는 경향이 있는데, 집단 자체의 문제를 제기하지 않은 채 은근히 개인 쪽으로 책임을 몰아 조직은 면죄부를 받을 수 있기 때문이다. 따라서 사회심리적 경고에만 치우친다면, 개인의 문제도 근본적으로 치유할 수 없고, 나아가 기업 차원에서도 이는 그리 유용한 방식이 아니다. 근로자 입장에서도 회사 입장에서도 얻는 게 없기 때문이다. 물론 문제를 근로자 개인에게로 한정 짓고 그 사람만 격리한다면 회사는 이내 조용해질 수도 있을 것이다. 그리고 한동안은 책임을 면했다는 기분을 맛볼 수도 있다. 하지만 얼마 안 가 또 다른 근로자가 쓰러지면 문제는 다시 불거진다. 프랑스 내 유수의 기업들에서 불거진 사내 문제와 관련하여 일부 사회학자와 정신과 전문의가 경고한 바와 같이 '사회적 전염'이 발생하기 때문이다.

조직사회적 차원에서의 경고 신호는 업무 장애나 과부하를 야기하는 근로 조건 악화와 관련 있다. 사회학자나 인간공학 연구자*의 도움을 얻어 조직 내 근로 조건이 다시 균형을 회복하면 경고 신호의 발령

---

* 업무와 관련된 도구나 수단, 방식 등을 최대한 인간에게 맞추어 최적화하는 인간공학 연구자는 산업 안전이나 보건 분야에서 활동하는 한편, 사내에서 사용하기 편리한 사물이나 제품을 고안해 내기도 한다. 본래 인간공학 연구자는 사내의 근로 환경 개선이나 산업 재해 예방을 위해 활동하던 사람으로, (근로자가 유해 물질이나 소음, 먼지, 고온에 노출되는 등) 사내의 작업 환경이 해롭다고 판단되면 이에 개입하여 해결 방안을 모색한다. 따라서 작업 환경을 둘러보고 직원들이 일하는 방식을 살펴보며, 나아가 일하는 자세나 태도 등 신체적인 부분도 함께 살펴본다. - 옮긴이

은 중단될 수 있다. 다만 이 경우의 단점은, 위급할 때 별로 효용성이 없다는 것이다. 현장에서는 한시가 급한데 절차만 운운하고 있다는 느낌을 줄 수도 있다. 그러므로 시급한 상황에서는 단기적으로 모두가 지는 게임이 되고 만다. 그렇다고는 해도 조직적·사회심리적 위험 요인에 대해 고민하는 전담 부서를 만드는 것이 나쁘지는 않다. 조직 차원에서의 경고 신호가 울리기까지는 장시간이 소요되며, 조직 내의 변화 양상에 민감한 전문 인력이 있어야만 이를 눈치챌 수 있다. 하지만 이러한 접근법을 중시하는 기업은 여전히 드물다.

자기만의 경고 체계 가동하기

그러므로 번아웃 증후군에 빠지는 게 두렵거나 이미 그런 상태에 있는 사람이라면 지금 즉시 자기만의 경고 체계를 마련하여 가능한 한 빨리 이에 대비해야 한다. 앞으로 이어지는 내용들은 자기만의 경고 체계를 정립할 수 있게끔 도와준다. 사람은 저마다 다르기 때문에 각자의 경고 체계 역시 다를 수밖에 없다. 내가 만났던 사람들은 저마다 자기만의 개인적인 경험을 바탕으로 하여 경고 체계를 구축해 두고 있었다.

자크는 중요한 회의 직전 스트레스가 올라올 때에는 등골이 오싹해지는 느낌이 매우 강하게 느껴진다고 말했다. 아델린은 극도로 불안할 때면 입에서 '쇠' 맛이 난다고 고백했다. 이런 신호는 대개 업무

중에 느끼는 경우가 보통이지만, 일 이외의 사적인 경우에도 경황이 없을 때에는 이러한 신호가 느껴질 수 있다. 일반적으로 경계 신호가 발령되는 원인은 일과 관련되어 있지만, 스트레스가 누적된 상황에서는 일과 사생활의 경계가 모호해질 수도 있다. 매일 저녁 자크가 회사 일거리를 집까지 들고 와서 휴식을 취하는 시간조차 업무 관련 통화로 다 써 버릴 때면, 그의 아내와 아이들은 화를 내며 자크에게 불만을 토로한다(경고 단계). 가족들의 불평에 귀를 기울이면서 가족들과 좀 더 많은 대화를 나누기로 한다면, 자크는 너무 많은 일거리를 집으로 가져오지 않도록 노력할 것이다(긍정적인 자가 조정 단계). 반면 업무의 특성상, 자크가 직장 밖에서도 업무를 봐야만 한다면 이런 자가 조정은 이루어질 수 없다. 이런 경우에는 자크가 위기 상황에서 벗어날 수 있도록 자크의 아내와 아이들은 그를 도와 모두에게 적절한 해결책을 찾아내야 한다(집단 해결책 모색 단계). 해법을 찾지 못하거나 기껏 찾아낸 해법이 효과를 보이지 않을 경우, 서로의 짜증이 중첩되면서 자크는 직업적으로 더욱더 큰 어려움을 겪는다.(업무의 압박에 가족 관계의 압박까지 더해지는 것이다.) 이는 중기적으로 길게 가는 위험 요소이다.

가정이 먼저냐, 일이 먼저냐 하는 문제는 우열을 가리기 힘든 싸움이며, 대개 이는 인사본부의 눈길을 끄는 주홍글씨가 된다. "자크는 집에 문제가 좀 있어서 좀처럼 업무에 집중하지 못한다."라는 식으로 생각해 버리는 것이다. 하지만 무엇이 자크를 쓰러뜨렸는가? 회사 일인가, 아니면 가정에서의 갈등인가? 번아웃 피해자 스스로도 집에서의 문제나 개인적인 사생활에서의 문제는 딱히 이렇다 할 노력을 들이지 않더라도 시간이 지나면 자연스럽게 해결될 것이라고 생각한다. 직장에서의 문제가 사생활에서의 문제를 불러오고, 사생활에서의 갈등이 직장에서의 갈등을 야기한다는 식으로 둘을 서로 불가분의 관계로 보는 편이 더 낫겠지만, 사실적 행위의 기준으로 보나 법적 정의의 기준에서 보나 일의 영역과 사생활의 영역을 구분하기란 그리 쉬운 일이 아니다. 인사본부에서는 인사본부 나름대로, 법률 고문과 정신과 전문의는 자기들 나름대로 각자의 주장을 펼치며 의견 충돌을 빚는다. 그렇다면 일과 사생활의 이 위험한 연장선 위에서 최대한 빨리 위험 징후를 파악할 수 있는 방법은 무엇일까? 우리는 언제 우리 자신의 경고 신호에 귀 기울여야 하는가?

■ 불의 비유

'활활 타오르고 있는 집'은 직장인들에게서 나타나는 번아웃 증후군을 단적으로 보여 주는 비유이다. "이 복잡한 세상에서 살다 보면 그날그날의 생활 속에서 갈등이 야기되고, 불길에 모든 것이 타 버리듯이 그렇게 자기 안의 자원들이 소진되어 버리면서 내부적으로는 커다란 공허감만이 남게 된다. 겉포장이 제아무리 멀쩡해 보인다 한들 안은 다 타 버린 상태이다."[1] 현재 붙들고 있는 일이 좀처럼 끝날 기미

---

1 http://www.psycho-ressources.com/bibli/epuisement.html.

를 보이지 않을 때, 우리는 심리적 탈진 상태에 빠진다. 물론 겉으로는 티가 잘 나지 않는다. 열심히 노력하면 끝낼 수 있으리라는 은근한 희망을 간직한 채, 그 일을 계속 진행해 나갈 것이기 때문이다. 하지만 얼마 안 가 우리는 상당히 지치게 되고, 해도 해도 일이 안 끝날 것만 같고, 일이란 것이 아무리 해도 그 끝에 도달할 수 없을 것 같은 허망한 작업처럼 여겨진다. 이쯤 되면 이미 불이 붙어 버린 상태이고, 모든 것은 매우 빠르게 진행된다.

■ 불길의 확산

번아웃 상태에 가까워질 때, 우리는 스트레스의 강도와 스트레스 유발 요인의 지속 기간에 따라, 그리고 기존의 경험에 따라 스트레스 증상을 조절할 수 있다. '스트레스'의 학문적 명칭은 '일반 적응 증후군General Adaptation Syndrome'으로, 1956년 헝가리 출신 군의관 한스 셀리

1. 경고 단계

우리의 몸은 싸워야 할 때와 피해야 할 때에 대한 대비를 하고 있다. 스트레스를 받는 상황에 직면하면 우리 몸에서는 호르몬(교감 신경을 자극하는 '카테콜아민')이 방출된다. 이 호르몬이 방출되면 심박수가 올라가고 맥박이 빨라지며 각성 상태가 유지되고 체온이 올라간다. 이러한 생리적 변화가 나타나는 이유는 근육과 심장에 산소를 공급하여 우리가 외부의 변화에 쉽게 대처할 수 있도록 하기 위해서이다. 외부 상황에 적응하고 적극적으로 싸우거나, 아니면 적극적으로 도망칠 수 있도록 경계 태세를 갖추는 것이다.

2. 저항 단계

이런 상황이 지속되면 우리 몸은 저항 단계로 접어든다. 이때에는 '당질 코르티코이드'라는 부신 피질 호르몬이 분비되는데, 이 호르몬은 근육과 심장, 뇌에 필요한 에너지를 운반하기 위해 혈당치를 높여 준다. 이로써 우리 몸은 스트레스의 대응 과정에서 필요한 에너지 소모에 대비한다. 당질 코르티코이드는 피드백 작용을 통해 스스로의 분비를 멈추는 특징을 지닌다. 따라서 중추 신경계의 수용체가 혈액 속에 분출된 호르몬의 양을 감지하여 이를 조절한다.

3. 소모 단계

스트레스 상황이 계속해서 진행되거나 그 강도가 점차 높아지면 우리 몸의 스트레스 수용 한계를 넘어설 수 있다. 만성적인 스트레스 상태가 이에 해당한다. 이러한 상황에 대처하기 위해 우리 몸에서는 더욱더 많은 호르몬이 생성된다. 이때에는 스트레스 조절 체계가 효과를 보이지 못하고, 중추 신경계 수용체는 당질 코르티코이드의 분비량에 전보다 더 둔감해진다. 따라서 혈액 내 이 호르몬의 분비량은 지속적으로 증가한다. 호르몬에 잠식된 우리 몸은 계속해서 활성화된 상태가 되고, 이에 우리 몸은 조금씩 지쳐 간다.[2]

---

2 INRS, 2011 : www.inrs.fr/default/dms/inrs/CatalogueMultimedia/TI-Anim-005/ stress-travail-anim-005.swf.

에^{Hans Seyle}가 맨 처음 이를 규명했다. 우리 몸의 작용은 '기존에 겪은 스트레스 상황' 또는 현재의 상황에 '연계된 상황'에 따라 영향을 받을 때가 있다. 스트레스 상태 자체가 질병인 것은 아니지만, 테러나 납치, 감금 등과 같은 극심한 스트레스 상태에 노출될 때, 그리고 같은 문제를 반복적으로 고민하거나 계속해서 곱씹으며 불안에 빠져드는 등 만성적으로 스트레스가 지속될 때에는 정신과 신체의 건강에 심각한 영향을 미칠 수 있다.

캐나다 스트레스 연구소의 소니아 뤼피앵^{Sonia Lupien 3} 소장은 직무 기력 소진과 관련하여 이렇게 주장한다. "우리가 나약해서가 아니라 우리 몸이 고장 난 상태라서 직무 기력이 소진되는 것이다. 최근의 연구 결과, 스트레스 호르몬이 뇌까지 올라가면 이 호르몬은 앞으로 일어날 상황에 대한 우리의 인지 방식까지 바꾸어 놓는다는 사실이 밝혀졌다. 호르몬의 삭용으로 인해 무언가를 바라보는 방식 자체가 달라지는 셈이다. 스트레스를 받으면 받을수록 스트레스에 대한 우리의 대응 기제도 점차 일반화된다. 컵에 남은 물의 양을 바라보는 방식도 달라진다. 이에 따라 우리는 악순환의 고리에 빠져들며, 이는 직무 기력 소진 상태로 이어질 수 있다. 왜곡된 시선으로 상황을 바라보고, 이를 벗어나는 방안에 대해서도 그릇된 판단을 하기 때문이다."

---

3 신경심리학자로, 캐나다 몬트리올에 있는 루이 H. 라퐁텐 병원의 페르낭-스갱 Fernand-Seguin 연구소의 연구부장이며, 스트레스 연구소를 설립하여 소장직도 맡고 있다. www.hlhl.qc.ca.

직무 기력 소진의 1차적 신호는 기력이 떨어지고 쇠약해진다는 느낌이 드는 것이다. 이와 함께 쉽게 짜증이 나거나 노여움이 일고, 화가 많이 나는 등 말로 표현하기 힘든 느낌도 수반된다. 상황이 지속되면 무관심과 무기력 상태가 고착되고, 급기야는 모든 것이 지루하다고 느끼기도 하고 냉소적인 태도를 보이기도 한다. 어떤 경우에는 정반대의 착각에 빠질 수도 있다. 역설적이게도 자신이 모든 것을 다 해

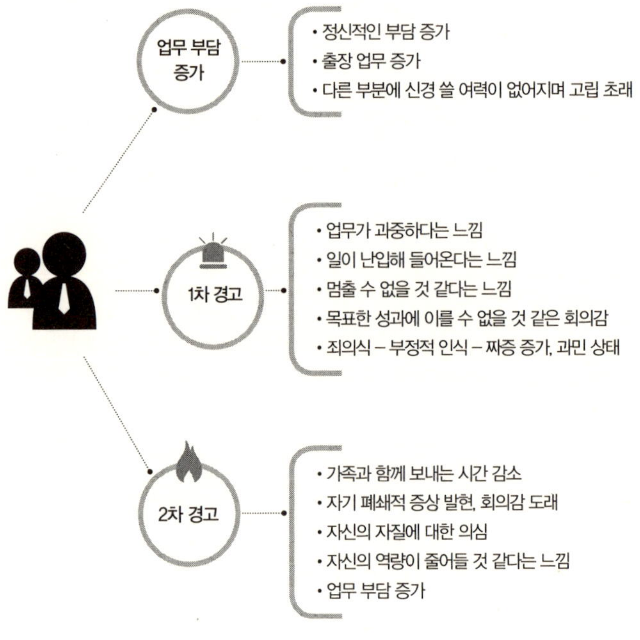

| 그림 2.1 | **경고 체계**

낼 수 있다고 생각해 버리는 것이다. 이렇게 되면 모든 것이 급속도로 무너져 내리기 시작한다. 태양에 너무 가까이 간 탓에 날개가 다 녹아 버린 이카로스 꼴이 되는 것이다.

신체적 문제나 질병 또한 번아웃의 전조가 될 수 있다. 예를 들어 가벼운 감기 증상이 좀처럼 낫지 않은 채 계속될 수도 있고, 뚜렷한 유발 요인도 없는데 두통이나 요통이 은근히 지속될 수도 있다. 이러한 신체적 증상들은 긴장 상태가·점점 더 심해지고 있다는 뜻일 수도 있고, 번아웃 증후군이 차츰 자리 잡고 있다는 뜻일 수도 있다. 뚜렷한 병리적 요인이 없다면 대개는 휴식을 취함으로써 증상을 가라앉힐 수 있다. 신체적 증상으로 나타나는 신호에 민감하게 대하는 것도 쉽지 않지만, 이를 외면하며 둔감해지는 것도 사실 쉬운 일은 아니다. 조금만 머리가 아파도 "머리가 답답해 죽겠어."라고 과장을 한다든기, "이제 아무것도 모르겠이."라고 밀하며 쉽사리 모든 것을 포기해 버릴 수 있기 때문이다. 다만 한 가지, 신체 질환이 정신 질환보다 더 심각하게 받아들여지는 현상에 대해서는 한 번 생각해 볼 만하다. 신체 질환은 사회 보장 제도를 통해 좀 더 쉽게 혜택을 받을 수 있는 반면, 정신적 소진 상태는 초기에 진단을 받기가 더 어려운 편이다. 정신 질환이 아직 사회 내에서 금기시되고 있기도 하고, 상황에 적응하려고 하는 우리 몸의 생리적 반응에 따라 심지어 본인 스스로도 쉽게 알아차릴 수 없기 때문이다.

번아웃 증후군은 우울증과 꽤 비슷한 양상을 보이지만 이에 대해서는 전문가들 사이에도 의견이 엇갈린다.[4] 피로나 우울한 생각, 총체적 무기력감 같은 일부 증상이 서로 동일하게 나타나긴 하지만, 우울증의 정신 상태와 번아웃 증후군의 정신 상태는 현격하게 다르기 때문이다. 이 책에서는 우울증의 질병 분류학적 세부 사항(내인성, 신경성, 외인성, 반응성 등)까지 거론하지는 않겠지만, 우울증과 번아웃 증후군의 근본적인 차이점은 짚고 넘어가는 편이 좋을 듯하다. 번아웃 증후군을 경험하는 사람은 언제나 만성 스트레스 상태에 빠져 있는 데 반해, 비직업적 원인에 의한 우울증에 걸린 사람은 50% 비율로 만성 스트레스에 시달린다.

우울증과 번아웃 증후군의 생리적 차이는 코르티솔 수치로도 확인된다. 직무 기력이 소진된 상태에 빠진 사람들의 몸에서는 코르티솔이 충분히 생성되지 않는 반면에 우울증에 걸린 사람들은 이를 지나치게 많이 분비한다. 우울증을 앓는 사람들은 매 순간 코르티솔의 과잉 분비에 따른 영향을 받지만, 번아웃 증후군을 보이고 있는 사람들은 이에 해당하지 않는다. 다만 기력이 소진된 상태가 장기화되면 주위 사람들과 주변 환경에서도 더 이상 이를 감당할 수 없게 되어 주위로부터 더욱더 고립되고, 이는 잠재적인 우울증 유발 요인으로 작용할 수 있다. 또한 우울증에 빠진 사람들은 자기 앞에 닥친 일에 대해 스스로 죄책감을 느끼지만, 스트레스 보상 반응이 퇴화된 번아웃 피해자들은 분노를 느끼는 경향이 더 강하다.

끝으로 번아웃 증후군을 경험하는 사람들이 느끼는 가장 큰 불쾌

---

4 Comparisk 2013, 사회심리적 위험 요인에 대한 비교 접근. 2013년 1월 15~17일, 보르도.

감은 방향성 상실이다. 무엇을 어찌해야 할지 갈피를 잡지 못하는 것이다. 이들은 좀처럼 일에 집중하지 못하며, 자신이 주변 환경과 점점 더 분리되는 듯한 느낌을 받는다. 단순히 존재하고 싶다는 생각밖에 없으며, 나아가 어디론가 떠나고만 싶은 상태에서 자신이 지금 여기에서 무엇을 해야 할지를 모른다. 예를 들어 회의나 행사에 참석하더라도 (머릿속으로는) 수천 킬로미터 떨어진 곳에 있는 듯한 느낌을 받는 것이다. 몸은 여기 있지만 마음은 콩밭에 가 있는 이러한 상태를 전문 용어로 '프리젠티즘presenteeism'*이라고 한다. 산업 보건 문제로 인해 고용주가 부담해야 하는 비용 가운데 프리젠티즘 관련 비용이 18~60%를 차지한다. 최근의 연구에 따르면, 근로자 세 명이 프리젠티즘 상태에 있다면, 이는 한 명이 결근한 상태와 맞먹는다. 또한 근로자의 결근에 따른 비용보다는 프리젠티즘에 따른 비용이 현저히 높다는 연구 결과도 있다. 결근은 사회 보장 제도에 따라 부분적으로 비용이 상쇄되기 때문이다.[5]

이렇게 비생산적인 근무 행태를 보이거나 스트레스 및 적응 장애로 인해 결근을 하는 근로자는 바람 앞의 등불 같은 상태로 갈피를 잡지 못한 채 방황하고, 판단력과 기억력, 인지 능력이 결여되면서 의사 결정에도 문제가 생긴다. 그는 점점 더 큰 소외감을 느끼게 되고, 한층 더 심각한 동요 상태에 빠지면서 더욱더 방향을 잡지 못하는 상태

5 Monneuse D., *L'absentéisme au travail*, Afnor, 2009.
* 회사에 출근은 했지만, 질병이나 컨디션 난조, 스트레스로 인해 정상적으로 업무를 수행할 수 없어 업무 성과가 떨어지는 현상 - 옮긴이

가 된다. 이로써 자기 평가가 저하될 수 있으며, 이러한 오류들이 (건강·보건 분야를 비롯한) 다른 영역으로까지 영향을 미칠 때는 중대한 실책을 초래할 수 있다. 이는 근로자 개인에게 악순환의 반복이겠지만, 고용주도 마찬가지로 힘들다. 모두가 점점 더 많은 것을 잃게 되고, 결국에는 모두 다 패자가 된다.

■ 번아웃의 역습

경고 신호가 오고 난 후, 번아웃 증상은 보통 2단계로 나뉘어 진행된다. 사실 경고 단계에도 이를 눈치채기란 쉽지 않다. 임상 징후가 미미하여 상태가 어느 정도로 안 좋은지 간파하기가 힘들기 때문이다. 뿐만 아니라 당사자 역시 스스로의 이상 징후에 대해 겉으로 내색하지 않고, 눈물 한 번 보이는 일 없이 그저 참고 만다. 불안증과 수면 장애, 참여 의지 저하, 권태감, 의약품 또는 유독성 약물 섭취(또는 중독) 비율 증가 등이 번아웃 증후군의 징조이다. 만성 피로는 정체성 구축력이 없는 허탈 상태에서 직무 활동을 할 때 생기는 1차적 기력 소진 단계인데, 이는 무증후 우울증, 즉 아무런 병리적 증상을 보이지 않는 우울증을 예고한다. 이러한 경고 단계를 눈치채지 못한 채 그냥 지나가면 1차적으로 스트레스 보상 반응이 퇴화된다.

스트레스 보상 반응 퇴화 1단계

병을 유발하는 조직적 분위기가 지속되고 문제가 있는 근로자 주위로 협조적인 분위기가 형성되지 않을 때 1차적으로 스트레스 보상 반응이 퇴화된다. 이 단계에서는 표면적으로 임상 징후들이 나타나며, '외상성 신경증'의 상태까지 갈 수 있다. 근로자 스스로 실질적이고 뚜렷한 위협을 느껴 심신의 안정을 취할 수 없는 경우에는 외상 후 스트레스 증후군(DSM-IV[6]의 분류)과도 비슷한 양상을 보인다. 이러한 외상성 신경증은 발병 초기부터 다음과 같은 특징을 나타낸다.

- 뚜렷한 불안증의 신체적 표현(심장 박동이 거세지고 부들부들 몸이 떨리거나 땀이 나고 식도가 갑갑한 느낌)이 나타난다.
- 정신적으로 큰 충격을 받았던 장면이 계속해서 머릿속에 맴돌고 사색이 많아진다.
- 갑자기 불안감에 젖어들고, 충격을 받았던 상황과 유사한 느낌을 받을 때에도 불안에 사로잡힌다. 그때와 비슷한 소리를 느끼거나 유사한 벽 색낄을 볼 때, 비슷한 몸짓을 보거나 특징한 냄새를 맡을 때도 불안감이 엄습한다.
- 자다가 갑자기 악몽을 꾸고 깨어난다.
- 악몽을 꾸지 않기 위한 반응성 불면증에 시달린다.
- 피로, 사교성 저하, 전반적인 심신 상태 악화로 인해 애정 및 성욕이 감퇴한다.
- 기억력이 감퇴되고, 집중력과 논리력이 저하된다.
- 정신적 피해 증상 : 자기 평가 저하, 열등감을 갖고 스스로를 무

---

6 *Diagnostic and Statistical Manual of Mental Disorders*(4판). 정신 장애에 관한 국제 분류.

심신과 신경의 보상 반응 퇴화 유형은 단지 업무에 따라 달라지는 것이 아니며, 최종적으로는 인성 구조의 영향을 받는다. 그러므로 이를 진단할 수 있는 사람은 정신과 전문의밖에 없다. 직장에서 보상 반응의 퇴화 증상이 나타나는 경우는 드물지만 그렇다고 발병 가능성이 전무한 것은 아니며, 증상이 나타나면 주위 사람들은 크게 놀랄 수 있다.

- 하는 일이 부질없어 보이고 진이 빠진다고 느끼며, 일을 다 끝낼 수 없을 것 같다는 생각이 든다.
- 기력이 없고 쇠약해진 느낌이 든다.
- 쉽게 짜증이나 역정을 내고 노여움을 느끼는 등, 말로 표현하기 힘든 감정 상태를 느낀다.
- 역설적으로 열성적인 모습을 보인다.(마치 자신이 무엇이든 다 해낼 수 있을 것 같은 느낌을 받으며, 갑자기 모든 것이 급속도로 무너져 내리기 전까지 이러한 모순적인 상태가 지속된다.)
- 만성적인 신체 질환(감기, 요통, 두통 등)이 나타난다.
- 갈피를 못 잡고 좀처럼 적응하지 못한다는 느낌이 든다.
- 드물기는 하지만 직장 내에서는 꽤 강렬하게 보상 반응 퇴화 증상이 나타나기도 한다.

번아웃 증후군이 반드시 우울증으로 이어지는 것은 아니지만, 일부 학자들의 연구에 따르면 우울증을 유발하는 원인은 될 수 있다. 우울증은 결코 번아웃 증후군을 초래할 수 없지만, 역으로 번아웃 증후군은 우울증을 재촉할 수 있다. 번아웃 증후군을 보이는 사람은 100% 만성 스트레스 상태에 빠져 있는 반면, 비직업적 원인에 의한 우울증 환자는 두 명 가운데 한 명꼴로 만성 스트레스에 시달린다.

- 우울증에 걸린 사람은 자신에게 닥치는 모든 일에 대해 죄책감을 느끼는 경향이 있다.
- 스트레스 보상 반응 기능이 퇴화된 사람은 죄책감보다 분노를 느끼는 성향이 더 크다.

능력자로 인식하며 죄책감을 느낀다. 정당화·합리화를 통한 자기 방어적 태도를 보인다. 불안 우울증이 심해져 발작 수준의 불안 상태를 보이며 자살 충동에까지 이른다.

- 신체적 피해 증상 : 정신적인 방어 체계가 무너지면서 면역력이 저하된다. 상황이 어느 정도 지속되느냐에 따라 심각성이 커진다(급격한 체중 증가 또는 감소, 소화 기능 또는 심장 기능 이상, 부인과 질병 발생).
- 모순적인 업무 상황에 따른 정체성의 혼란을 겪으며, (정신적 기준 혼동으로) 현장 대처 능력이 미흡해진다.

스트레스 보상 반응 퇴화 2단계

이는 인성 구조가 무너지는 단계로, 사건이 일어난 직후에 나타나기도 하고 시간차를 두고 나타날 때도 있다. 스트레스가 심한 회의나 모임 후 직장에서 증상이 발현될 때도 있으며, 귀갓길이나 자택에서, 또는 며칠이 지난 후에 증상이 나타나기도 한다. 이 단계에서는 대개 다음과 같은 특징을 보인다.

- 갑작스러운 정신 착란 상태
- 심신 붕괴
- 편집증
- 중증 우울증

요컨대 직무 기력이 소진된 상태는 그야말로 모든 삶의 영역에 영향을 미칠 수 있다. 번아웃 피해자는 우울증에 빠질 수 있으며, 근로 환경이 열악하면 우울증 발생 빈도도 높아진다. 즉, 높은 생산성이 요구되면서 개인적인 여유가 별로 없는 근로 환경이나 사회적 지원이 부족하고 동료나 상사의 도움도 기대할 수 없는 근로 환경(카라섹Karasek의 조사[7])에서는 더 많은 사람들이 우울증을 호소할 수 있다. 장기간 스트레스에 노출되면 불안 장애 발생 빈도도 높아진다. 최악의 경우에는 극심한 우울증이 자살 충동으로 발전할 수도 있다.

만성 스트레스가 미치는 영향
우리 모두의 책임이다

국제 기구(국제노동기구[ILO] 산하 국제노동사무국, 세계보건기구[WHO], 미국 산업안전보건연구원[NIOSH]) 및 유럽 기구(유럽 산업안전보건청[AESST]), 프랑스 국내 기구(노동 및 보건 관련 부처, 국립 근로환경개선청[ANACT], 산업안전보건연구원[INRS]) 들은 스트레스가 근로자의 건강 및 기업에 미치는 부정적 영향에 대한 경각심을 고취하기 위해 각국의 정부, 경영자, 노동자들에게 여러 문건들을 배포하고 있다.* 세계보건기구는 "업무 압

---

7 로버트 카라섹이 제시한 질문지는 사내에서의 정신 건강과 집단 복지 수준 평가에 관한 질문을 담고 있다. 2003년 Sumer 조사에서 사용된 질문지는 모두 26개의 문항으로 이루어져 있었다. 추가된 여섯 문항은 지그리스트 질문지에서 가져온 것으로, 카라섹 질문지를 보완하여 직장에서의 공로 인정 부분을 알아볼 수 있게 해 준다. 카라섹 질문지는 정신 건강 지수의 측정과 관계가 깊다.

* 우리 나라의 유관 기관으로는 안전보건공단(http://www.kosha.or.kr)이 있다. - 옮긴이

박이 과도하거나 건잡을 수 없게 되면 이는 스트레스로 이어진다. 스트레스는 근로자의 건강과 회사의 능률에 영향을 미칠 수 있다."라고 지적하고 있다.

세계보건기구는 스트레스가 다양한 방식으로 사람들에게 영향을 미친다고 지적한다. 업무 스트레스가 생기면 평소와 다른 행동을 할 수 있고, 생산 효율성이 떨어질 수 있다. 또한 육체적·정신적 건강 상태도 빠르게 악화된다. 장기화된 스트레스나 회사에서 겪은 충격적 사건들이 심리적 문제를 일으키기도 하고, 나아가 근로자의 의도적인 무단결근absenteeism*이라는 정신적 문제까지 초래할 수 있다. 최악의 경우, 근로자는 업무 재개 부적격 판정을 받을 수도 있다.

개인적인 차원에서 느끼는 이러한 징후들은 직장에서의 탈선행위에 연쇄적으로 영향을 미친다. 예를 들어 불안 진정제나 담배, 술, 커피, 각성제, 약물 등 진통제나 흥분제의 섭취가 늘어 공격적인 행동이나 과격한 행동을 보이는 것이다. 그리고 이러한 모습은 함께 일하는 동료들의 눈에도 띈다.

과중한 업무를 마치고 난 후나 극도의 스트레스를 경험하고 난 후에 갖는 휴식의 시간에는 역설적이게도 편두통이나 근육통 같은 병증이 되살아날 수 있다. 대개 주말이나 휴가 초기에 이러한 현상이 나타나는데, 이것을 '일 중독 증후군'이라 부른다. 악사Axa 보험 회사의 간부 세 사람이 이러한 일 중독 증후군을 보였는데, 세 사람 모두 정당

---

* 앱센티즘 : 의도적으로 무단결근. 결근으로 인한 생산성 저하를 뜻하는 용어 – 옮긴이

한 대가로서 받은 휴가와 주말에 이러한 증상을 나타냈다. 네덜란드에서 실시된 조사에 따르면 근로자의 약 3% 정도가 일 중독자이다.

한편, 이러한 현상은 일정 부분 아드레날린 때문이기도 하다. 스트레스의 작용에 따라 계속 분비된 아드레날린은 우리의 면역 방어 체계를 축소시킨다. 작업 속도를 유지하기 위해 커피를 여러 잔 마신다거나 철야 작업을 하게 되면, 장기적으로 극심한 편두통이 유발될 수 있다.

★ 만성 스트레스가 건강과 일에 미치는 영향

업무 스트레스를 받는 사람들은 단 며칠 만에도 다음과 같은 증상을 느낄 수 있다.

- 점점 더 짜증이 심해진다.
- 압박감을 느끼며, 좀처럼 마음이 놓이지 않고, 집중을 하지 못한다.
- 맡은 업무의 질적 성과에 대한 평가가 점점 낮아진다.
- 겉도는 느낌이 들고, 싫증이나 불안감, 초조함을 느낀다.

★ 스트레스 징후의 세 가지 범주

- 신체적 징후: 두통·근육통·관절통 등의 통증, 수면 장애, 식욕 조절 장애, 소화 장애
- 정서적 징후: 과민성과 신경증 증가, 갑자기 눈물이 나거나 히스테리를 보임, 불안, 흥분, 슬픔, 불편하고 거북한 느낌.
- 지력 관련 징후: 집중력 저하(자주 실수를 범하고 잊어버림), 의사 결정을 할 때 논리적 사고를 하지 못함.

- 나의 첫 경고 신호는 무엇이었는가?

- 내가 눈여겨봐야 할 신호는 무엇인가?

- 주위 사람들의 지적에 주의를 기울였는가?

■ 무엇이 기름통에 불을 질렀는가: 위험한 업무 관행

번아웃의 시초가 무엇이었는지, 도화선에 불을 붙인 사건이 무엇이었는지 규명하기란 쉽지 않다. 어떤 사건 하나가 원인이 되는 것은 아니다. 일련의 사건과 행위들이 연속적으로 이어지고 서로 다른 요인들이 상호 작용을 하면서 번아웃 사태를 불러오기 때문이다. 번아웃 증후군은 여러 요인 간의 상호 작용을 염두에 누고 포괄적으로 분석해야 한다. 그래야 개인 한 사람만 상처 입는 상황을 피하고, 문제의 원인에 대해 직접적으로 적절한 책임을 물을 수 있기 때문이다. 그러므로 특정 맥락 속에서 서로 다른 요소들이 어떻게 상호 작용을 하고 있는지 고려해 볼 필요가 있다.

프랑스의 마리 프제^{Marie Pezé}는 라퐁텐 우화 중 '페스트에 걸린 동물들'의 이야기를 참고하여 《모두가 죽지는 않았지만 모두가 영향을 받았다(*Ile ne mourraient pas tous mais tous étaient frappés*)》(Flammarion, 2008)라는 책을 펴냈다. 임상 심리학자이자 심리학 박사로 정신 분석을 전공한 마리 프제는 베르사유 고등법원 감정인으로 재직하고 있는

데, 이 책에서 그는 과도한 생산 제일주의로 인해 직장에서 극심한 고충을 토로하는 사람들이 상당히 증가하고 있다고 지적한다. 13년째로 접어든 마리 프제의 직무 관련 고민 상담은 계속해서 늘어나는 상황이며, 개중에는 정신적 외상에 준할 정도로 혹독한 경험을 토로한 상담 사례도 있었다. 회사의 운영 방식이 직무 기력 소진을 가져올 만큼 위험한 요인을 내포하고 있었던 것이다. 이러한 파행적 관행은 주로 위계질서나 사내 규율, 경영권 등 기업의 운영과 관련한 규정 및 의무 사항 부분에서 집중적으로 나타난다. 이러한 부분들이 도를 넘

☆ 해로운 조직 내 관행 세 가지

1. 권위적이거나 위협적인 위계질서, 특정 직원을 따돌리는 사내 분위기
2. 직원이 늘 자기변명을 늘어놓아야 할 만큼 지나친 감시에 근거한 규율 체계
3. 상호 모순된 명령을 기반으로 한 조직 운영 방식

☆ 상호 모순된 명령의 고충

상호 모순된 명령은 1956년 베이트슨이 고안한 이중 구속 이론에서 도출된 개념이다. 베이트슨의 이중 구속 이론은 관계적 상호 작용에 대한 새로운 시각을 제안한다. 이중 구속이란 서로 맞지 않는 두 가지 제약을 동시에 가하는 것인데, 예를 들어 "이 메시지를 읽지 말라." 같은 경우가 이에 속한다. 한쪽의 의무 사항을 이행하는 것이 다른 한쪽의 의무 이행을 불가능하게 만드는 경우인데, 진퇴양난에 처한 당사자로서는 어떻게 할 수가 없는 골치 아픈 상황이다. 기업 내에서의 이중 구속은 다음의 형태를 띨 수 있다.

- 외연적 메시지: "부장은 내가 창의력을 입증해 주길 원한다."
- 내연적 메시지: "그리고 이와 동시에 나는 절차와 규범, 일의 순서와 통제 사항을 준수해야 한다."

어서거나 부당하게 강요되고 왜곡되어 적용되거나 법적 틀을 벗어나
면 이때 도화선에 불이 붙으면서 번아웃 증후군이 유발될 위험이 크
다(Pezé, 2008, p. 187).

EXERCISE 2.2　위험한 업무 관행

- 앞에 언급된 세 가지 해로운 조직 내 관행에 노출된 적이 있었는가?

- 이 상황에 내재된 위험 요인을 떠올려 보자.

  - 누가/무엇이: ____

  - 무엇을: ____

  - 문제점/쟁점: ____

  - 제약 및 구속 요건: ____

  - 부정적인 영향/결과: ____

  - 회사의 경우/고객의 경우: ____

  - 팀의 경우/고객의 경우: ____

  - 나의 경우: ____

- 당신이라면 이를 다르게 할 수 있었을까?

인사본부: 경고 체계를 발동하여 인적 자원 보호해야

　세계보건기구는, 기업이나 기관 내 근로자들 상당수가 업무 스트
레스를 받을 경우, 이는 기업의 성과 및 보건 환경에 지대한 영향을

미칠 수 있다고 설명한다. 즉 근로자와 조직 모두가 영향을 받는 것이다. 건전한 환경을 구축하지 못한 기업이나 기관은 근로자들이 제공하는 업무 비결이나 인적 자질을 조직에 유리한 방향으로 활용하지 못한다. 그렇게 되면 조직의 성과에도 영향을 미칠 뿐만 아니라 갈수록 경쟁이 치열해지는 시장에서도 불필요하게 자원만 고갈시키는 셈이 된다.

번아웃 증후군을 느낀 뒤 직무 스트레스에 대한 보상 반응이 퇴화된 사람들의 수는 얼마나 될까? 이들은 어떤 식으로 영향을 받게 되며, 기업 내에서 어떤 환경의 변화가 있었기에 직무 기력 소진 상태에 빠진 근로자들이 생겨나고 그 수가 증가하는 것인가?

이러한 물음에 대한 답을 찾기 위해 오늘날 조직 내에서는 직무 스트레스의 규모와 원인을 규명해 주는 여러 가지 연구 모델들이 활용된다. 이 책에서는 그 가운데 두 가지를 살펴볼 예정인데, 하나는 사

★✦ 직무 스트레스가 기업에 미치는 영향

- 결근율이 높아진다.
- 직원들의 사기가 떨어진다.
- 인사 이동이 잦아지고 채용 비용이 증가한다.
- 기업의 성과와 생산성이 떨어진다.
- 좋지 않은 업무 관행으로 인해 산재 비용과 발생 비율이 높아진다.
- 직원과 소비자의 불만이 높아진다.
- 스트레스로 피해를 입은 직원들이 법정 소송을 진행할 위험이 높아진다.
- 고용주의 대외 이미지가 실추된다.

회학자 로버트 카라섹[Robert Karasek]이 연구한 모델이고, 다른 하나는 사회학자 요하네스 지그리스트[Johannes Siegrist]가 세운 모델이다.

■ 카라섹 모델(요구─통제 모형)

스트레스는 균형이라는 개념을 기반으로 정의되며, 업무 수행에 필요한 자원이나 수단이 부족한 상황에서 여러 요구 사항을 충족시키며 업무를 수행해야 할 때, 개개인이 이를 어떻게 느끼느냐에 따라 스트레스 정도가 달라진다.

카라섹 모델은 세 가지 측면 간의 불균형을 기반으로 한다.

- 심리적·인지적 측면: 직무에 대해 개인이 감당해야 할 부분에 대한 심리적 인식의 측면(도달해야 할 목표는 무엇이며, 이 목표에

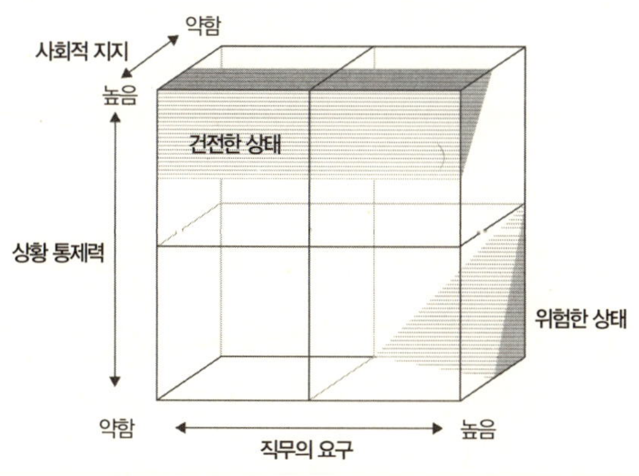

|그림 2.2| 카라섹 모델에 따른 건전한 상태의 업무 환경과 위험한 상태의 업무 환경

이르기까지 소요되는 시간은 어느 정도인가? 요구되는 업무는 어느 정도로 복잡한 일인가?)

- 의사 결정 측면: 업무를 수행할 때 근로자에게 어떤 권한이 부여되며 개인적으로 어떤 자질을 발휘할 수 있는지에 대한 측면
- 사회적 지지 측면: 어려운 과업을 수행할 때 근로자가 고립감을 느끼지 않도록 해 주는 측면

이 세 가지 측면 중에서 한 가지가 나머지 두 측면과 균형을 이루지 못할 때, 우리는 스트레스를 받는다. 예를 들어 심리적 측면에서의 요구가 높고 충분한 재량권이 주어지지 않는다면, '업무 긴장도'는 높아진다.

■ 지그리스트 모델(노력-보상 모형)

지그리스트 모델은 들이는 비용(노력)과 그에 대해 반대 급부로 받는 (물질적·사회적·상징적) 보상 사이의 불균형을 설명한다.

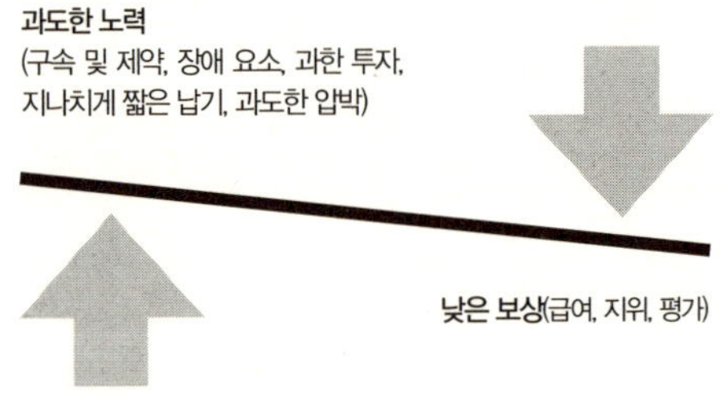

|그림 2.3| 지그리스트 모델에 따른 위험한 상태의 업무 환경

  당신의 업무 환경은 어떠한가? 불균형 요소가 발견되는가?

1. 보상/노력에 관한 〈그림 2.4〉의 항목에 표시해 보라.

2. 표시 결과, 당신의 상황은 어떠한가? 노력과 보상 간의 관계가 제대로 균형이 잡혀 있는가?

보상	노력
물질적 보상	☐ 교대 근무
☐ 급여 인상	☐ 시간 외 근무
☐ 특별 상여금	☐ 근로 활동 비용
☐ 새로운 사무실	☐ 근무지
☐ 노트북	☐ 부서 변경
☐ 최신 스마트폰	☐ 출장
☐ 업무용 차량 지급	☐ 활동 지역
☐ 백오피스 지원	☐ 납기 단축
	☐ 고객 납기 준수
사회적 보상	☐ 팀 축소 편성
☐ 직위	☐ 팀 확대 편성
☐ 직급, 지위, 호봉	☐ 반복적인 업무
☐ 변경된 업무 직함	☐ 새로운 기술 방식에 대한 적응
☐ 변경된 직무 명함	☐ 상반된 지침
	☐ 근로 조건 변경
상징적 보상	☐ 미래에 대한 불확실성
☐ 축하 파티	☐ 업무 재량권 미미
☐ 감사	☐ 자립도 취약
☐ 정식 공고	☐ 엄한 사무실 분위기
☐ 사보로 소식 전달	☐ 정보 점유
	☐ 하향식 정보 전달
	☐ …

|그림 2.4| **보상과 노력에 관한 확인 목록**

악순환의 고리

업무 압박을 느낄 때에는 외부로부터 공격을 받는다거나 자신의 영역을 침해받는 듯한 느낌이 들 수 있으며, 자신에게 과도한 요청이 쇄도하는 듯한 인상을 받을 수도 있다. 그리고 어디부터 손을 대야 할지를 모르는 상태가 된다. 이때 가장 먼저 해야 할 일은 일단 브레이크를 거는 것이다. 주위의 모든 일들이 정신없이 돌아갈 때에는 일단 멈춰 설 줄 알아야 한다. 확실한 방법은 아니지만 일단 이는 필수적 단계이다. 장차 번아웃 증후군을 겪게 될 사람들이 흔히 저지르는 실수가 바로 멈춰야 할 때를 모르는 것이다. 이에 따라 알게 모르게 악순환이 거듭되고, 더 이상 물러서기 힘든 상태가 되고 만다.

■ 원인-결과의 연쇄 작용을 나타내는 전략 분석표

지나치게 빠른 속도로 연쇄 작용이 일어나게 되면 우리의 머리는 전략적인 분석 능력을 상실한다. 전략적인 분석과 관련해서는 노동 사회학과 경영학에서의 연구 결과를 참고할 수 있는데, '균형 성과 관리 지표[BSC, balance scored card]'를 이용하여 원인과 결과의 연관성을 분석하고 애초의 원인 규명을 복잡하게 만드는 피드백 고리를 알아보는 것이다. 회전문 안에서 두 사람이 서로를 탓하며 계속해서 문을 밀고 있는 모습을 상상해 보라. 두 사람 사이의 상호 작용이 연쇄적으로 이어지면 상황은 더욱 나빠지고, 둘 중 하나가 회전문을 더욱 빨리 움직이

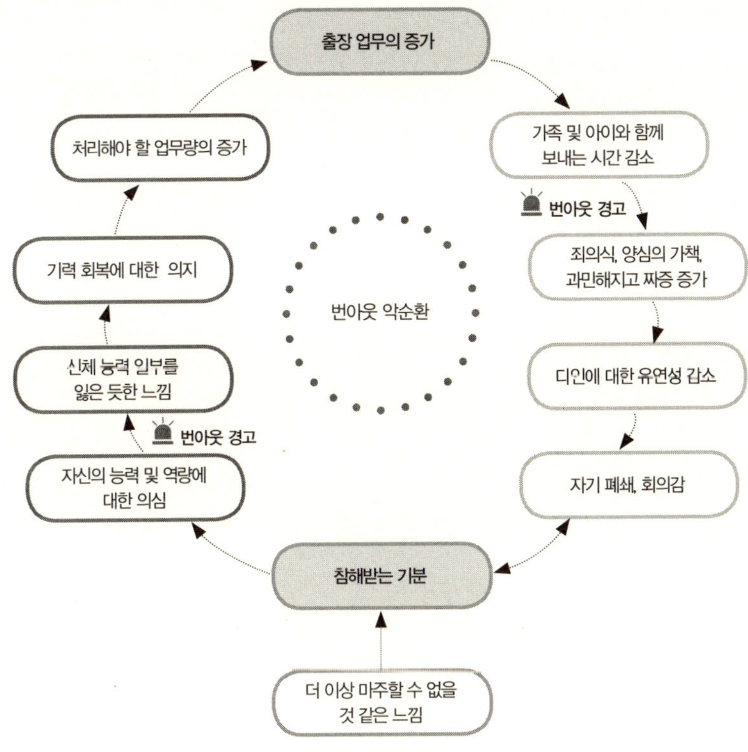

|그림 2.5| **번아웃 악순환: 원인-결과 연쇄 작용의 예시**

게 만든다는 느낌이 들게 된다. 그리고 이에 따라 결과적으로 문제가 발생한다. 우리는 서로가 영향을 주고받는 상황 속에서 살아가며, 자신의 의지와 상관없이 휘말린 상황 속에서 스스로 손쓸 수도 없이 힘겨워하는 가운데, 이 사태를 초래한 (자기 이외의) 그 누군가를 향해 매서운 눈초리로 쏘아본다. 그런데 그 자리에 멈춰 선 뒤 외부에서 상황을 관망하면 다른 시각에서 이를 바라볼 수 있고, 이로써 문제를 객관

적으로 바라볼 수도 있고, 나아가 대수롭지 않게 지켜볼 수도 있다. 우리가 아직은 정상적인 감각과 기분을 유지하고 있는 상태라면 말이다.

타인과의 연쇄 작용 속에 휘말려 끝도 없이 돌아가는 이 회전문에서 빠져나오기 위해 직무 상황을 도식화한 위기 분석표 모델을 참고해 보는 것이 좋다. 그리고 나 자신이 걸려든 덫의 연쇄 작용을 고려하여 자기만의 분석표를 만들어 보자.

| 브뤼노 이야기 | 다음은 유럽 지역의 새로운 전자 부문 책임자로 부임된 브뤼노의 사연이다.

"얼마 전 저는 유럽 지역의 관리직을 수락했어요. 그 때문에 프랑스와 유럽 전역에서 잦은 회의와 출장에 시달렸죠. 지금은 통신 수단이 꽤 발달한 터라 어디서든 인터넷 접속이 가능하고, 현장 업무 팀이 전송하는 정보도 실시간으로 받을 수 있잖아요. 고속 철도로 이동하는 중에도 일을 계속할 수 있고, 비행기 안이나 기차역 대합실에서도 업무를 볼 수 있죠. 몇 달이 지나자 업무 속도가 빨라지고 업무 부담도 증가하더군요. 후임자가 오길 기다리는 동안 기존 업무도 해야만 해서 업무 강도는 더욱 크게 느껴졌어요. 그 당시 업무 인계와 관련한 건은 지금도 여전히 안 좋은 기억으로 남아 있습니다. 인사과에서 미리 신경을 썼더라면 좋았을 테지만 정말 아무런 조처도 취해 주지 않더군요. 그러자 소리 소문 없이 악순환이 계속되었어요. 저는 후임자 교육을 하면서 기존의 업무도 마무리해야 했고, 이 일은 제 업무에서 20% 정도의 비중을 차지했습니다. 제가 처음 새로운 유럽 관리직을 맡았

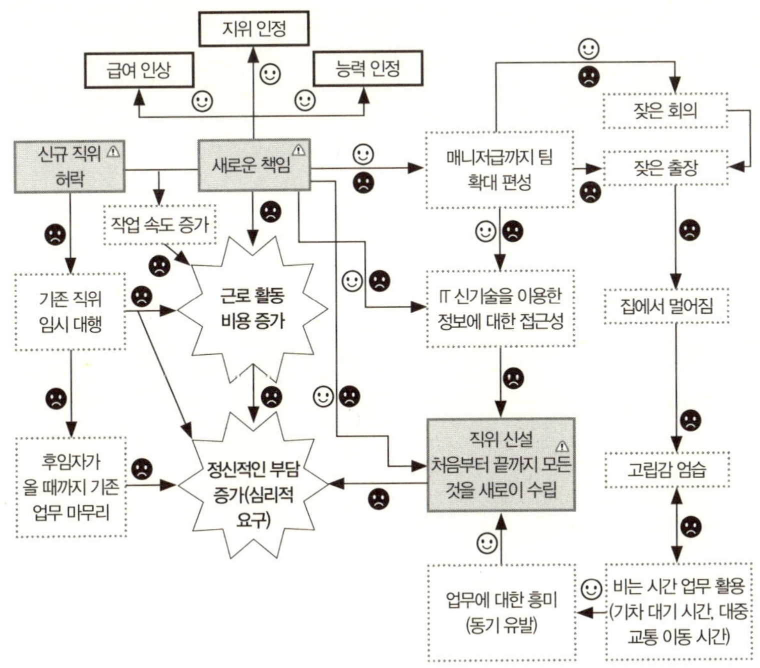

| 그림 2.6 | **브뤼노의 위기 분석표**

을 때는 꽤 흥분되고 설레었지만, 곧 그 일이 생각했던 것보다 훨씬 더 까다롭다는 사실을 깨달았죠. 새로 신설된 자리였기 때문에 그야말로 처음부터 끝까지 모든 것을 다 만들어 내야 하는 상황이었어요. 물론 그 일을 수락한 것도 바로 그런 점 때문이었지만, 일이 그렇게 연달아 튀어나올 줄은 미처 생각하지 못했거든요. 제가 기존 업무 팀의 일을 도와주면 도와줄수록 기존 업무 팀에서의 제 자리는 점점 더 커져 갔고, 이들이 알아서 일을 하지 못하는 바람에 그 일을 제가 대신 해야 했고, 그래서 제가 새로운 업무에 투자할 수 있는 시간은 더

줄어들었죠. 그리고 새로운 팀과의 작업에서도 점점 더 이렇다 할 성과를 얻지 못하게 됐어요. 그야말로 악순환의 연속이었죠. 제게는 시간이 필요했지만, 사람들은 제게 즉각적인 결과를 요구하더군요."

EXERCISE 2.4 원인과 결과 연결하기

- 우선 브뤼노의 사례에서 불균형의 원인이 된 요소들을 찾아보자.

  - 긍정적 요소: ________________________________

  - 부정적 요소: ________________________________

- 브뤼노의 사례에서 무엇을 확인했는가?

  - 긍정적 요소와 부정적 요소에 따른 각각의 결과는 무엇인지 생각해 보고, 브뤼노의 번아웃 위험 요인에 대해 살펴보자.

  - 브뤼노가 작성한 〈그림 2.6〉을 보고 어떤 결론을 내렸는가?

  - 브뤼노의 상황은 어느 순간부터 악화되었다고 생각하는가?

  - 브뤼노는 악순환의 고리를 끊을 수 있을 것인가?

| 크리스티나 이야기 |　　방송 관련 회사에서 근무하는 크리스티나는 법학을 공부했으며, 인사과 서류 처리 부문의 전문가가 되기 위해 굉장한 열의를 쏟아부었고, 의욕도 높은 편이었다. 기업지도부 직속으로 배정된 크리스티나는 사회법 전문 법무 팀을 관리하고 있었는데, 법률가들은 평소 크리스티나의 업무를 도와주고 변호사들과 협업하여 문서 보안 작업에 참여했다. 언제나 의욕적인 모습을 보이며 적극적

으로 일해 온 크리스티나는 아무리 복잡한 일이라도 늘 바로바로 처리해 주었다. 회사 내 조직 재편이 있었을 때, 법무 팀은 정신을 차릴 수 없을 정도로 업무 요청이 쇄도하여 마비 상태가 될 지경이었다. 위계질서가 달라지고 조직 재편에 따라 기존의 기준들도 변화되어 힘든 상황이었다. 이런 환경의 변화에 더하여, 크리스티나는 한 동료 직원이 마음에 들지 않았다. 이 직원은 크리스티나의 업무를 도와주기 위해 법무 팀으로 발령받았는데, 이에 대해 크리스티나가 모욕감을 느꼈기 때문이다. 크리스티나는 복잡한 다량의 업무를 처리할 수 있는 자신의 역량을 의심받았다고 생각했다. 주위에서 수많은 사람들이 정리 해고되는 가운데 크리스티나 역시 불안감을 느끼기 시작했고, 급기야 이 직원이 자기 대신 그 자리에 배치된 것이라고 생각하기에 이르렀다. 그리고 이 직원이 분명 자기 자리를 탐내고 있을 것이라고 생각했다. 이에 크리스티나는 모든 업무를 (자기 혼자) 처리하려고 두 배 더 열심히 일했고, 스스로를 없어서는 안 될 존재로 부각시켰다. 탁월한 업무 능력을 인정받으면 자리에서 쫓겨나지 않을 것이라고 크리스티나는 생각했다. 그런데 상부에서 그녀의 능력을 겉으로 뚜렷이 인정해 주지 않자 크리스티나는 회의감을 느끼게 되었고, 그럼으로써 악순환의 고리에 빠져들었다. 짜증과 피로, 두려움이 늘어가는 가운데 크리스티나의 기력은 조금씩 소진되어 갔다. 크리스티나는 과중한 업무에 더해 규정과 상황을 고려하며 더 복잡한 서류를 작성해야 했고, 그러면서도 자신이 잘하고 있는지에 대한 회의감을 피할 수 없었다. 그러면 그럴수록 크리스티나는 더욱더 업무량을 늘려 갔고, 점점 더 많은 책임을 도맡게 되었으며, 그런데도 여전히 회의감은 잦아들지 않았다. 이에 크리스티나는 더욱더 업무량을 늘려 갔다.

상황을 도식화하면 문제 요소들을 시각적으로 연결시킬 수 있고, 이러한 요소들이 서로 어떠한 영향을 주고받는지도 한눈에 알 수 있다. 앞에서 이야기한 회전문의 경우를 떠올려 보라. 이러한 순환 구조에서 빠져나오고 나면 문제의 해법이라고 찾아낸 요소들이 어째서 여전히 문제를 지속시키고 있는지, 나아가 왜 이를 더 복잡하게 만들고 더욱더 해결하기 어렵게 만드는지 알 수 있다. 원인을 찾는 것만으로는 문제를 해결할 수 없다. 여러 가지 요소가 중첩된 상황에서는 인과

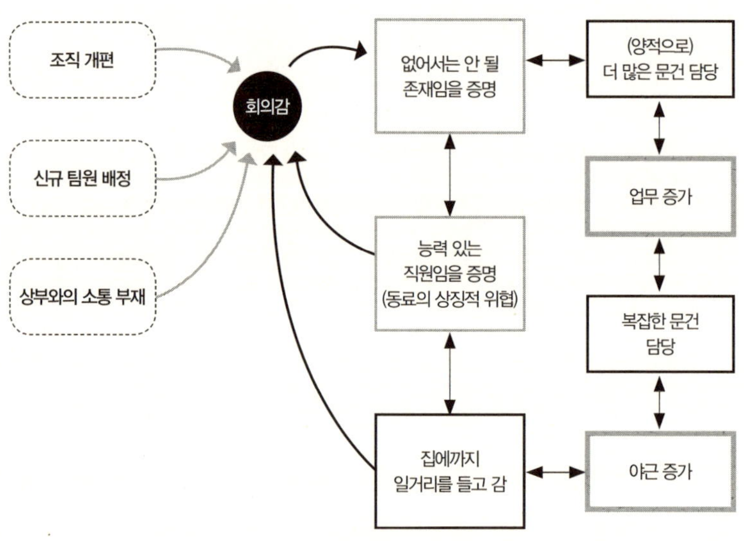

| 그림 2.7 | 크리스티나의 위기 분석표

관계가 1차원적으로 이어져 있는 게 아니기 때문이다. 이런 경우에는 문제가 순환 구조로 이루어져 있고, 더욱이 중간에 역효과가 개입되어 연쇄 작용을 일으키며 음의 피드백 효과를 만들어 낸다.[8]

이번에는 앞서 언급한 예시를 바탕으로, 자신이 어떻게 번아웃 증후군에 이르게 되었는지를 고려하며 자기만의 위기 분석표를 만들어 보도록 하자. 부정적인 영향은 붉은색으로 표시하고 긍정적인 영향은 녹색으로 표시하는 식으로 색깔을 이용하여 그림을 그려도 되고, 간단히 기호를 사용하여 도식화해도 된다. 화살표 위에 − 기호로 부정적 영향을 표시하고, + 기호로는 긍정적 영향을 표시하는 것이다. 이어 당신이 속해 있던 회전문의 상태를 관망해 보라. 그러면 모든 것이 서로 중첩되면서 악순환의 고리로 빠져 들어가는 게 보일 것이다.

EXERCISE 2.5   자기만의 위기 분석표 작성

- 자신의 사례에서 업무와 관련된 요소들을 추려 낸 뒤, 그림으로 정리해 보자.
- 자신에게 긍정적 효과를 유발했는지 아니면 부정적 효과를 초래했는지에 따라 + 화살표와 − 화살표를 사용하여 이 요소들을 서로 연결해 보자. 이어 음의 피드백 효과를 고려하며 순환적 인과 관계를 파악한다.

---

8 Wittezael J.-J., *L'influence des paradoxes de Bateson en Sciences humaines*, De Boeck, 2008.

| 표 2.1 | 악순환을 멈추는 변화 유형 1과 변화 유형 2

변화 유형 1	변화 유형 2
내적으로 일어난다.	외부에서 생겨난다.
가속화 논리	신속한 전이 논리
평형 상태 유지/현상 유지	진화 가능
내부 환경에 적응 가능	외부 환경에 적응 가능
외부 변화에 대해 봉쇄 상태	외부 현실의 재해석
외부의 논리에 대해 문제 제기	구조 변화 용이
위기 논리 및 적응 논리	내적 믿음에 대한 문제 제기
내적 단절 부재	단절 및 변이 논리
존속하기 위한 해법 시도 확대	이전 상태로 복귀 불가
	발전을 위한 새로운 학습 체계 수립
지구 중심 논리	태양 중심 논리
창조론	다원주의
유클리드 기하학	상대성 이론
예: 온도 조절 장치는 보일러에 에너지 요구량을 증가시킴으로써 온도를 유지한다.	예: 독감 바이러스는 진화를 통해 기존의 백신에 대한 내성을 키운다.

자기만의 위기 분석표를 작성하는 법에 대해 깨우쳤다면 이번에는 업무 재량권을 회복하여 악순환의 고리를 끊고 본의 아니게 휘말려 들어간 이 회전문에서 벗어나는 방법을 터득해야 한다. 악순환의 연쇄 작용이 일어나는 속도를 줄이는 것은, 내적으로 약간의 변화(변화 유형 1[9])가 있다 한들, 자동으로 이루어지지 않는다. 악순환의 고리를 끊으려면 언제나 외부 요인이 필요한데, 이는 악순환의 과정을 즉각적으로 멈추고 새로운 반사 작용을 습득하여 다음 단계로 넘어가게

---

9 Watzlawick, Paul, *Le langage du changement, éléments de communication thérapeutique*, Seuil, 1980.

할 만큼 충분히 강력하고 갑작스러워야 한다(변화 유형 2). 이는 일에 손을 댈 수 없게 만드는 사고가 될 수도 있고, 눈사태나 지진, 테러, 지인의 죽음 등이 될 수도 있다. 다행히도 일상적으로는 일어나지 않는 일들이다. 이러한 사건 사고들이 지니는 공통점은 모두 다 외부 효과라는 점, 예기치 않게 갑자기 일어나며 굉장한 위력을 지니고 있다는 점이다. 스스로의 힘만으로는 이러한 변화를 일으킬 수 없다. 현재로서는 상황 분석을 통해 내적인 분위기를 변화시키고 스스로 인위적인 변화의 상황을 만듦으로써 약간의 재량권을 회복한 뒤, 자신이 휘말려 간 소용돌이의 속도를 줄이거나 나아가 이를 멈추는 정도만 할 수 있는 상태이다.

■ 근심 영역과 세력권

우리 주위로 스스로를 보호하기 위한 가상의 방패막을 세우려면 스스로의 상태에 대해 다시 한 번 전략적으로 분석해야 한다. 이를 위해 스티븐 코비Stephen Covey[10]는 심리적으로 경고가 발령된 사람들에게 유용한 도구 한 가지를 제안한다. 우선 과제 설정 논리를 기반으로 그는 일단 시급한 일과 중요한 일, 그리고 우리 재량으로 처리할 수 있는 일과, 구조적인 문제라서 우리가 달리 어떻게 할 수 없는 일을 구분하라고 이야기한다. 이로써 1차적으로 우리의 세력권에는 우리가 직접적

---

10 스티븐 코비, 《성공하는 사람들의 7가지 습관》, 김영사, 2003.

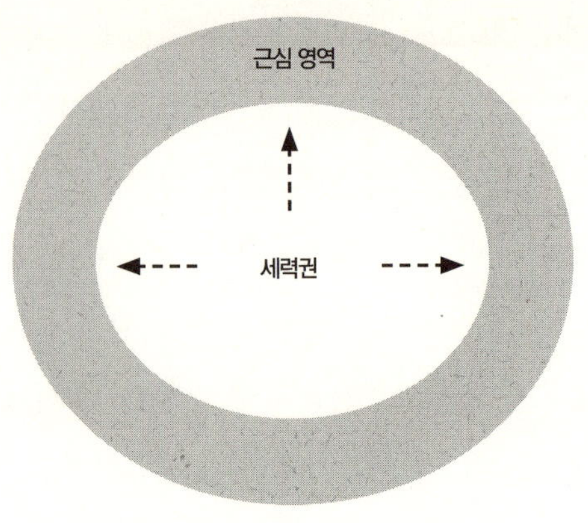

세력권은 양의 피드백을 통해 확장된다.

| 그림 2.8 | 세력권: 자신의 힘으로 통제 가능한 영역

으로 행동을 취할 수 있는 것과 오로지 우리만이 할 수 있는 모든 것이 포함된다. 이어 2차적으로 근심 영역에는 우리가 주의를 기울이는 일들과 우리의 힘으로 어찌할 수 없는, 즉 우리의 세력권 밖에 있는 일들이 모두 포함된다.

스티븐 코비는 이어 집중 유형을 두 가지로 나눈다. 바로 능동적 집중과 피동적 집중이다. 능동적 집중은 우리가 관심을 기울이는 모든 것, 우리의 힘으로 제어할 수 있고 우리의 지식과 경험을 바탕으로 발전시켜 나아갈 수 있는 모든 것에 관계된다. 따라서 우리는 자신감을 바탕으로 주변 요소들의 긍정적인 작용을 이끌어 내며 스스로의 '세력권'을 구축한다. 흔히 '양의 피드백'이라고 부르는 것이 이에 해당한다. 피동적 집중은 우리가 관심을 기울이기는 하지만 스스로의 힘으로 제어할 수 없는 것과 관계된 집중 형태이다. 예를 들어 우리 의지와 무관한 것이나 이를 실현시키기 위한 수단과 방편이 우리에게 없는 경우가 이에 해당한다. 따라서 스스로 제어할 수 있는 부분과 자신이 발전시킬 수 있는 부분에 시간과 노력을 덜 들이게 되고, 이에 따라 우리의 세력권은 좁아지며 근심 영역은 늘어난다. '음의 피드백' 효과이다. 따라서 스스로에게 그 어떤 만족감도 주지 않는 문제를 해결하느라 자신의 시간을 헛되이 쓰고 있다는 불쾌한 느낌을 받는다.

EXERCISE 2.6　근심 영역의 파악과 세력권의 확보

- 다음의 항목을 살펴보고 근심 영역과 세력권 중 적절한 구역에 이를 위치시켜 보자.

대중교통에 의한 지각	예산 감소
고용 안정	하루 일과 편성
근무 시간	근로 활동 비용
내가 범한 실수들	근무 분위기
다른 사람들의 약점	내가 인지되는 방식
내가 스스로에게 부여한 방편	팀의 역량
기상 시간	본업 외 활동
지체된 회의	동료의 기분
나의 역량 수준	나의 교육 수준

특정 상황에서 사실적 요소들의 성격을 파악할 줄 알게 되면 뒤로 물러나 각 요소들을 근심 영역과 세력권으로 분류하고 각각의 요소(나 자신과 주위 환경 등)에 책임 소재를 밝힐 수 있다.

앞의 훈련을 통해 개인별 위험 요인을 확실히 알 수 있었을 것이다. 일단 1차적인 회복 기준이 될 만한 것을 상정하고, 자신이 적어 둔 사항을 천천히 읽어 본 뒤 자기 코칭 단계로 넘어가라. 그리고 회사 생활을 할 때에나 개인 생활 영역에서나 심리적 균형 상태를 해치는 위험 요인이 가져온 결과에 대해 가늠해 보면서 익힌 내용을 다져 나가도록 한다.

1. 경고 단계

★ 번아웃 상황과 관련한 요소를 되짚어 보라.

먼저 나와 직접적으로 관련이 없었던 사건이나 요소(내가 오기 이전에 있었던 일이나 나와 무관한 외부 요소 등)들을 적어 보자.

★ 내가 타협해야 했던 제약 요건이나 어려움, 장애 요소(물질적·인간적·기술적 요인) 등을 적어 보자.

★ 나는 문제가 생겼을 때 누구에게 조언을 구하는가?

★ 내 업무를 대신 맡아 달라고 넘길 수 있는 사람은 누구인가?

★ 내가 내린 결론은?

2. 위험 단계

★ 내가 겪은 스트레스의 결과가 내 개인적인 부분에 미친 영향을 적어
보자.

★ 직업과 관련하여 단기적으로 미친 영향은 무엇이었는가?

★ 내 개인 생활 영역에서 장기적으로 미친 영향은 무엇이었는가?

3. 부정적인 결과 단계

★ 위험 요소들 때문에 내가 잃을 뻔했던 것은 무엇인가?

★ 이러한 요소들 때문에 이미 내가 잃은 것은 무엇인가?

4. 최종 감정 결과

★ 앞의 세 가지 단계를 고려하여 최종적으로 어떤 결과를 내렸는가?

★ 앞으로 스스로를 보호하기 위해 무엇을 하기로 했는가?

★ 다음 문장을 완성해 보자.

- 앞으로 이것만은 절대 안 할 것이다. 나는 .... 하지 않기로 결정했다.

- 내게 가장 두드러지게 각인된 요소는 .... 였다.

- 내가 곧바로 이해하지 못한 부분은 .... 였다.

- 원인을 아는 이상 이제 .... 하는 식으로 다르게 행동할 것이다.

위의 네 가지를 잊지 않기 위해 내가 앞으로 삼을 좌우명은

....

....

.... 이다.

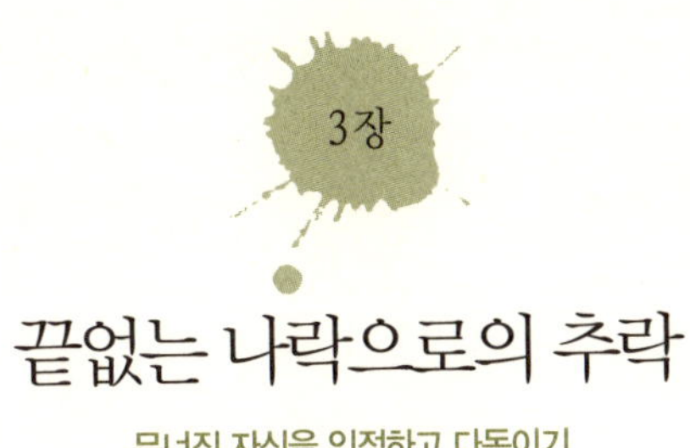

끝없는 나락으로의 추락

무너진 자신을 인정하고 다독이기

"이치에 맞지 않는다는 것은 그 한계를
확인시켜 주는 명쾌한 이치이다."
- 카뮈, 《시시포스 신화》

몇 가지 경고 신호가 오는데도 어떤 일 중독자들은 이를 무시하고 여전히 업무에 열을 올린다. 게다가 그 가운데 몇몇은 자신이 느끼는 피로에 대해 '우리 몸이 자극에 반응하는 당연한 현상'으로 인식하지 않으며, 일에 다소 지친 상태가 아니냐는 주위의 지적도 불쾌하게 생각한다. "내가 지쳤다니, 말도 안 된다. 아무래도 당신은 이 일을 처리하고 싶은 생각이 없어 보이니 나한테 넘겨라. 나는 괜찮다."라는 식으로 말하는 것이다. 이렇듯 냉소적이고 과민한 상태를 배경으로 놓고 지나치게 강한 의지와 기력을 보이는 것은 심히 우려스러운 상황을 초래할 수 있다. 머지않아 곧 쓰러지고 말 것이기 때문이다. 이 장에서 다루게 될 프랑크의 사례가 이에 해당한다.

피로를 느끼는 영웅들

상담을 하러 온 사람들이 다들 하는 이야기가 있다. 자신은 인내심을 가지고 꾸준히 노력하고 있으며, 제대로 일하기 위해 또는 탁월한 업무 자질을 갖추기 위해 능력과 상황을 고려해 가며 열심히 싸워 가고 있다는 것이다. 노력과 집념, 지구력, 전투와 투쟁, 이상 등 호전적인 단어도 자주 사용된다. "결국 나는 항복해야 했다."라거나 "내게 우리 부대를 버리라고 했다."라는 식으로 말하는 것이다. 이들은 대개 자신의 '전투적 상황'에 대해 되새기는 것에서부터 이야기를 시작한다.

상당히 힘든 시기였어요. 시작도 하기 전에 이미 제가 진 전쟁이나 다름없다는 생각이 들었으니까요. 비현실적인 전투였지만 제겐 일상이었죠. 회사에서 늘 사장과 싸우고…… 동료들과 싸우고…… 고객들과도 싸우고…… 업체하고 또 싸우고……. 제가 여기에서 벗어날 수 없다는 사실은 저도 아주 잘 알고 있었어요. 전쟁터에서 제아무리 불이 났다고 소리친들 소용이 없지요. 아무도 저를 도와주러 오지 않을 것 같았죠. 바로 곁에서 위험 상황이 벌어지는데 다들 들은 척도 않는 것 같았어요……. - 쥘리

내게 상담을 하러 온 사람들은 하나같이 전투 용어를 사용했다. 더욱이 말하는 속도도 지나치게 빨라서, 듣는 사람까지 거의 숨이 넘어

가는 듯한 느낌을 받을 정도였다.

> 그 얘길 다시 하자면 흠…… (손사래를 치며) 또다시 열이 올라오는군요.
> 후…… 다시 또 화가 나요. 뭐라고 해야 하나…… 음…… 불안한 느낌?
> 아뇨, 잘 모르겠어요. 하아…… 불현듯 옛 기억이 막 밀려드는 이 느낌
> 이 참 묘하네요. 지금까지도……. (한동안 침묵) 하지만 벌써 5년이나
> 된 일이라고요……. 뭐랄까요…… 몸에 아직도 상처가 남아 있는 기분
> 이에요. (한동안 침묵) 그러니까 제 말은 정말로……. (시선을 떨구어 눈시
> 울이 붉어지는 것을 감추며) 나를 짓밟는 힘이 느껴졌어요. 나는 이에 맞
> 서 싸우려는 상황이었고…… 하지만 아무 소용이 없었어요. 처참한 패
> 배였죠. – 셀린

사람들이 상담 사연을 털어놓을 때 사용하는 어휘와 언어적 상징
에는 공통적으로 나타나는 특징이 있다. '권투 글러브' '라이벌' '두
려움' '다투다' '괴로워하다' '분발하다' '감수하다' 등 싸움을 연상시
키는 표현들도 있고, '단념하다' '체념하다' '다른 사람이 더 강하다는
것을 인정하다' 같은 수용의 표현이나 '무릎을 꿇다' '흔들리다' '미끄
러지다' '지다' '상처' 등 좌절이나 몰락과 관련된 표현, '실패' '수치'
'실망' '전멸' 등 패배와 관련된 표현도 있다. '포기하다' '내버려 두다'
'단념하다' '자신의 패배를 인정하다' '평화' 등 타협하고 항복하는 것
과 관련된 표현이나 '죽음' '슬픔' '망각' '그리움' 등과 같은 상실감과
관련된 표현도 있다. '휴식' '전략적 휴전' '후퇴' '숨을 가다듬다' '숨

을 쉬다’ ‘뒤로 물러서다’ 등의 휴지기 관련 표현, ‘사형 판결’ ‘탈진’ ‘방향 전환’ ‘경계, 경고’ 등의 종결 또는 기능 정지 관련 표현, ‘애도’ ‘고독’ ‘암흑’ ‘불안’ ‘고요’ 등 죽음이나 종말, 허무, 허망을 나타내는 표현도 나타난다.

전투에서 지고 난 후에는 일단 모든 것을 중단하는 것이 일리 있는 행동이다. 일을 하고 있던 ‘나’를 멈추는 것이다. 그렇게 모든 것이 일단 멈춤 상태에 들어가고 막이 내려온다. 물론 여러 가지 경우의 수가 가능하겠으나, 결과는 다 마찬가지이다. 억지로든 갑작스럽게든 ‘일단 멈춤’ 상태로 들어가는 것이다. 간혹 겉으로 분명히 드러나서 더는 그냥 무시하고 넘어갈 수 없는 경우도 있다. 무언가가 자신을 덮치는 듯한 느낌을 받는 것인데, 잠시 후에 살펴볼 샹탈과 미셸의 사례가 이에 해당한다. 반면 안에서부터 차오르면서 스스로를 잠식해 버려 자신의 역할을 내던져 버리기도 한다. 클레르와 이브, 클로드의 사례가 이런 경우이다. 이런 사건들은 대개 저마다의 기억 속에 잊지 못할 충격으로 자리 잡는다. 간혹 드물기는 하지만 프랑크처럼 스스로 이런 상황이 오기를 기다리거나 미리 계획해 두고 있는 경우도 있다.

집과 회사 사이에 놓인 매개적 공간, 즉 전철이나 버스 안, 기차역, 건물 내 중앙 홀, 지하 주차장 같은 장소는 문제적 상황의 뒤에 숨어 있던 어두운 그림자가 스멀스멀 기어 나오는 캄캄한 무대 뒤 공간이다. 번아웃 상태에 놓인 사람들은 침묵이라는 허울 좋은 장막으로 자신의 고통을 감싸고, 자기 혼자서만 공포와 두려움을 느끼며 이를 말로 표현조차 하지 못한다. 일단 어딘가 이상하다는 낌새를 알아차린 이들은 스스로의 정신적 고통이 몸으로 나타나고 있는 것이라고 생각한다. 이어 강인하고 책임감 강하고 응급 처치 능력이 뛰어난 우리의 몸은 사람들 앞에서 애써 쓰고 있던 가면을 내려놓는 이 막간의 공간에서, 더 이상 연기를 하지 않아도 되고 그 누구도 자신의 약점을 보지 못하는 이 공간에서 그 치명적인 존재감을 드러낸다. 몇 달 전부터 만성 스트레스로 간신히 막아 두고 있던 틈새가 조금씩 균열을 보이고 있는 상태이므로, 약간의 충격만 가해져도 이 '유리 멘탈'은 곧 깨져 버릴 수 있다. 조금이나마 마음을 내려놓고 약간 긴장의 끈이 풀리는 이 막간의 공간에서는 균열과 파열 현상이 흔하게 일어난다.

무대 뒤의 어둠은 배우가 숨을 쉴 수 있는 시간과 공간을 마련해 주고, 무대 의상으로 옥죄어 있던 몸은 배우의 침묵과 고독 속에서 다시금 그 존재감을 드러낸다. 이는 여러 가지 형태로 표현될 수 있는데, 그 실례로 글로드는 고객의 회사에서 나오다가 로비에서 그만 실신을 하고 말았고, 장이브는 기차 환승 도중에 갑자기 궤양으로 인한 복통을 느꼈다. 스쿠터를 타고 가던 클레르는 뚜렷한 이유 없이 신호등의 빨간불을 인지하지 못했으며, 에릭은 오토바이를 탈 때마다 편두통을 호소했다. 소피안은 광장 공포증이 없는데도 넓은 장소나 엘리베이터 안에서 발작을 일으켰다. 그동안 업무로 시달린 우리 뇌에게 우리 몸이 이제 좀 그만하라고 호소하는 순간이다. 그렇게 우리 몸은 우리에게서 그동안 우리가 몸에 진 빚을 받아 간다. 우리 몸이 더 이상 감당할 수 없는 수준의 것을 요구했으므로 이제는 우리 몸이 그런 우리를 꼼짝 못하게 덮쳐 버린 셈이다. 모든 것에는 이렇듯 한계가 있고, 우리는 이제 그 한계에 다다른 상황이다. 항抗스트레스 자원을 모두 다 소진해 버린 것이다. 이제는 우리 몸에 브레이크를 걸어 주어야 한다. 필요하다면 우리 몸은 병을 소환할 수도 있다.

그러니 이제는 무대 뒤로 물러나 어두운 막간의 공간으로 들어가야 한다. 우리의 몸이 자신의 뜻에 따르도록 강요하고 있으며, 우리는 그러한 우리 몸의 강요에 거부할 수 없다. 우리 몸이 무대 위에 올라갈 준비가 되지 않았다면 우리는 무대 위로 올라갈 수 없다. 우리 몸은 이제 그동안 희생되었던 것들을 챙기기 시작하며 충분한 잠과 휴식을 요한다. 따라서 몇 주 동안은 무대 위에 올라가지 못한다. 경우에 따라서는 몇 주를 넘어 몇 달로 이어질 수 있으며, 어떤 이들에게는 그 기간이 평생이 될 수도 있다.

언제 끝날지 모르는 이 암전의 상태를 우리 스스로는 아직 납득할 수 없겠지만, 그렇게 막이 내려온 이 상황이 우리로서는 꽤 다행스럽기도 하다. 그리고 바로 이때부터 그동안 우리가 희생시켰던 부분들이 스스로의 자리를 되찾는다. 역설적이게도 막이 내려오게끔 만들었던 충격파를 기반으로 하여 새로운 지지대가 마련되며, 막이 내려가게 만든 원인들은 끊임없이 우리의 머릿속에 반향을 일으키며 미래에도 이 요인들에 대비할 수 있도록 경각심을 고취한다. 우리는 결국 이 난국에서 벗어나게 되겠지만, 한 번은 이 난국을 지나가야만 한다.

■ 이카로스의 날개와 추락

프랑크는 대형 보험 회사의 고위 간부이다. 경영위원회 위원이 되기 전에 그는 그룹 내에서 회사원으로서의 자질과 역량을 높이 평가받으며 독보적인 행보를 보였다. 그는 유럽 내 국제 고속 열차인 탈리스를 타고 네덜란드를 내 집처럼 드나들면서 프랑스와 네덜란드 양쪽에서 능숙하게 업무 팀을 관리해 왔다. 그에게 파리와 암스테르담 구간은 도심-교외 전철 구간이나 다름없었다. 그렇게 앞만 보며 냉철하게 달려가면서 그는 더 이상 스스로의 상태를 인식할 수 없는 지경에 이르렀다. 끊임없이 펜을 움직이고 열정적으로 근무에 임하며 스스로의 명예를 드높이던 프랑크는 태양을 향해 너무 빨리 달려 나가고 있었다.

금진직 이득을 시키기 위해, 그리고 무엇보다도 자신의 명예와 가치를 지키기 위해 변호사까지 개입하여 2년간 회사 경영진과 갈등을 빚으며 싸워 나간 끝에 그는 결국 회사를 떠나기로 결정했다. 그는 끝까지 협상을 관철시키는 회사원답게 자신이 원하는 것을 추구하며 끝까지 싸워 나갔다. 그가 원하던 것은 바로 자유였다.

마흔네 살까지 제 경력은 꽤 화려한 편이었죠. 남들이 다 원하는 자리, 그룹 차원에서도 유럽 부문과 관련하여 인정받는 자리에 도달했으니까요. 그런데 몇 달 전부터 그룹 내의 전략 변화로 인해 우리 팀원들이 위험에 빠질 수도 있겠다는 사실을 알게 됐어요. 그러자 기업 경영위원회

위원 같은 간부 지위로 올라가야겠다는 생각이 들더군요. 그룹의 미래에 관한 전략적 결정에 제가 직접 참여하고 싶었던 거죠. 그래서 더 열심히 일했어요. 명예와 권력, 의욕과 의지는 저를 움직이는 원동력이었고, 제게 날개를 달아 주었어요. 하지만 권력 싸움이 벌어지는 내부에서 악순환의 고리에 빨려 들어가 그 안에 갇혀 버린 저는 이카로스처럼 추락할 수밖에 없었어요. (양팔을 벌려 날개를 젓는 시늉을 하며) 저는 사람들의 조언도 듣지 않았고, 주위의 경고 신호는 물론 제 몸이 보내오는 경고 신호도 무시해 버리고 말았죠. 저는 멈추지 않고 계속 앞으로 나아갔고, 제 스스로 파멸을 자초해 날개를 다 태워 버리고 말았어요. 그렇게 하고 나서야 비로소 모든 게 멈추었죠. 그 길만이 유일하게 제 스스로 납득할 수 있는 탈출구였어요. 제 자신에게 반하는 결정이 그 어떤 파괴적 결과를 가져올지, 추락의 결과가 어떠할지에 대해서는 안타깝게도 과소평가하고 있었지만, 그래도 제가 앞으로 어떻게 할지는 제 자신이 제일 잘 알고 있었죠. - 프랑크

프랑크는 자신의 추락에 대비하고 '성공적으로' 추락하여 영원히 직장에서 물러나길 바랐다. 그는 두 가지가 스스로를 옥죄고 있다고 생각했다. 한 가지는 직업적 업무 압박이었다. 집중력을 높이고 상황에 대비하여 목표에 도달해야 한다는 압박이 이에 속한다. 그를 짓누르던 두 번째 구속은 외부 세계와 단절되었다는 또 하나의 직업적 구속으로, 이에 따라 프랑크는 고립감과 함께 감옥에 갇힌 듯한 느낌을 받았으며, 관계의 단절을 체감했다. 능력 있는 간부 지위에 오르는 것

은 내심 그가 바라던 최종 목표였다. 그는 이 자리에 오르기 위해 그 어떤 대가라도 치를 각오가 되어 있었다. 하지만 더 크게 활약할 수 있는 국제 무대를 앞에 두고 그는 결국 무대 위에 자신의 정장을 벗어 내려놓은 채 오랫동안 무대 뒤에서 방황하다가 결국 직장이라는 무대를 완전히 떠나 버렸다.

■ 이카로스 신화의 교훈: 프랑크는 왜 그렇게 오랫동안 일에 매달렸을까

이카로스의 아버지가 이카로스를 격려했듯이 프랑크의 주위 동료들도 그를 격려해 주었다. 기업의 경영위원회라는 폐쇄적인 집단의 일원이 된다는 것은 세계적인 기업 내에서 뛰어난 능력과 영예를 인정받는다는 의미였다. 하지만 그에 수반되는 의무도 무시할 수 없다. 조직의 명예를 시키기 위해서는 결코 실망스러운 모습을 보이면 안 되며, 권위가 실추되는 일 또한 하지 말아야 한다. 이는 그가 지켜야 할 암묵적 계율이었다.

이카로스와 마찬가지로 프랑크 역시 한 사람의 인간으로 살아가기 위해 자신이 어디까지 해야 하는지의 문제에 직면해 있었다. 몇 달 전부터 그가 진심으로 답을 구해 오던 이 문제는 풀리지 않은 채로 남아 있었는데, 그 자신을 되찾고 스스로의 한계를 인정하기까지 그는 그만큼의 대가를 치러야 했다.

EXERCISE 3.1   이카로스의 비상

- 이카로스를 태양 가까이로 날아가도록 한 추진력과 야망은 무엇이었는가?
- 이카로스의 약점과 위험 요소는 무엇이었는가?
- 당신의 경우는 어떠한가? 스스로 자신의 추락을 재촉하고 있지는 않은가? 특히 어떤 부분에서 그런 조짐이 느껴지는가?
- 당신은 무엇을 향해 그토록 위험한 비행을 감행하고 있는가?

■ 시시포스 신화: 닿을 듯 말 듯한 목표를 향해

신에게 도전한 죄로 시시포스는 정상에 도달할 때 즈음이면 늘 속절없이 아래로 굴러떨어지는 바위를 끊임없이 위로 밀어 올려야 하는 형벌을 받았다.

| 파스칼 이야기 | 영업 관리직을 맡고 있는 파스칼은 호승적인 기질의 소유자로, 까다롭기로 정평이 난 기업 고객은 언제나 그가 담당했다. 회사 내에서도 인정을 받고 있는 파스칼은 스스로의 매출액 목표치도 언제나 달성하는, 자타가 공인하는 유능한 사원이었다. 2004년에는 경영진과 운영위원회에서도 그의 역량을 눈여겨보았고, 이에 따라 회사는 그에게 지역 책임자 자리를 신설해 주겠노라고 제안했으며, 아울러 그가 소규모나마 자기 팀을 꾸려 일할 수 있도록 하겠다

고 약속해 주었다. 그런데 1차 조직 재편에 따라 이 직위를 신설할 예산이 동결됐다.(이로써 거의 정상에 도달할 뻔했던 첫 번째 바위가 그만 미끄러지고 말았다.) 다만 그에게 독자적인 업무 영역을 보장해 주겠다는 비공식적인 약속만이 여전히 유효한 상태였다. 파스칼 본인에게나, 그를 유능한 인재로 바라보는 부장에게나 이는 더없이 바람직한 일이 될 터였다. 파스칼은 자기만의 영업 인프라를 구축하고 신규 고객을 유치했다. 상품의 폭도 더 넓혔으며, 그가 담당하던 페이 드 루아르 지역 여러 도시 내에서 영업 품목 수를 계속해서 늘려 갔다.

그렇게 1년여 동안 열심히 일한 끝에, 12개 신상품 라인이 세상의 빛을 보게 됐고, 300여 개의 품목이 화려하게 카탈로그를 장식했으며, 파스칼 덕분에 회사의 매출액은 세 배나 증가했다. 이에 따라 사장은 그에게 영업부와 상품부를 통합하여 '영업 및 마케팅' 부서를 신설해 주겠노라고 제안했다. 하지만 그 이후 안타깝게도 회사가 경쟁 업체에 인수 합병되고 말았다. 이제 회사의 영업부에는 남는 자리가 없었고, 영업 및 마케팅 부장도 이미 정해진 상태였다.(이에 따라 거의 정상에 도달할 뻔했던 두 번째 바위가 미끄러졌다.) 하지만 파스칼은 이에 개의치 않았다. 파스칼은 이들에게 자신이 얼마나 뛰어난 비즈니스 역량을 갖고 있는지 보여 주기로 했다. 지난 3년 내내 파스칼의 상여금은 한 번도 인상된 적이 없었으며, 그는 오로지 '오기'로만 버티고 있었다.

주위 동료들은 그를 일 중독자 취급하면서도 한편으로는 패기 있게 뛰어드는 그의 모습에 감탄하기도 했다. 파스칼은 또 다른 지역을 정복하러 떠났으며, 중부 및 동부 지역은 (사실 교통이 그리 좋은 지역은 아니었으므로) 여전히 미개척지였다. 하지만 그는 여기에 희망을 걸었다. 호텔 방에서 몇 날 며칠 철야 작업을 이어 갔고, 대부분의 시간을 차에서 보냈다. 그로부터 1년 후인 2008년, 회사는 시장을 재정비하면서 파스칼이 맡고 있었던 영업 활동을 모두 정리하기로 결정했다. 이에 파스칼은 망연자실하지 않을 수 없었다. 파스칼이 끊임없이 위로 밀어 올리던 바위는 다시 언덕 아래로 굴러떨어져 곤두박질쳤다. 하지만 이번에는 상황이 조금 달랐다. 파스칼이 더는 바위를 밀어 올리지 않기로 했기 때문이다. 그는 잠시 시간을 갖고 스스로를 추스른 뒤, 다른 곳에서 자신의 역량을 펼쳐 보이기로 마음먹었다. 물론 그는 회사를 그만두었다. 파스칼이 회사를 위해 충성스럽게 역량을 펼쳐 보이지 못하게 한 인사본부로서는 유감이겠지만, 파스칼이 왜 다시 회사로 돌아가지 않았는지 그 이유를 모르는 사람은 아마 없을 것이다.

■ 시시포스 신화의 교훈: 파스칼은 왜 그렇게 오랫동안 일에 매달렸을까

파스칼은 그저 그렇게 하는 게 맞다고 생각했을 뿐이라고 설명했다. 공들여 무언가를 하는 것은 명예로운 일이라고 배우기도 했거니와 그의 기질로서도 이는 당연한 일이었다. 사람들은 그에게 노력 없이 얻어지는 것은 아무것도 없다고 가르쳤다. 이 말은 언제나 파스칼의 머릿속을 맴돌면서 그를 이끌어 왔다. "열심히 일하고, 네 시간을 따지지 말라. 시장을 찾아 나서고 영업망을 확대하라. 단골을 만들고 전보다 더 많이 얻어 내라. 그리하면 정상에 도달할 것이다." 이렇게 생각해 온 파스칼에게 책임 직위의 요직은 맛좋은 당근이었고, 이 당근이 주어진다는 사실만으로도 그는 충분히 바위를 끊임없이 밀어 올릴 수 있었다. 파스칼은 완전한 자율권을 손에 쥔 채, 그 누구의 간섭도 없이 자기 일을 하고 싶었다. 그는 자신이 한 단계, 한 단계 쌓아 올려 나아가야 한다는 사실을 알고 있었고, 목표에 도달하기 위해서는 꽤 열심히 노력해야 한다는 것도 알고 있었다. 그에게 이는 지극히 당연한 일이었으며, 정상은 이제 그리 멀지 않은 상태였다. 하지만 그 정상은…… 결코 그의 손이 닿지 않는 곳에 있었다.

EXERCISE 3.2　끝없이 위로 밀어 올려야 하는 시시포스의 바위

- 시시포스가 바위를 밀어 올리게 만든 추진력과 동기는 무엇이었는가?
- 시시포스의 약점과 위험 요소는 무엇이었는가?
- 당신의 경우는 어떠한가? 어떤 목표에 도달하고자 노력하고 있는가?
- 사람들이 당신에게 한 약속 중에서 지금껏 이루어지지 않은 것은 무엇인가?

페넬로페의 기다림과 희망

그리스 신화에서 페넬로페는 트로이 전쟁 이후 오매불망 자신의 남편 오디세우스만 기다려 온 정절의 여인으로 유명하다. 남편이 없는 동안 페넬로페는 108명의 구혼을 거절했다. 페넬로페는 구혼에 응하기에 앞서 고인이 된 시아버지 라에르테스의 수의 짓는 일부터 마무리해야 한다고 명분을 내세운 뒤, 낮에는 베를 짜고 밤에는 베를 풀면서 끊임없이 이를 반복했다. 이 이야기에서 '페넬로페 베 짜듯이'라는 표현이 나오기도 했다. 이는 곧 끊임없이 반복되는 일을 가리키는 표현으로, 특히 마무리되지 않기를 바라는 일에 대해 사용된다.

| 메이린 이야기 | 유럽과 아시아 혼혈인 메이린은 파리에 있는 정보·엔지니어링 서비스 업체에서 근무한다. 메이린이 하노이에서 학교를 졸업한 후 들어간 첫 직장이다. 위계질서와 권위를 존중하는 메이린은 또래 동료들 사이에서도 출중한 역량과 자질을 보였으나, 메이린 스스로는 자신이 그저 운이 좋았을 뿐이라고 생각했다. 메이린은 카리스마 넘치는 직상 상사의 기대에 부응하기 위해 열심히 일했으며, 메이린의 상사도 때가 되면 메이린을 베트남 쪽 해외 지사 책임자로 임명해 주겠다고 약속했다. 메이린은 상사의 기대치에 부응하여 그를 실망시키지 말아야 한다고 생각했고, 그래서 늦게까지 일하며 작업 속도가 떨어지지 않게끔 노력하고 끈기 있게 업무에 임했다. 집념이 강해진 메이린은 자신이 자랑스럽게 생각하는 스스로의 성실성을 바탕으로 하루하루 지탱해 나가고 있었으며, 수많은 헤드헌터들과 인사본부 측에서도 그런 메이린을 예의주시하는 상황이다. 이들은 메이린에게 끊임없이 유혹적인 제안을 하고 있으며, 심지어 메이린의 고객도 그녀에게 러브콜을 보낸다. 메이린이 대기 발령 상태에 있으면서 시간 낭비를 하고 있다고 생각하기 때문이다.

■ 페넬로페 신화의 교훈: 메이린은 왜 그렇게 오랫동안 한자리에만 매여 있었을까

EXERCISE 3.3　　대기 발령 상태에 있는 동안 당신이 기대하는 것은 무엇인가?

- 당신은 누군가를 위해 또는 무언가를 위해 정식 발령을 기다리는 어중간한 상태에 놓인 적이 있는가?
- 당신이 외부의 흥미로운 제안을 뿌리치고 기다리던 이상적인 계획은 무엇인가?
- 당신의 눈앞에서 사람들이 흔들고 있는 유혹의 미끼는 무엇인가?

■ 꽃병의 물을 넘치게 하는 마지막 한 방울

　문제를 일으킬 별나른 요인은 없더라도 물 잔은 이미 가득 찬 상황일 수 있다. 여기에 단 한 방울의 물만 더해지더라도 잔 속의 물이 예기치 못하게 흘러넘친다. 이는 물 잔에 물이 조금씩 차오르고 있었기 때문에 생기는 당연한 현상으로, 서서히 채워진 물은 결과적으로 엄청난 파급력을 지닌다. 그러므로 대수롭지 않아 보이는 상황 하나가 마지막 한 방울로 작용하여 심각한 결과를 가져오고, 상황을 예측하지 못한 우리는 "왜 하필 지금인가?"라며 의아해하기도 한다.

　하지만 그렇게 갑작스럽게 물이 흘러넘친 이유에 대한 답은 지극히 간단하다. 물은 이미 꽤 차올라 있었고, 물이 넘치도록 하는 마지막 한 방울이 물 잔에 더해졌기 때문이다. 이는 지극히 단순하면서도

필연적인 현상이다.

　연통관 법칙에 따라 한쪽에서 차오른 물은 곧 다른 쪽 물 잔까지 차오른다. 미셸의 사례가 이에 해당했다. 미셸은 동료 중 하나에게 닥친 상황으로 인해 그 자신까지 물이 넘치는 듯한 느낌을 받았다. 말로써 규정지을 수 없는 무의식적인 파장이 일었기 때문이다.

같은 지역을 담당하던 동료 직원 하나가 자살 시도를 해서 세미나가 있던 날 저녁 저는 당황해서 어쩔 줄을 몰랐죠……. 잠도 잘 이루지 못했고, 다음 날 저는 그게 제 일이 될 수도 있었다는 점을 깨달았죠. 그러자 모든 게 무너져 내렸어요……. 그때가 최근 들어 유독 더 힘든 시기는 아니었다고 생각해요. (곰곰이 생각해 보며) 그러고 보니 그 영업부 직원이 제게 우편물을 전해 주러 온 적도 있었어요. 그는 물끄러미 제 쪽을 쳐다봤는데…… 사실 그 사람이 뭘 보고 있었는지는 모르겠어요. 그 사람은 제 일정표를 낚아채더니 모든 미팅을 취소하겠다고 하더군요……. 그리고 저더러 지금 당장 집으로 돌아가야 한다고 말했어요. 그 사람이 저를 살려준 것 같아요……. 저는 아무런 반박도 하지 못했거든요. 도저히 그럴 수가 없더군요……. 몸은 여기 있지만 마음은 잠시 다른 데에 가 있는 것 같아서 더 이상 일도 할 수 없는 그런 상태였어요. 그 당시 저는 빨간불을 보지도 못한 채 길을 건너곤 했으니까요. 결과가 그토록 참담할 수 있었다는 걸 생각하면 정말 앞이 캄캄하네요……. - 미셸

물 잔에 물이 넘쳐흐르면 이는 내적인 동요로 나타나기도 하고, 신체적 표현으로 나타나기도 한다. 우리 몸이 스스로의 철수 권한을 행사하며 파업을 벌이는 것이다.

> 아침 일찍 일어나는 게 힘들더군요. 알람 소리를 듣고 눈을 뜨기는 했는데 팔을 뻗을 수가 없었어요. 고개를 돌릴 수도 없었고요. 몸을 가눌 수가 없게 된 거예요. 몸이 그렇게 아픈 건 아니었는데, 도저히 말을 듣지 않았죠. 저는 완전히 탈진 상태에 있었어요. 축 늘어진 곰 인형이나 별반 다를 게 없었죠. - 샹탈

집에서든 직장에서든 열심히 살아온 이 사람들에게 딱히 무언가 문제가 생겼다고 보기는 힘들다. 특히 이들은 대개 역량과 자질 면에서 괜찮은 평가를 듣고 있던 사람들이다. 번아웃 증후군이 미치는 영향 가운데 놀라운 점은 이 증상이 갑자기 찾아온다는 점이다. 나만큼은 그럴 리 없다고 생각하는 와중에 증상이 발현되는 것이다. 또한 무의식중에 전염 효과를 우려한 사람들은 즉각적으로 "그 사람이 그럴 리가? 자기 관리도 철저한 능력자인걸?"이라고 말하면서 이를 부인하기도 한다. 번아웃 증상이 찾아오면 삶의 단절이 분명하게 이루어진다. 대개는 번아웃 증상에 대비할 수 없는 상태에서 증상이 발현되며, 번아웃 증상이 나타나더라도, 그리고 이러한 현상에 대해 알고 있더라도 자신에게 닥친 상황을 인지하지 못할 때가 많다. 자기만큼은 그와 상관이 없다고 생각하는 것이다. "내가 그럴 리 없어."라고 말하

겠지만 아쉽게도 "나 역시 그럴 수 있다."

문제가 총체적일 경우, 그리고 본인 스스로 물 잔이 넘친 구체적 원인을 알 수 없는 경우라면 주위 사람들도 의아하게 생각한다. (번아웃 증후군을 겪고 있는 당사자와 마찬가지로) 그들 역시 지금 이게 무슨 상황인가 싶을 것이기 때문이다. 번아웃 상태에 빠진 사람은 어떻게 해서든 자기 힘으로 상황을 제어해 보려 노력하고, 지금과 같은 상황을 초래한 합당한 요인을 가져다 붙이려 애를 쓴다. 요컨대 문제의 '원인' 모색에 힘쓰는 것이다. 하지만 문제가 생기게 된 이유를 알고 싶다면 '어떻게'의 문제에 집착해야 한다. '어떻게' 해서 지금과 같은 상황에 이르렀는가?

> 업무에 복귀하고 몇 달이 지난 뒤에도 부장님은 문제(공공장소에서 갑자기 발작을 일으키는 등)를 일으킨 요소가 무엇이었는지 계속해서 제게 물었어요. 대관절 무엇에 짓눌려 제가 그렇게 무너져 버렸는지 알고 싶다는 것이었죠. 부장님은 저를 계속 채근했지만, 정말이지 저는 정말 뭐

라고 답을 해야 할지 몰랐어요. 모든 것이 다 문제였으니까요. 전부 다 심각한 상황이었어요. 모두 다 걷잡을 수 없는 지경이었고, 어떻게 불길이 뻗어 나갈 것인지 앞일을 예상할 수도 없었죠. 그렇게 예측 불가능한 상황인 데다 화재 진압을 하기에도 너무 늦어 버린 상태였어요. 저는 부장님이 제게 이런 질문을 한다는 것 자체가 짜증 나고 불쾌했어요. 마치 제게 무슨 문제라도 있는 것처럼 구셨거든요. 누굴 바보로 아는 건지, 원……. 다시 생각하니 또 화가 치밀어 오르네요. 하지만 뭐 부장님은 저한테서 무언가 문제를 발견하진 못했을 거예요. 철저히 감추고 있었으니까요. 저로서도 별 수 없었어요. 고객 만나러 가야지, 업무 처리해야지, 해야 할 일도 많았고, 그래서 어떻게든 참고 지내야 했죠……. 그런데 얼마 후 부장님이 스스로 죄의식을 느끼고 있다는 걸 깨달았어요. 자신이 부리는 나귀의 등 위에 너무도 많은 짐을 실은 건 아닌가 하는 자격이라도 있었나 봐요. 뭐, 정확한 이유는 뭔지 모르겠지만 부장님한테 결국 '그렇다'고 말해 버렸어요. 확신은 없었지만 그냥 부장님 탓으로 돌려 버린 거죠. 하지만 제 스스로도 사실은 뭐가 문제였는지 잘 모르겠어요. - 소피안

번아웃 상태에 빠진 사람은 현재 자신이 어떤 상황을 겪고 있는지 알지 못한다. 정신적·정서적 차원에서 벌어지고 있는 상황을 언어로 표현하지 못하기 때문이다. 어느 날 문득 그동안 잠자코 있던 내부의 자극에 불현듯 사로잡히는 느낌을 받는데, 이는 사실 외부의 압박을 좀 더 잘 견뎌 낼 수 있도록 도와주려는 작용에 불과하다. 이 적응 과

정은 스스로에게 유리한 방향으로 암암리에 조용히 이루어지고 있었다. 이 과정은 더 이상 적응이 이루어지지 않을 때까지 계속된다. 이때부터는 자가 조절 과정이 전혀 힘을 쓰지 못하고, 무절제하고 혼란스러운 상황이 뚜렷이 나타난다. 번아웃 증후군은 일종의 적응 장애라는 점에 유념하자.

누군가 직무 기력이 소진되어 업무를 할 수 없는 상황에 이르면 회사 측에서는 으레 근로 환경과 관련하여 그 원인을 살펴본다. 그런데 업무 중단은 갑작스럽게 나타나기 때문에 근로자 입장에서는 이를 환경과의 연관성을 고려하여 종합적으로 고찰하기가 쉽지 않고, 또 주위 사람들로서도 그 사람에 대한 이야기를 자연히 꺼내지 않게 된다. 자리를 비운 이 근로자에 대한 암묵적인 침묵의 금기가 생겨나는 것이다. 하지만 업무 중단이 갑작스럽게 일어나는 만큼 조직 내의 당혹감과 놀라움은 더욱 증폭되게 마련이고, 사람들 사이에서는 무언가 불편하다는 느낌이 크게 자리 잡는다. 예기치 않게 갑자기 일어나는 상황이라 모두의 일정이 뒤엉킬 수 있으며, 모두의 일이 복잡하게 꼬여 간다. 이에 따라 번아웃 피해자에게로 비난의 화살이 향한다. 번아웃 피해자가 이 모든 사태에 책임이 있는 듯 여겨지는 것이다. 근로자의 업무 중단은 곧 회사에 피해를 가져올 수 있고, 조직 차원에서는 시급히 조직 재편이 이루어져야 하므로 1차적으로 나오는 반사 작용은 일단 책임 소재를 밝혀 위험 요인을 떨어뜨려 놓는 것이다. 나의 문제가 아닌 남의 문제로 몰아 비난의 화살을 외부로 돌린 뒤 위험 요인을 배제하겠다는 논리이다.

번아웃 피해자의 주위 사람들로서는 사실 어떻게든 의미를 부여할 수밖에 없는 입장이다. 필요하다면 없는 의미를 만들어 내기도 한다. 이로써 스스로를 합리화하고 잠재적인 어떤 두려움을 한곳으로 몰아가며, 나아가 다른 핑계를 갖다 대고 상황을 다른 문제로 만들어 버린다. 예를 들어 그 사람의 나약한 성격이 문제였다는 식의 뜬소문을 만들어 내는 것이다. 그리고 특히 그 자신은 이를 극복했다는 인상을 줌으로써 죄책감을 씻어 낸다. 하지만 실제로 문제를 겪고 있는 사람들은 과연 누가 돌봐 줄 것인가? 무엇이 이들의 문제를 뒤로 밀려나게 만드는가? 무엇이 이들의 두려움을 억누르는가? 누가 이들의 편에 서서 이 상황을 타개해 줄 것인가?

EXERCISE 3.4　　진을 넘치게 하는 한 방울 찾기

- 당신의 잔을 넘치게 만든 한 방울은 무엇이었는가?

- 당신에게 이는 다른 것보다 더 중요한 사건이었는가?

- 당신의 몸에 나타난 징후는 무엇이었는가?

번아웃이라는 현실 받아들이기

전투에 필요한 모든 기력을 다 써 버린 번아웃 피해자들은 시간을 초월하여 살아간다고 이야기한다. 멈춰 버린 이 시간은 마법에서 깨

어나 주술이 풀려 버린 환멸의 시간이다. 말로 표현할 수 없는 무언가가 연기처럼 사라지면서 과거에 타올랐던 불의 존재를 일깨워 준다. 하지만 번아웃 피해자들은 나중에 이를 깨달을 뿐, 그전까지는 스스로 옳다고 믿는 가치를 향한 신념과 아드레날린의 작용으로 고통의 순간을 지각하지 못한다. 따라서 그때까지 안간힘을 쓰며 어떻게든 버텨 왔던 이 사람들은 그 자신이 이렇게까지 무너진 현실에 놀라고만다.

끝없는 나락으로 떨어져 불안감에 어쩔 줄을 모르며 정신적인 가사 상태에 빠진 상황에서도 번아웃 피해자들은 스스로의 고통을 표현하지 않는다. 그저 누군가 이들 대신 스위치를 누르기라도 한 것처럼 불현듯 총체적인 무기력 상태에 빠져든다. 따라서 이들은 한 치 앞도 분간할 수 없는 오리무중 상태에 빠졌다고 이야기하며, 지금껏 살아온 세계와는 다른, 또 하나의 수동적 현실에 휘말려 있다고 표현한다. 자기 힘으로 스스로를 제어할 수 없는 상황에 처해 버린 것이다. 이런 상황에서는 무언가 손쓸 겨를도 없이 그저 주변 분위기에만 휩쓸리게 된다. 무언가를 선택할 권한도, 싸울 힘도 없기 때문이다. 그리고 바로 이 순간, 구조의 손길이 이들에게 미치기 시작한다. 완전히 주저앉아 버리기 전에 그 누군가가 이들을 붙잡아 주는 것이다. 구조대원들은 다 타 버린 이 번아웃 희생양들을 병원으로 옮겨 주고, 이름 모를 누군가는 이들의 얼굴을 찬물로 조금씩 적셔 준다. 안타깝게도 몇몇은 다시 일어설 수 없을 정도로 완전히 바닥에 널브러져 있기도 한다. 이들 곁에는 지하철을 타고 무심히 지나가는 행인들밖에 없었던 탓이다. 다들 한 번쯤 던져 보는 질문은 과연 '얼마 동안이나' 그러고 있었느냐는 것이다. "내가 이런 상태로 지내온 지 얼마나 된 것일까?" "나는 언제부터 이렇게 진이 다 빠져 버린 상태가 된 것일까?" 답은 나오지 않은 채, 이 질문은 얼마간 이들의 머리에서 좀처럼 떠나지 않는다. 혼자만의 번뇌에 빠진 이들은 내적인 자산을 모두 다 소진해 버린다. 이들의 감정은 모두 다 재로 변했다. 말 그대로 '번아웃' 상태이다.

이제는 기다려야 할 때이다. 이후의 상황은 스스로 마음먹은 대로 되지 않으며, 번아웃 피해자들은 곧 모든 것이 자신의 의지와 무관하게 돌아간다는 안타까운 현실을 깨달을 것이다. 세상은 여전히 계속해서 흘러간다. 하지만 이들이 빠진 채로 돌아간다. 명예가 실추된 이들은 자신이 세상에서 하등 쓸모없는 인간이라는 생각을 하게 되고, 고독감이 이들을 엄습한다. 이들이 제일 먼저 맛보는 고통은 스스로의 위신과 명예가 바닥에 떨어져 버렸다는 것이다. 이들은 이를 결코 잊지 않을 것이다.

번아웃 초기에 효과적인 대처 방법
자각-수용-수긍/결정의 단계적 기법

명예가 실추된 후의 아픔을 극복하려면 서둘러 어떤 조치를 취해야 하며, 수치스러움과 무력감, 고독감에 빠져 마냥 자괴감에 사로잡혀 있으면 안 된다. 그래도 이런 기분이 느껴질 때에는 자신의 역량에 문제가 있다고 생각하지 말고, 그보다는 자신의 상호 작용 능력이 잠시 보류되어 있다고 봐야 한다. 그저 꽃을 피우기 부적절한 환경에 적응하지 못해 생기는 결과를 온몸으로 겪고 있는 것일 뿐이다. 스스로의 역량을 십분 발휘하기 위한 소질이 반감되었을 뿐, 역량이나 능력 그 자체에 문제가 있는 것은 아니라는 이야기이다. 하지만 현 상황에 제대로 대처하지 않으면 이러한 역량도 위험에 처할 수 있다.

남아 있는 전투력을 이용하여 신속히 대처하기 위한 방법으로 자각-수용-수긍/결정[RAD/RADD©1]의 단계적 기법을 제안한다. 이 방식은 직무 기력이 소진되기 시작한 사람들에게 효과적인 방법으로, 이를 통해 사람들은 최악의 상황을 피하기 위한 반사 능력을 제대로 갖출 수 있었다. 실용적이고 효과적인 이 방식을 통해 근로자 스스로 자신의 결정을 내린 뒤 이를 적용할 수 있게 되며, 아울러 지침이나 안전 장치도 확보할 수 있다. 이는 근로자 스스로 만들 수도 있고, 외부 누군가의 도움을 받아 구축할 수도 있다. 문제가 생겨 치료가 필요한 경우라면 이 방법을 사용하여 (의료-사회심리적 차원 및 치료적 차원에서) 보살펴 주어야 한다.

하지만 이러한 단계를 의식하여 하나하나 실행에 옮기는 것이 그리 쉽지만은 않다. 번아웃 상태에서는 스스로의 상황을 부정하기 쉬운데, 자신이 용납할 수 없는 상황을 피하기 위해 무의식적으로 애를

---

1 자각하다Réaliser—수용하다Accepter—수긍하다Dire ok/결정하다Décider의 앞글자만 따서 RAD 또는 RADD라 이야기하는 이 방법론에 대해서는 http://www.RPBO.fr 사이트를 참고.

쓰기 때문이다. 예를 들어 실패와 좌절, 포기 등은 영웅의 시각에서 보면 옳지 못한 행동이다. 게다가 역설적이게도 악순환의 고리를 끊는 행동들은 상당한 괴로움을 수반한다. 명예가 실추되거나 자신의 이미지가 깎이고 사회인으로서의 평판이나 명성이 떨어지는 괴로운 현실을 오롯이 인식해야 하기 때문이다. 페넬로페에게는 포기란 생각할 수 없는 선택이다. 포기를 한다는 것은 곧 자신을 지탱해 온 정절을 배신하는 일이기 때문이다. 시시포스로서도 돌이 굴러떨어지는 상황을 방치하는 것은 끔찍한 일일 수밖에 없고, 이 때문에 그는 비난을 면치 못할 것이다. 이카로스 또한 자기 스스로 비상을 멈추는 일은 상상할 수 없다. 비상을 멈춘다면 곧 아래로 추락해 버릴 것이고, 하늘을 나는 힘도 잃어버릴 수 있기 때문이다. 지금까지의 행보를 그만둔다면 그동안 누리던 이점과 특혜를 잃는 상황 또한 피할 수 없다.

> **✿✤ 자각 – 수용 – 수긍/결정의 단계적 기법**
>
> 1단계: 자신의 피로 상태를 '자각'
> 2단계: 외부의 조언을 '수용'
> 3단계: 현 상황에 '수긍'하며 올바른 방향으로 노선 복귀
> 4단계: 단독으로 또는 누군가와 함께 의사 '결정'

하지만 이 괴로운 시간을 잘 보낼 수 있도록 도와줄 보건 전문가들이 있다. 이들은 저마다 합당한 논거를 대며 차근차근 설명해 줄 것이며, (명예와 용기, 직업 정신, 정당성, 책임감과 봉사 정신 등) 스스로의 가

치를 되찾는 데에 도움을 주고 최후의 한 수를 함께 놓아 줄 것이다.

1. 자각

　자각은 시간을 요하는 일이다. 자신이 기준으로 삼고 있던 지표나 스스로의 신념, 대상을 인지하는 시각 등은 나름의 구조에 따라 움직이기 때문이다. 그동안 스스로 간직해 온 기준들은 성장의 기반이었으며, 우리는 일을 할 때 반사적으로 이에 따라 행동해 왔다. 그러니 번아웃 증후군이 와서 시급히 이를 바로잡아야 하는 상황이 되었다 해도 여기에 문제 제기를 하기란 결코 쉬운 일이 아니다. 손에서 일을 내려놓는 것은 그리 즉각적으로 이루어지지 않는다는 것이 전문가들의 공통된 의견이다. 중간 단계가 필요하기 때문이다. 끝없는 부인이 이루어지는 가운데 조금씩 길이 닦여 나가고, 무의식 속에서 소극적인 작용이 이루어진다. 자기 경험담을 늘어놓을 때면 대개 수동형 문장의 사용 빈도가 높아지는데, 이는 곧 자신의 영역에 대한 침범 또는 침입에 대한 느낌의 한 표현이며, 상황에 따라서는 외부의 요인에 의해 억눌리고 있다는 느낌을 나타내기도 한다.

EXERCISE 3.5　　자각하기

- 당신이 번아웃 진단 이후 깨달은 점은 무엇인가?

- 이를 결국 받아들였는가? 스스로 인정한 부분은 어떤 부분인가?

- 이제 앞으로는 어떻게 하기로 결심했는가?

2. 수용

번아웃 증후군이 나타난 이후 결국 병가 휴직계를 내야 하는 상황이 되었다면, 자신이 원래 하던 일로부터 멀어졌다는 느낌이 들 수 있기 때문에 이와 같이 강요된 휴식이 일부 사람들에게는 결코 달갑지 않을 수 있다. 번아웃 피해자보다는 보건 전문가가 먼저 번아웃 증후군과 휴직에 대한 이야기를 꺼내는 경우가 많기 때문에, 번아웃 사례에 대해 이야기할 때에는 대개 수동적인 태도나 표현이 자주 등장한다.

> 내가 겪고 있던 상황에 대해 이야기해 준 사람은 바로 그 당시 제 심리 코치였어요. 저는 그런 얘기는 정말이지 한 번도 들은 적이 없었어요.
> − 클로드

> 늘 피곤했지요……. 그리고 갑자기 이 피로감이 저를 짓누르는 거예요……. 주치의는 제게 항우울제와 진정제를 처방해 주었어요. 제 병명이 'GAD$^{Generalized anxiety disorder}$'라더군요……. 이게 뭔지 아세요? (침묵) 저도 이번에 알았어요. (웃음) 하지만 당시엔 정말 두 눈이 휘둥그레지더군요. 이게 바로 '범불안 장애'라는 거래요. 점심시간에 동료들한테 내가 이러이러한 병명의 진단을 받았다고 했더니 동료들이 다 웃더군요. (웃음) − 셀린

피로와 불안, 일시적인 우울증이나 반응성 우울증에 대해 말해 줌

으로써 의사들은 번아웃 피해자들이 좀 더 쉽게 진단에 따르게끔 만들수 있다. 환자 입장에서는 휴직 말고 답이 없다고 하는 의사의 말에 귀기울이고 이를 실행에 옮길 수밖에 없다. 그리고 업무 중단이라는 의사의 이 처방은 번아웃 극복의 첫 걸음이다. 번아웃이라는 현상을 하나의 단계로 인식시켜 주고, 아울러 '휴직'을 정당화해 주기 때문이다. 이 같은 처방은 번아웃 시점 이후 일에 대한 관점을 달라지게 만든다. 산업 전문의라면 좀 더 강한 어조로 이야기할 수도 있다.

> 의사는 이렇게 얘기하더군요. "당신은 지금 상태로는 다시 일터로 돌아갈 수 없어요. 그건 무책임한 일이에요. 일을 당장 그만두세요." 그리고 이어 덧붙인 말은 두려움이 일 정도였어요. "지금 본인이 몇 살인지나 아세요? 심장 건강에도 신경을 쓰셔야지요. 그러다 갑자기 쓰러져 큰 일을 당할 수가 있어요."라고…… - 클로드

EXERCISE 3.6　　조언과 충고의 수용

- 다른 사람이 조언을 했을 때 당신은 무엇을 깨달았는가?
- 그 조언을 받아들였는가? 알았다고 수긍했는가?
- 조언을 들은 후 어떻게 하기로 결정했는가?

3. 수긍

보건 전문가나 인사과 전문가들은 우리가 갖고 있는 소중한 재능

과 역량을 규명해 낼 수 있도록 도와준다. 우리의 재능과 역량은 우리에게 다시 힘을 실어 줄 수 있기 때문에 이를 끌어내려 세심히 노력해야 한다. 하지만 번아웃 증후군에 빠진 상태라면 자신의 능력 발휘에 힘쓰는 것이 문제가 될 수 있다. 이러한 노력이 바람직하지 않은 방향으로 폭주했기 때문이다. 문제는 본인이 옳다고 믿는 가치나 스스로의 능력 그 자체가 아니라 이러한 부분이 발휘되는 상황과 환경이 전과 달라졌다는 점이다. 따라서 중요한 것은 이러한 가치와 능력이 제대로 발현될 수 있는 올바른 방향을 찾는 일이다. 그래야 우리가 이를 지킬 수 있다.

EXERCISE 3.7　올바른 방향의 모색

- 당신이 옳다고 믿는 가치나 스스로의 능력이 제대로 발현될 수 있는 올바른 방향은 무엇인가?
- 스스로 상식적이라고 받아들이는 것은 무엇인가? 당신은 어떤 점들에 수긍하는가?
- 스스로 분별력 있게 내린 결정이 있다면 무엇인가?

4. 단독 또는 공동 의사 결정

일부 의사들은 번아웃 증후군에 시달리는 사람들이 수동적인 태도에서 벗어날 수 있도록 '공동 결정'이라는 방식을 사용하기도 한다.

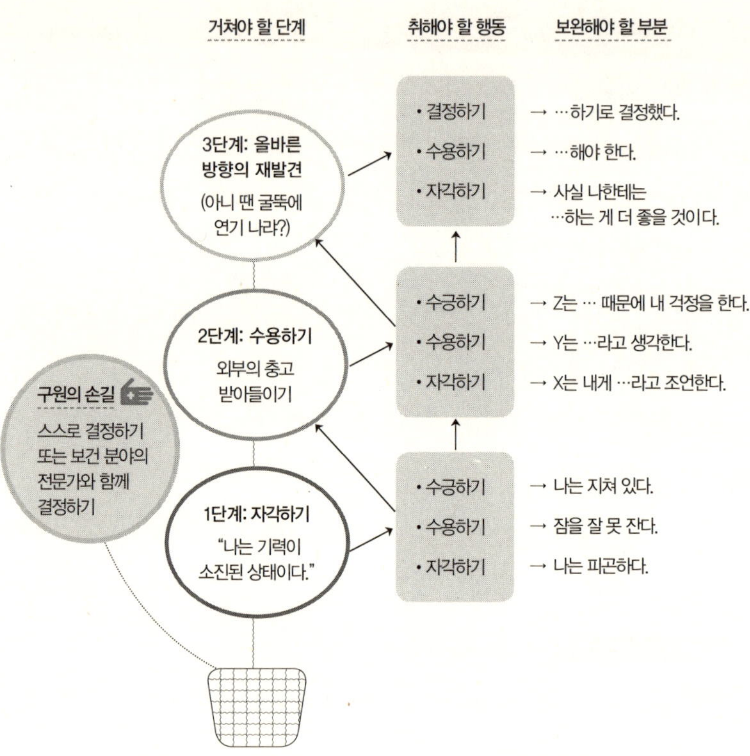

|그림 3.1| 자각-수용-수긍/결정의 단계적 기법

"Y씨, 제가 무엇을 해드릴 수 있을까요?" 그 사람은 내게 구원의 손길을 건넸어요……. 그리고 이렇게 말했죠. "그렇다면 이제 어떻게 결정을 내릴까요?" 저는 여기에 그 어떤 대답도 할 수가 없었죠……. 그 사람은 산업 전문의였어요. 저는 더 이상 결정을 내릴 능력이 없는 상태였고…… 그 사람의 질문에 대해 답을 하는 것 자체가 '불가능'했지요……. 말도 안 되는 상황이었지만…… 저는 그 사람이 제 대신 답을

해 주길 바랐어요……. 그러면 너무도 무거운 이 선택의 부담에서 벗어

날 수 있을 것 같았거든요……. – 미레유

EXERCISE 3.8　　혼자서 또는 공동으로 결정하기

- 당신은 결정의 문제와 관련하여 어떤 점을 깨달았는가?

- 자신이 결정으로 받아들인 것은 무엇인가? 무엇에 대해 알았다고 수긍

  했는가?

- 스스로를 위해 어떤 결정을 내렸는가?

위의 단계적 기법을 바탕으로 〈그림 3.1〉 위에 자신의 자아 인식을
도식화해 보자.

전형적인 번아웃 증후군 피해자의 유형

잠재적인 번아웃 증후군 피해자의 전형을 그리는 일은 그리 간단
하지 않다. 번아웃은 일을 하는 모든 사람들에게 언제든 일어날 수 있
는 현상이기 때문이다. 다만 일부는 번아웃 증상을 전혀 보이지 않는
반면, 안타깝게도 어떤 이들은 직장 생활 중 여러 차례 번아웃 증후군
을 보이기도 한다.

▪ 화성에서 온 목석과 금성에서 온 갈대

번아웃 증후군은 모든 사회 직업군에서 두루 나타나며, 남성보다는 여성의 번아웃 증상 발생 비율이 조금 더 높은 편이다. 다만 남자들의 경우, 직접적으로 번아웃 증상을 호소하는 비율이 더 낮게 나타나고, 자신들의 사연을 이야기할 때에도 남자들은 좀 더 신중한 편이며, 문제를 다소 왜곡하는 경향이 있다. 남자와 여자가 '고장' 나는 형태도 서로 다르다. 남자들은 일단 직장 내 '조직'과 관련하여 문제가 생겼다고 호소하는 반면, 여자들은 직장 내 '관계'를 둘러싼 분위기에 대해 더 많이 언급한다.

과다 업무나 정신적인 부담, 불합리한 지시 등 번아웃 증상이 나타나는 이유와 원인은 모두 동일한데, 번아웃이 표현되는 방식은 사람마다 크게 달라진다. 다만 성별에 따라 근본적인 차이가 있는데, 여성들이 감정 체계(슬픔이나 눈물 등)를 동원하여 표현하는 반면, 남자들은 신체 건강에 즉각적으로 심각한 영향(심혈관계 문제나 골절, 궤양 등)을 미치는 생물학적 체계를 동원해 표현한다. 또 여자들은 만성적인 피로나 지친 기색이 조금이라도 느껴지면 곧 이런 신호에 반응하여 속도를 늦추거나 쉬어 가는 경향이 있지만, 남자들은 어느 날 갑자기 예기치 못하게 쓰러지는 경우가 많다.

하지만 남녀 간에 공통적인 특징도 분명 존재하며, 업무 환경과 이를 인지하는 방식에 따라 남녀 모두에게 나타나는 특성도 있다. 다음의 네 가지 기본 축을 중심으로 이러한 특징들을 생각해 보자.

- 시간을 대하는 관점

- 공간을 대하는 관점

- 일을 대하는 관점

- 타인(위계질서 및 대인 환경)을 대하는 관점

이 네 가지 축을 교차시켜 보면 남녀 모두에게 해당되는 공통적인 위험 요인을 파악할 수 있으며, 어떤 시기가 위험하고 어떤 수준의 책임 직위가 위험한지 알 수 있다.

| 표 3.1 | **주의해야 할 위험 지표**

연령	20~60세(경제 활동을 하는 시기)
고위험 시기	책임 업무 할당 시 업무 과도기 직위 발령, 간부 승진 출산 휴가 또는 안식년 이후 복귀 시 해외 파견 후 본사 복귀 시 승진 시 의무 사항이나 규제 변경 시 마감 시 또는 업무별 시즌 도래 시 일사분기(1~3월) 또는 사사분기(10~12월)
고위험 업무	다중 복합적 프로젝트 (서열 관계 없는) 기능 중심의 경영 본사/지점 조정 업무 여러 지역에 걸친 업무 팀과의 공조 업무 경영진 및 기술 팀 간의 조정 업무 다문화적 업무 팀 고객 응대 서비스 고객 만족 업무 서열 관계 없는 프로젝트 팀 운영

| 표 3.2 | 업무상 고위험 유발 요인(프랑스 산업안전연구원)

직무 환경 관련 요인	■ 지나치게 많은 업무 처리 요구(업무 과다, 고능률 작업 요구, 일시적인 업무 압박, 대량 정보 처리 요구 등) ■ 지나치게 높은 질적 수준의 요구(꼼꼼하고 상세하게, 질적으로 수준 높게, 신경 써서 작업하기를 요구하는 경우) ■ 업무 자체의 맹점(지루한 업무, 독립성 부재, 반복적 · 단편적 업무)
업무 조직 관련 요인	■ 업무의 분배 및 계획을 주관하는 전체 총괄자의 부재 ■ 정확히 어떤 업무를 수행해야 하는지 짚어 주지 않은 채 업무 부과 ■ 원활한 의사소통 불가 ■ 요구 사항이 서로 상충되는 경우(어떻게 빨리 하면서도 잘하라는 말인가? 나는 고객을 만족시키도록 노력해야 하는 것인가, 아니면 상사를 만족시키기 위해 노력해야 하는 것인가?) ■ 새로운 조직 방식(재고 발생을 피하기 위해 전적으로 주문량에 따라서만 생산하는 방식이나 다방면에 걸친 생산 방식으로의 업무 조직 방식 변경) ■ 불안정한 근로 계약(임시직 근로 계약, 하청 계약) ■ 생활 리듬이나 교우 관계, 가족 관계와 맞지 않는 업무 시간
직무 관계 관련 요인	■ 동료 직원이나 상관의 지지 부족 ■ 소통의 부재 ■ 비참여적이고 권위적이며 미숙한 경영 방식 ■ 성취 과업에 대해 인정해 주는 분위기가 아니거나 취약한 경우
물리적 · 기술적 환경 관련 요인	■ 작업 데스크의 물리적 환경이 쾌적하지 못한 경우(소음, 고온다습한 환경 등) ■ 작업 데스크나 환경이 열악한 경우(장소 협소, 조도 부적절)
사회의 진화 발전 관련 요인	■ 원거리 통신 수단의 이용 증가 ■ 책임 의식 강화와 더불어 직무 활동의 개인화 ■ 고객의 공격성 및 까다로운 요구 증가
회사의 거시 경제적 환경 관련 요인	■ 회사의 재무 상태 악화 또는 미래에 대한 불확실성 ■ 경쟁, 경합

번아웃 피해자의 유형에 따라 번아웃 회복 방식을 다양화할 수 있겠으나, 그에 앞서 번아웃을 겪고 있거나 그에 준하는 상태에 처한 사람들의 특징과 성격에 대해 알아보도록 하자.

☆✤ **번아웃 피해자의 전형적인 특징**

- 번아웃 증상을 보이는 사람들은 자신의 시간을 모두 다 일에 투자한다.
  - 일은 곧 그 사람의 전부이다.
  - 일은 곧 그의 삶이다.
  - 그는 일을 자신의 소명이라 생각한다.

- 일은 완전히 그 사람의 삶의 일부이며, 일은 그의 정신적 안정에 기여한다.
  - 아이가 있는 경우, 부모로서의 역할과 직장인으로서의 역할 모두에 정성을 다하려 한다.
  - 쉼 없이 일과 집안일을 연달아 하고 있다.
  - 모든 것을 세심히 살펴본다. 무언가를 하기 위한 시간을 재고, 따져 보고, 살펴보고, 철저히 관리한다.
  - 주변 사람들로부터 한 번도 쉬는 법이 없는 '에너자이저'라는 소리를 종종 듣는다. 한시도 가만히 있지 않으며, 여러 가지 일을 한꺼번에 진행한다.

- 근무 공간에 대한 인식은 다음과 같다
  - 일하는 곳은 새로운 것을 구축해 가는 장소이다.
        정복해야 할 우주이다.
        자아 구축 공간이다.
        결과물을 가져다주는 투자의 공간이다.

- 개인적인 삶의 영역과 직업적인 삶의 영역 사이에 구분이 없다.
  - 버스나 지하철 등을 타고 이동 중인 상황에서도 그 시간을 유익하게 보내기 위한 무언가를 모색한다.
  - 개인적 삶의 영역과 직업적 삶의 영역을 완전히 떨어뜨려 놓는 법이 없다.
  - 개인의 공간이나 가족과 함께하는 공간에서도 일이 개입한다.(집에서나 방 안에서, 휴가 중일 때나 주말에도 일을 안고 산다.)

- 직업적 경력은 승승장구
  - 까다롭고 진지하며 믿음직스럽고 역량 있는 프로이자 과감하게 일을 추진하고 좋은 평가와 더불어 인정받는 프로이다.
  - 체계적이고 논리적으로 일을 하며, 섬세하고 실용적이며 효율적으로 업무를 진행한다. 질적으로 수준 높은 업무 진행 방식을 보유하고 있다.
  - 형태상의 표현보다는 내용상의 전문성을 더 높이 평가받는다.
  - 일할 때 집중도가 뛰어나며, 믿음직스럽게 일을 하고, 일에서 즐거움을 느낀다.
  - 여러 개의 프로젝트를 맡는다.(다중 프로젝트나 다중 업무를 진행할 때가 많다.)
  - 스스로의 삶이나 심리적 균형을 위해서라도 두뇌 활동이 왕성해야 하며, 그러지 않고는 못 배긴다.
  - 일에서 멀어지는 것을 못 참는다.
  - IT 신기술과 일에 대한 의존도가 높다.
  - '워커홀릭'의 성향이나 특징이 있다.
  - 하루라도 일에서 손을 놓는 법이 없다.
  - 자신이 없으면 안 될 존재라고 느끼는 경향이 있다.
  - 도전 정신이 강하다.
  - 번아웃 증후군의 위험성에 대해 인지하고 있다.
  - 병가로 회사를 쉬는 것에 대해 죄의식을 느끼고 수치스럽게 생각한다.

- 타인의 역량에 대해 까다로운 잣대를 들이댄다(역량=직무 수행 정당성).

- 진지하고 엄격하며 믿음직스럽다는 인상을 주고, 상관으로부터도 능력 있
  다는 인정을 받는다.
- 신속하고 활발하게 역동적으로 일을 처리하며 지시한 일을 정확히 해내는
  특성이 있다.
- 해야 할 일은 늘 다 해낸다.
- 가족과 함께 있을 때나 휴가 중에도 일을 한다.
- 휴식을 취할 때 죄의식을 느끼는 경향이 있다.
- 효율적이고 독창적인 업무 처리 방식으로 높은 평가를 받으며, 문제 해결
  능력도 탁월하다는 평을 듣는다.
- 명예는 당연히 얻어야 하는 것이며 의무는 당연히 해내야 하는 것으로 여
  긴다.
- 존경심과 경외감을 자아낸다.
- 자신의 역량과 윤리 의식에 대해 인정받으려는 성향이 있다.
- 고객 서비스 정신이 투철하다.
- 믿음을 줄 수 있는 사람이다.
- 신뢰감을 불러일으킨다.
- 자신이 프로라는 사실을 인시하며, 사람들이 역량을 인정해 주는 것을 통해
  자신을 평가한다.
- 스스로 유능하고 필요한 사람이라고 느낀다.

자기 코칭 · 2

이 장에서 다룬 내용과 실습 훈련을 통해 자신의 위험 요인을 명확히 규명
해 낼 수 있었을 것이다. 일에서 나타나는 위험 요인이 개인 생활에 미치
는 영향에 대해 고려하며 이 작업을 좀 더 진전시켜 보도록 하자.

★ 나는 어떤 신화의 주인공이 되고자 하는가?

★ 다음의 세 영웅이 믿고 있던 가치는 무엇인지 적어 보자.

　1. 이카로스 :

　2. 시시포스 :

　3. 페넬로페 :

★ 이 세 영웅의 공통점은 무엇인가?

★ 자신의 삶을 돌아보았을 때, 스스로를 지탱한 가치는 무엇이었는가?

★ 이러한 가치들이 당신의 근로 계약상에서도 요구되고 있는가?

★ 어떤 일을 지나치게 열심히 했는가?

★ 요청을 받지는 않았지만 자진해서 한 것은 무엇이었는가?

★ 자신의 가치를 다르게 이용할 수 있는 방법이 있다면?

★ 이카로스에게 어떤 조언을 해 주고 싶은가?

★ 시시포스에게 어떤 조언을 해 주고 싶은가?

★ 페넬로페에게 어떤 조언을 해 주고 싶은가?

🖉 ....

지금까지 한결같이 나 자신을 지탱해 온 가치, 앞으로도 늘 나 자신을 지탱해 갈 가치는

무엇인가?

다시 자신을
일으켜 세워야 할 시간

멈추어 회복한 뒤 사막을 건너기

"어려운 일이란 곧바로 해결될 수 있는 일을 뜻하고,
불가능한 일이란 조금 더 시간을 요하는 일을 말한다."

– 조지 산타야나

단절의 두려움 떨쳐 내기

다른 관점으로 바라보기

차를 몰고 가던 중 보닛에서 연기가 나면 우리는 대개 당장에 곧 차를 멈춘다. 무언가 위험에 처한 듯한 느낌을 받으면 보통은 어떤 감정과 스트레스를 느껴 차에서 나오든지 몸을 피하든지 하는 조처를 취할 것이다. 이는 지극히 상식적인 행동이자 올바른 대처 방법이다. 그런데 이와 똑같은 상황이 직장에서 벌어지면, 우리의 대처법은 조금 다르게 나타난다.

자동차의 엔진이 아닌 우리 내부의 엔진이 고장 났을 때, 우리는 왜 상식적인 판단을 하지 못하는 것일까? 내가 만난 대부분의 근로자들은 번아웃 증상이 매우 뚜렷하게 발현되고 있는데도 좀처럼 휴직 결정을 내리지 못했다.

우리의 감정은 머리보다 더 빨리 반응을 보여 주고, 원하든 원하지 않든 경고 신호가 계속 울리는데도, 주위 사람들까지 문제를 인식하고 있는데도 막상 우리는 일을 그만두지 못한다. 그나마 회사 내에서 자신의 이야기를 경청해 줄 누군가가 있다면 그 사람에게 직무 환경에 대한 이야기를 털어놓으며 자신의 정서 상태를 인지할 수 있다. 번아웃 상태에서 본의 아니게 느껴지는 이 감정들은 몸으로 느끼는 피로와 고충을 이해하는 데에 도움이 된다. 동료 앞에서 자신이 회사에서 겪은 일들을 하나하나 되짚어 보노라면 그동안 일을 하면서 왜 그렇게 힘들었는지를 알 수 있을 것이다.

이러한 대화의 시간은 번아웃 증후군 피해자에게 매우 중요할 수 있다. 자신의 상태가 좋지 않다는 사실에 대해, 이제는 더 이상 거짓말을 할 수도, 주위 사람들을 속일 수도 없게 되었기 때문이다. 뭔가 문제가 있다는 사실을 인정하는 것만으로도 사실 크게 한 발 나아가는 것이다. 내가 만난 직장인들에게 이는 제일 어려운 첫 걸음이었다.

주위 사람들은 이 문제의 직장 동료를 시급히 산업 보건 전문가나 심리 상담사에게로 인도해야 한다. 동료의 아픔을 받아 주기 위해 적절한 단어를 선택하여 신속하고 요령 있게, 그리고 상황에 맞는 적절한 내용의 조언을 해 주는 것이 쉬운 일은 아니기 때문이다. 따라서 동료를 전문가에게로 인도함과 동시에 스스로 결정을 내릴 수 있도록 해야 한다. 만일 그가 다시 업무에 복귀하려 한다 해도 이는 그의 선택이다. 아직은 자신이 일을 할 수 있다고 생각하기 때문이다. 하지만 그 대가가 무엇일지는 아무도 모르는 일이다.

산업 보건의가 한번 보자고 했을 때, 저로서는 버틸 만큼 버텼다는 사실을 스스로도 잘 알고 있었지요. 잘 아시겠지만 의사 선생님은 그저 묵묵히 제 이야기를 듣고 있을 뿐이었는데, 그 사실 하나만으로도 제가 이 상황에 꽤 집중하지 못하고 있다는 점을 깨달을 수 있었거든요. 제게는 시간이 없었고, 그건 별로 중요하지 않았어요. 그리고 저는 제 자신이 충분히 강하고 창의적이고, 결코 지는 법이 없는 사람이라고 생각했어요. 의사 선생님 말씀은 그저 한 귀로 듣고 한 귀로 흘려 버렸죠. 제게 내린 진단 내용도 꽤 귀에 거슬렸고요. 내 일에 대해 뭘 안다고 그런 말을 하는 건지…… 당시 꽤 기분이 언짢았던 저는 그저 의사 선생님이 제게 조심하라는 경고를 해 주었을 뿐이라고만 여겼어요. 그리고 일은 도저히 손을 뗄 수 있는 상태가 아니었어요. 처리해야 할 서류가 보통 많은 게 아니었거든요. 생각할 게 한두 가지가 아니라 뭘 어찌해야 할지 모르는 상황이었죠. 저는 도저히 업무를 해 나갈 수 있는 상태가 아니었어요. 무언가 결정을 내릴 수도 없었고, 그저 기계적으로 행동하고 있을 뿐이었죠. 의사 선생님은 이를 알고 있었을 거예요. 그리고 저는 선생님의 말을 들으려 하지 않았죠…… 의사 선생님은 제 상태에 대해 간단히 '일시적인 업무 부적격'이라고 하시더군요. 당시 저는 몹시 화가 났고, 기분도 굉장히 나빴던 데다 이 말에 상처까지 받았어요. 저는 현재 진행 중인 일들을 제가 다 관리할 수 있다고 생각하며 사무실로 돌아갔어요. 하지만 오후에 완전히 나가떨어져 버렸죠. 의사 선생님이 맞았던 거예요. 저는 제가 처한 상황 때문에 제 상태를 제대로 보지 못하고 있었어요. - 미셸

당신은 번아웃 증후군입니다

중립적인 외부의 시선에서 바라보면 업무 중단 판결을 내릴 수밖에 없는데도 번아웃 피해자로서는 이를 쉽게 받아들이기가 힘들다. 따라서 번아웃 증상이 확인된 이후부터 최종적으로 업무를 중단하기까지는 중간에 여러 단계가 개입된다. 일에서 손을 떼기까지의 과정은 경우에 따라 꽤 길어질 수도 있고, 중간에 이런저런 복병이 도사리고 있을 수도 있다. 너무 애매하게 이야기하는 것 아니냐고 반박할 수도 있겠지만, 사실 번아웃의 진행 상황은 사람마다 다르게 나타나고, 전형적인 사례 역시 여러 양상으로 존재할 수 있다. 하지만 문제를 안고 있는 번아웃 피해자의 개인적인 문제가 무엇이든지 간에 중간에 거치는 단계는 모두 동일하다. 이제부터는 이 단계들에 대해 알아보도록 하자.

■ 일에서 손을 떼는 것이 그토록 어려운 이유는 무엇인가

역설적이게도 이 단계에서는 힘겨운 상황이 아직 그 정점에 다다르지 않은 상태이다. 가장 내리기 어려운 결정은 이제 그만 '중단'하라고 말하는 것이다. 이는 번복할 수도 없고, 되돌릴 수도 없다. 직장인들이 생각하는 휴직의 결정이란 이러하다. 성공하지 못했다는 사실 때문에, 이 땅의 페넬로페들로서는 충분히 오랜 시간 동안 기다리지 못했다는 생각 때문에, 또 이 땅의 시시포스들로서는 충분한 노력을 들이지 않았다는 생각 때문에, 그리고 이 땅의 이카로스들로서는 그 렇게 목표치 가까운 곳에 다가갔을 때의 모든 상황을 예상하지 못했기 때문에 스스로의 명예가 땅에 떨어졌다고 생각하여 괴로움을 느낀다.

번아웃 증후군에 따른 업무 중단이 괴로운 이유는 근로자 스스로 원치 않는 상황에서 어쩔 수 없이 휴직을 하기 때문이다. 더욱이 해당 근로자는 이런 상황에 대비조차 하지 못한 상태이다. 번아웃 증후군 은 어느 날 갑자기 들이닥치는 증상이라서 당하는 입장에서는 더욱더 혼란스러울 수밖에 없고, 주위 사람들도 그 영향을 받는다. 한번 내린 휴직 결정은 되돌릴 수 없기 때문에 더욱더 내리기 힘든 결정이기도 하고, 이는 스스로 원해서 내리는 결정도 아닐 뿐더러 간혹 강제로 휴 직이 종용될 수도 있다. 실제로 근로자가 이를 받아들이지 않는 경우 도 있는데, 당사자가 이를 불명예스러운 퇴장으로 여기기 때문이다.

번아웃 증후군을 겪는 사람들은 비단 몸만 힘든 게 아니라 마음까 지 괴롭다. 자신의 대외 이미지가 실추되었다는 생각과 함께 스스로 의 자질과 역량에 관한 회의감도 들고, 죄의식까지 동반된다. 왜 나는 좀 더 강한 존재가 되지 못했을까? 왜 나는 좀 더 열심히 노력하지 않 았을까? 왜 나는 날개에서 깃털을 이어 붙인 밀랍이 녹아 버릴 수도 있다는 생각을 하지 못했을까? 최선을 다하는 것에만 신경을 쓴 이들 은 갑자기 모든 것에 의문을 제기한다. 상사한테도 능력 있는 사원으 로 인정을 받았고, 이에 힘을 얻어 더욱더 열심히 했을 뿐만 아니라 전문성도 키우고 성실하게 근무해 온 나에게 업무 기력이 소진된 사 람이라는 딱지는 어울리지 않는다. 이건 뭔가 잘못되었다. 갑자기 그렇게 힘이 빠진 상황에 대해 주위 사람들도 이해할 수 없다는 반응을 보이지 않았던가? 도대체 왜 나에게 이런 일이 생긴 것일까?

나아가 자신의 명예 또한 흔들린다. 발 아래로 땅이 꺼져 들어가는 느낌이고, 공허함은 그 끝을 알 수 없을 것만 같다. 자기 혼자만 외떨어진 듯한 기분에 빠져들기도 한다. 대답 없는 메아리만 울려 대는 느낌이다. 이 모든 것이 정말 다 일 때문일까? 쉽게 납득하기 힘들다. 하지만 이 모든 사태에 공통적으로 적용되는 것이 바로 일이다. 위험을 가져온 요인도 일이었다. 이게 지금 바로 당신의 상태이다. 시급히 어떻게든 대처를 하지 않으면 안 되는 상황이다.

■ 휴직을 어떻게 받아들일 것인가

번아웃 증후군에 빠진 사람들은 몸의 피로에 더해 (실추된 듯한) 사회적 지위에 따른 괴로움도 감내해야 하고, 무심코 시선을 던지는 주위 사람들의 불편한 기색에 대응하는 법도 터득해야 한다. "대체 무슨 일이야? '우리'가 미치는 꼴을 보고 싶어서 그래? 정말 그런 거야?" 이런 말을 들으면 더욱 의기소침해지고, 자신을 이해해 주지 못하는 상대에게 화를 내는 것 외에 별다른 대응법이 떠오르지 않는다.

이러한 순간들은 감당하기도 힘들고, 그 안에서 생활해 나가기도 쉽지 않다. 주목할 부분은 휴직이 공식화된 순간부터 번아웃 증후군 피해자의 괴로움이 순식간에 커져 간다는 점이다. 어떻게 하더라도 휴직은 돌이킬 수 없는 결정이다. 어쩌면 휴직에 따른 괴로움이 업무 피로에 따른 괴로움보다 더 크게 느껴질 수도 있다.

휴직에 따른 괴로움은 일단 직장으로부터 멀어진다는 데에서 온다. 사회에서 자기 혼자만 도태되는 듯한 느낌을 받는 것이다. 당신에게 휴직이란 사회의 기준과 규칙에서 멀어지는 일이고, 이는 당신을 더욱 불안하게 만든다. 따라서 지금껏 관리되지 않았던 스트레스의 수위를 더욱 높이면서 휴직을 못 하는 변명을 만들어 내기 바쁘다.

집 안을 계속 서성거리고 있었어요…… (팔을 오른쪽, 왼쪽으로 움직여 보이며) 소파에도 갔다가 부엌에도 갔다가…… 그렇게 불현듯 불안감이 밀려오더군요……. 무언가 자극이 될 만한 뚜렷한 요인도 없었는데 말이죠……. (시선을 내리깔고 한숨을 내쉰 뒤, 크게 심호흡을 하며) 업무 압박도 심했고, 몇 달간 스트레스도 심했어요. 미처 이를 지각하지 못했는데, 어느 날 갑자기 화 터져 버린 거죠……. 오래된 망령들이 갑자기 저를 사로잡은 느낌이랄까요……. 너무 심하게 달렸나 봐요. 몇 달간 애써 감춰 온 모든 것들이 쏟아져 나와 버렸으니까요……. 서류 작업을 하고 고객 방문을 하고 그러면서 몇 달간 애써 감춰 온 것들이…… 그렇게 갑자기 존재감을 드러내더군요. 제가 힘들게 만들어 놓은 아름다운 건물이 무너져 내렸어요. 물론 제 자신도 같이 무너졌지요……. 완전히 주저앉은 느낌이었고, 속 빈 껍데기 안에 고꾸라진 것 같았어요……. - 클레망틴

휴직을 피하고 회사에서 밀려나지 않기 위해 일부 사람들은 매우

바람직하지 않은 극약 처방을 사용함으로써 현재의 상황을 만회하고 자 한다. 언뜻 보기에는 '굿 아이디어'라고 여겨지는 잘못된 해결책들은 다음과 같다.

- 피로한데도 계속해서 노력한다.
- 정상적인 업무 수행을 하고 있다는 느낌을 주기 위해 더 많은 회의에 참석한다.
- 더 많이, 더 늦게, 더 오래 일한다.
- 복잡한 서류를 계속 쌓아 놓는다.
- 이 일에서 자신이 없으면 안 되는 존재라고 생각한다.
- 어떻게든 일을 끝내기 위해 계속해서 납기 연장을 시도한다.
- 불가능한 것을 원하고, 닿을 수 없는 목표를 겨냥한다.
- 주머니에 병가 휴직계를 넣어 둔 채로 출근한다.
- 병원 침대에서조차 업무를 계속한다.
- 주말 동안 처리하겠다는 심산으로 회사 서류를 집으로 가져온다.
- 모든 일이 잘될 것이라고 이야기한다.
- 집에서도 지나칠 정도로 많이 업무상 연락을 한다.
- 자신이 참석하지 못한 회의 자료를 요청하여 중요한 정보를 놓치지 않으려 한다.
- 근무 시간이 아닌데도 집에서 고객에게 전화를 건다.
- 의사의 조언을 따르지 않는다.
- 휴직 기간이 다 끝나기도 전에 일을 다시 시작한다(재발 위험의 증가).

그러므로 자신이 살아가고 있는 삶을 고려하여 스스로에게 올바른 결정을 내려야 한다. 다만 자기 자신에 대해 빚을 지고 있음을 인지하도록 하라. 번아웃 증후군이 그 이자를 받으러 올 때에는 그 빚을 갚아야 한다는 사실을 잊지 말아야 한다. 현재의 상황에서 버티면 버틸수록 갚아야 할 이자는 기하급수적으로 늘어난다.

일을 쉬면 무슨 일이 일어날까

당신이 일을 쉬는 동안 보건 분야의 전문가들을 만나게 될 텐데, 이들은 두 부류로 나뉜다.

- 회사 내 산업 보건 전문가
- 회사 밖 산업 보건 전문가

이들은 각자 맡은 역할도 다르고 회사나 직장에 대해 알고 있는 지식의 깊이도 다르다. 당신이 번아웃 상태에서 벗어나 회복되는 과정에서 이들은 중요한 역할을 한다. 일단 〈그림 4.1〉을 참고하여 자신의 상황을 나타내 보라. 위쪽은 동료나 팀원, 부장, 산업 보건의, 사회 복지사, 산재 예방 관리자, 인사 담당자, 근로자 대표 등 회사와 관계된 사람들을 나타낸 것이고, 아래쪽은 가족이나 친구, 동호회 사람들, 개인 주치의, 정신과 전문의, 심리학자, 심리 치료사, 심리 코치, 근로 조건 감찰관 등 회사 밖에서 만나는 사람들을 가리킨다. 그리고 그 중심에 바로 내가 있다.

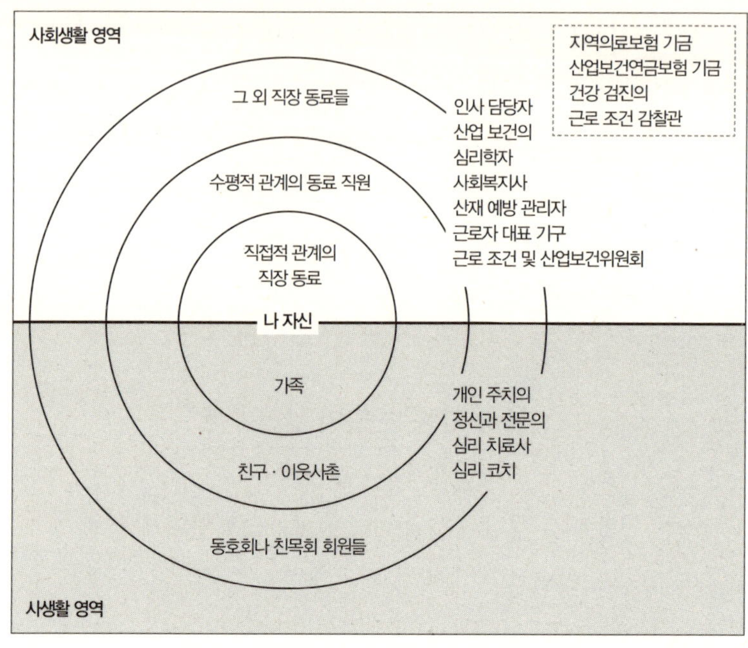

| 그림 4.1 | 산업 보건 관련 전문가들

▪ 세상은 나를 중심으로 돌아간다

휴직은 일에 시달리던 자신의 신분^{status}에 대한 인식의 출발점이다. 이를 시발점으로 하여 회사 내에서도 번아웃 피해자로서의 삶이 시작되고, 회사를 나가게 되면 다른 사람들도 이제는 '색안경'을 끼고 나를 바라볼 것이다.

번아웃 피해자로서의 신분은 회사 안팎의 경계를 넘나들며, 회사를 넘어서까지 확대된다. 안 그래도 자신의 명예가 깎인 것 때문에 괴로운 상황에서 이는 분명 감당하기 힘들 것이다. 하지만 집에 있다 보면 현재로서는 그렇게 자택에 머무는 편이 스스로에게 더 좋겠다는 사실을 깨닫게 된다. 다만 언제쯤 다시 일을 시작할 수 있을지는 아직 가늠하기 어렵다. 일을 그만둔 시점부터 이 시기에 대해 궁금해하겠지만, 이는 그리 쉽게 알 수도 없을 뿐더러 차라리 천천히 알아 가는 편이 더 바람직하다. 이 시기에 불필요한 부담감만 더 가중시키는 꼴이 될 것이기 때문이다.

번아웃 상태에 빠진 사람은 회사에서는 '피곤한 사람' '녹초가 된 사람' '진이 다 빠진 사람' '사람들로부터 너무 많은 업무 요구를 받은 사람' '거절할 줄 모르는 사람'이 된다. 이는 실제 번아웃 피해자들의 입에서 나온 표현들이다.

회사 문 밖에 나서더라도 현실과 다른 여러 가지 뜬소문과 구설수가 (회사의 입장을 정당화하며) 번아웃 피해자의 뒤를 따라다닌다. 사람들은 문제의 원인을 일단 그 사람의 개인 사생활에서 찾으려 한다. "집에 일이 있었다나 봐. 거기에 일까지 하려니 힘들었겠지." 하는 식으로 은근슬쩍 회사의 책임은 없는 듯 말을 던지는 것이다. 인사과 사람들도 이 문제를 어디에서부터 손을 대야 할지 모르겠다고 이야기한다. 부정과 부인은 곧 스스로를 보호하려는 자기 방어 기제에 해당한다. 하지만 이를 반박하는 구체적인 증거가 나올 수도 있다. 일부 회사들은 직원들의 근로 환경에서 회사가 책임져야 할 부분에 대해 스스로 반문해 보기 시작했는데, 아직은 그런 회사들이 그리 많지 않다. 그냥 직원 개인 차원의 문제로 치부하고 마는 경향이 더 큰 것이다.

조직 내 요인을 분석하기란 사실 쉽지 않다. 다양한 분야에 걸친 접근법이 필요하기 때문에, 내부 싸움으로 번질 우려도 있다.

■ 극복의 시간

일에 대한 내성을 키우고 이와 더불어 번아웃 증후군을 극복하는 것이 그 자체로서 공론화되는 경우는 별로 없다. 다만 곁에서 조언을 제공하는 전문가들은 각 과정에서 보조 역할을 수행할 수 있다. 이들은 번아웃 피해자의 상태를 예의주시하며 세심하게 살피지만, 각자가 사용하는 방식은 저마다 다르다. 곁에서 자신을 지켜보고 도와줄 전문가를 찾아야 한다면, 먼저 여러 전문가들을 만나서 이들이 어떤 방식으로 도움을 줄 것인지 알아봐야 한다. 이들의 방법론과 문제접근 방식은 물론이고, 이들이 어떤 교육을 받았으며 어떤 식으로 상담을 진행할 것인지도 꼼꼼히 따져 보아야 한다. 아울러 현재 번아웃 피해자들이 겪고 있는 상황에 대해 이들이 어떻게 느끼고 있으며, 이와 관련하여 어떤 경험을 갖고 있는지도 알아보는 편이 좋다.

직무 기력의 회복이 순조롭게 이루어지려면 이러한 문제 제기가 상당히 중요한데, 모든 것이 근로 환경이나 사내 문화, 직업적 관행에 기인하는 것은 아니기 때문이다. 다만 그동안 저마다의 접근법을 알아보기 위해 진행한 상담의 결과로 미루어 보건대, 산업 보건 전문가들은 대개 시간적 요인을 직무 기력 회복에서 중요한 요소로 꼽았다. 즉, 양적인 시간과 질적인 시간을 고려해 가며 자신의 시간을 재인식하는 것이 번아웃 증후군 극복에 가장 큰 관건이 된다는 말이다. 시간은 치료사와 무관한 별개의 요소이며, 업무 기력 회복에 소요되는 시간 또한 일정치 않다.

번아웃 피해자로서도 이들을 돕는 치료사로서도 통제할 수 없는 유일한 부분이 바로 시간이다. 따라서 어떤 사람은 몇 주 만에 다시 일할 기운을 차리는 반면, 어떤 사람은 몇 달 또는 몇 년씩 걸리기도 한다.

■ 번아웃 회복을 주도하는 사람은 바로 나 자신

번아웃 이후 회복하는 데 걸리는 시간은 사람에 따라 달라지며, 통상 1개월에서 2년 사이이다. 회복 작업에 들어가기 전에 이미 몇 개월, 나아가 몇 년을 버티다가 결국 내부나 외부 전문 상담사에게 도움을 요청하는 경우도 있다. 직무상의 고충을 감내하는 능력도 저마다의 이력에 따라 상대적으로 달라질 수 있다.

당신이 상담사의 방문을 열고 들어가면, 상담사는 곧 당신이 번아웃 증후군에 빠지게 된 이유와 원인에 대한 이야기를 나누기까지 꽤 시간이 필요하리라는 점을 직감한다. 조직 내 변화나 내부 인사 이동, 새로운 경영 정책의 도입, 직업이나 업무 변경 등이 원인이라면 상담사는 방법론적인 차원에서의 상담 보조 작업을 진행할 것이고, 주로 대인 관계에서 어려움을 겪는 경우라면 언어적·비언어적 의사소통을 중심으로 상담을 이끌어 갈 것이다.

상담사는 조직에 대한 시각에서부터 일에 대한 환상에 이르기까지 일에 대한 관점 전체를 바로잡을 수 있도록 도와줄 것이며, 자신의 역량을 제대로 발휘해 내면서도 건강한 직장 생활을 할 수 있게 해 주는 가치관 정립을 위해 힘을 보태 줄 것이다. 이는 길고도 지난한 과정이 될 수 있다. 번아웃 피해자의 협조가 없다면 아무것도 이루어질 수 없기 때문이다. 따라서 상담사는 번아웃 피해자와 함께 '공동 재건 사업'을 해 나갈 수 있다. 나의 노력이 뒷받침되어 내가 번아웃 증후군 극복에 성공한다면 이는 상담사로서도 흐뭇한 결과가 될 수 있지만, 나의 노력 없이 상담사 혼자만의 노력으로는 번아웃 증후군을 극복할 수 없다. 그러니 재건 사업의 시공자는 본인 스스로라는 점을 잊지 말라.

이와 더불어 가족이 함께 도와주는 '공동 재건 사업'도 필요하다. 아이나 배우자가 번아웃 탈출을 도와주는 것이다. 사실 가족들은 번아웃 증후군의 간접적인 목격자이다. 번아웃 피해자가 자신들에게 투자하는 시간이 왜 그렇게 줄어들었는지에 대해서는 모를 수도 있지만, 나름의 방식(학업 성적 부진, 행동 장애, 자녀 앞에서의 과도한 폭발적 성향 노출 등)으로 그 대가를 치르게 한다. 결과적으로 보면 이는 바람직한 전쟁이기도 하지만 어쨌든 전쟁은 전쟁이며, 문제를 일으킨 장본인은 여기에서 할 수 있는 부분이 없다. 따라서 가족들에게 자신이 잠시나마 필요로 하는 것이 무엇인지 제대로 설명해 주고, 가족에게 의지하여 함께 이 고지에 도달해야 한다.

일에 대한 가치관이 바뀌면 주위 사람들에 대한 시각도 달라진다.

나름대로의 균형이 잡혀야 하겠지만, 어떻든 이전과 같은 식으로는 아니다. 어떤 이들은 일에 대한 정신적인 부담을 줄이고 가정에 더 많은 애정을 쏟기도 하며, 또 어떤 이들은 집으로 가져온 회사 일을 가족들과 함께 나누기도 한다. 예를 들어 소소한 일을 가족들에게 나눠 주고, 아이들도 스스로 자기 몫을 책임지고 진행하도록 훈련시키는 것이다.

사실 번아웃 증후군이 과연 일에 의해서만 야기되는 것인지, 아니면 업무 영역과 개인 영역이 혼재된 것에 기인한 것인지 알아보는 일이 쉽지는 않다. 이는 인사본부와 노동조합 사람들을 골치 아프게 만드는 문제이기도 하다.

하지만 번아웃 이후의 직무 기력 회복 과정에서는 회사 생활과 개인 생활 사이의 경계를 구분하기가 더욱 힘들다. 직무 기력을 다시 살려 내는 과정은 복합적으로 이루어지며, 서로 간의 상호 작용이 매우 중요하기 때문이다.

번아웃 이후의 회복 과정은 모세관 현상과도 비슷한 양상을 보이며, 번아웃에 따른 피해는 사방으로 확산된다는 점에 유념하자. 라부아지에의 말마따나 "새로 생겨나는 것도 없고, 사라지는 것도 없다. 모든 것은 그저 형태가 바뀔 뿐이다."

번아웃 경험에서 얻는 교훈

번아웃 증상이 발생한 경우, 회사와 근로자 양측은 이후에 어떻게 해야 할지 논의해 보기 위해 함께 이야기 나누는 시간을 가져야 한다. 근로자를 다른 자리로 옮기거나 다른 업무에 배정하는 것은 가벼이 이루어질 일이 아니다. 번아웃 상태에 빠졌던 근로자가 다시 업무를 재개하기로 결정했다면, 이 결정에 대한 책임은 그 근로자와 회사 모두에게 있다. 사실 직장 내에서 번아웃을 예방하기 위한 요소가 없지는 않다. 원만한 사내 생활을 위해 노력할 수도 있고, 근로자들 간의 순조로운 상호 작용을 꾀하거나 자아실현을 장려할 수도 있다. 근로자들 스스로가 자기 할 몫은 다하고 있다는 느낌을 갖게 할 수 있다. 다만 여의치 않은 상황에서는 언제든 문제가 생겨날 수 있으며, 인사본부 입장에서든 근로자 개인의 입장에서든 상황은 모두에게 힘든 방향으로 악화될 수 있다.

인사본부나 근로자 대표단 측에서는 해당 근로자의 번아웃 회복기를 좀 더 긍정적인 방향으로 활용할 수 있다. 다만 사전에 문제를 예방하겠다는 의지와 함께 문제 해결에 앞장서서 기존의 시각에 대해 고려해 봐야 한다. 이를 위해서는 우선 다음의 요소들을 고민해야 한다.

- 근로 조건
- 내부 조직 및 절차
- 업무의 수단과 방식
- 업무 수행 환경

• 업무와 활동이 인간 중심적으로 이루지고 있는지의 여부

인간공학 연구자들의 기준에 따르면 업무 부담을 세 가지 형태로 구분할 수 있다.

• 정해진 업무: 미리 규정된 업무

• 실질적 업무: 효과적인 수행을 위해 구체적으로 부과되는 실제 업무

• 체험적 업무: 정해진 환경 속에서 실제로 수행을 하면서 실감하게 되는 업무

이 세 가지 업무의 차이를 바탕으로 인간공학 연구자와 경영진 사이에 사내 업무에 대한 의견 교환이 가능해지고, 이로써 연쇄적으로 이루어져야 할 업무 전반에 대해 고려할 수 있게 되어 요구되는 과업과 목표치를 달성할 수 있다.

이 세 기지 개념 구분에 유의하면, 그동안 과소평가되어 왔던 부분들이 뚜렷이 구분될 수 있어 정해진 업무 수행이 원활히 이루어질 수 있다.

이에 인간공학 연구자들은 업무가 연속되는 가운데 중간에 끼어드는 틈새 시간에 대해 따져 본다. 이는 경영진 측에서 그냥 지나치기 쉬운 시간이다. 이 애매한 틈새 시간에 직접적으로 직면하는 것은 바로 근로자 당사자인데, 이로 인해 업무 수행이 꽤 지연되는데도 이 시간은 그 어디에서도 집계되지 않는다. 이는 잠깐 지나가는 짧은 활동 시간일 수 있겠지만, 반드시 있어야 할 필수적인 활동 시간이기도 하다. 예를 들어 이 시간 동안 우리는 복사기나 출력기의 고장을 해결하

고, 고객에게 다시 한 번 제안 내용을 설명한다거나 행정적인 부분을 처리하고, 신규 업무 절차를 숙지하거나 업무 보고서를 작성하며 곤경에 빠진 동료를 도와주고, 급여 명세서의 문제를 해결하기도 한다.

이 아무것도 아닌 소소한 시간이 쌓이고 쌓여 결국 우리를 구석으로 몰고 간다.

EXERCISE 4.1　내 업무 부담은 어떠한가?

인간공학적인 세 가지 개념에 따라 자신의 업무를 재정의해 보자.

- 내게 정해진 업무인 '과업'은 ＿＿＿＿＿＿＿＿＿＿＿＿＿＿＿ 이다.
- 내가 맡는 실질적 업무 '활동'은 ＿＿＿＿＿＿＿＿＿＿＿＿＿＿ 이다.
- 내가 느끼는 체험적인 업무는 ＿＿＿＿＿＿＿＿＿＿＿＿＿＿＿ 이다.

번아웃 이후 회복 공간의 모색

가장 바람직한 경우는 스트레스 요인과 업무 장애 요인을 없애려 노력하면서 근로 조건에 대해 자문해 보거나 조직적인 문제점을 살펴보며 1차적·2차적 차원의 예방책을 마련하는 것이다.

최악의 경우는 문제가 생긴 뒤에야 비로소 회사의 업무 장애 요인 때문에 직무 수행 능력이 떨어진 근로자들을 보살펴 주자고 제안하는 것이다. 시간 관리 훈련을 하며 스트레스나 감정 관리를 시도하고, 직장에서의 위치를 재설정하는 것과 관련한 코칭 제도를 도입하는 활동들이 이에 해당한다. 이때 진지하게 피해 보상에 대한 이야기가 나올 수 있는데, 회사의 인적 자원 측면에서나 재정 측면에서나 이 얼마나 사회적 비용이 많이 소요되는 상황인가?

번아웃 이후의 회복 작업이 순조롭게 진행되지 않을 수도 있다. 모두들 번아웃 피해자의 원상 복귀를 바라고는 있지만 아직은 회복 체계가 다 마련된 상태가 아니기 때문이다. 따라서 번아웃 이후의 회복 작업은 언제든 제동이 걸릴 수 있다. 과업을 완수하지 못했다는 찜찜한 기분과 좌절의 쓴맛이 남아 있는 데다가 번아웃 회복 작업을 위한 단계별 이행안도 아직 제대로 구축되지 않은 상황이다.

무너진 자신을 다시 쌓아 올린다는 것은 곧 직장에서 그동안 자신을 무너뜨린 요인이 있었음을 의미하는데, 이 요인은 과연 무엇이며, 누가 그 원인을 제공했을까? 사실 이는 꽤 복잡한 문제이며, 사회심리적 위험 요인을 연구하는 전문가들은 이러한 문제가 모두에게 미치는, 그러나 공개적으로는 인정되지 않고 있는 그 영향과 결과를 입증해 내기 위해 노력한다. 번아웃 이후 회복 과정에서 이렇듯 원인 규명이 뚜렷하게 이루어지지 않는다면, 번아웃 탈출은 어려울 수밖에 없다. 일단 번아웃 이후 회복은 공간은 크게 세 가지 차원에서 이루어진다.

1. 의학적·심리학적 치료: 경우에 따라 약물 요법을 시행하기도 하고, 추가 치료법이 도입될 때도 있다.

2. 가정 및 (사외) 교우 관계: 정서적 안정과 사회성 구축의 원천이 된다.

3. 직장: 근로 환경을 분석한 뒤 이를 사람에게 맞추어 조절할 필요가 있다(인간공학 분야의 기본 원칙).

　친구들이나 가까운 지인들, 전문 상담사 등의 도움을 받아 회사 밖 공간에서 번아웃 회복 작업을 진행할 때, 번아웃 피해자는 스스로에 대한 질문과 함께 자신에게 현재 무슨 일이 닥친 것인지에 대한 질문을 던지게 된다. 번아웃 피해자는 이러한 자아 성찰 과정을 통해 그 자신이 누구인지 다시금 깨닫고, 자신의 삶에서 무엇이 중요한지 되새겨 본다. 뿐만 아니라 자신이 다른 사람과 똑같은 인간으로서 살아가기 위해 무엇이 필요한지를 중심으로 고민을 이어 간다.

　모든 인간은 생물적·심리적·사회적 존재이다. 이 세 가지 속성 때문에 인간은 살아가는 동안 더없이 복잡한 존재라는 특성을 갖게 된다. 개인은 의식의 주체이자 스스로 걸어온 역사의 행위적 주체이다. '니'는 '나 자신'의 역사와 물가분의 관계에 있으며, 내가 경험한 것과 내가 일구어 온 방식 모두가 나와 결부된다. 나는 사회적 환경 속에서의 경험을 통해 계속해서 만들어지고 또 만들어진다.

　개인 클리닉이나 종합 병원에 있는 전문의들은 번아웃 피해자가 일단 어떤 상태인지 알아보려 애쓰는데, 이들의 1차적 목표가 바로 환자의 증상을 진단하는 데에 있기 때문이다. 진단이 내려지고 나면 저마다가 안고 있는 문제에는 의학적 병명(번아웃 증후증, 불안 장애, 우울증 등)이 붙는다. DSM-IV[1]에 속하는 증상의 목록을 바탕으로 의

---

1 *Diagnostic and Statistical Manual of Mental Disorders* (4판). 정신 장애에 관한 국제 분류.

사는 사내 환경의 사회적 요소를 고려하며 진단의 정확도를 높인다. 이를 위해서는 사내 산업 보건의 등 다른 전문가들과의 업무 협력이 필요하고, 여러 가지 요소와 진단 내용, 다양한 관점들을 종합하여 다각적으로 살펴봐야 한다. 즉각적으로 진단을 내릴 필요는 없다.

사내 산업 보건의는 직무 환경에 대한 질문을 많이 하는데, 일단 사내 환경에 대해 본인이 잘 알고 있기 때문이고, 이어 (사내의 여러 근로자들을 상대한다는 특성상) 다른 근로자들과의 공통점을 파악할 수 있기 때문이다. 개인 클리닉이나 종합 병원에 속해 있는 의사들과는 달리 회사 내부의 이러한 산업 전문의들은 근로자에게 문제가 있으면 이를 곧 인사본부에 알려야 한다. 이 근로자가 어떤 면에서 사내 생활에 부적합한지, 반복적으로 나타나는 우려스러운 증상이 무엇이며 지속적으로 지켜봐야 하는 업무상 불편은 무엇인지 일일이 보고를 해야 하는 것이다. 위기 상황이나 근로자에게 초래될 위험에 대해 고용주에게 알리는 것은 이들의 직업윤리에 속하는 의무 사항이다.

■ 회사의 책임

번아웃 이후의 회복 작업은 조직적인 맥락에서 이루어져야 한다. 의사가 회사와의 아무런 연계 작업 없이 상담을 진행하면, 의사의 생각이 지나치게 두드러지고 회사에 모든 책임을 전가할 수 있다.

또한 모든 것을 개인의 문제로 치부할 경우에는, 무조건 휴식만을 강요하고 일시적인 약물 치료를 처방함으로써 일과 관련한 부분을 배제할 수 있다. 근무 형태를 시간제로 전환하라거나 중간에 심리 치료를 병행하라는 처방전을 내릴 수도 있다. 어느 경우라도 번아웃 당사자를 피해자로 인식하는 것은 맞지만, 직무 기력 소진의 책임을 개인에게만 전가함으로써 회사는 (당분간) 면죄부를 받게 되며, 따라서 업무량을 비롯한 근로 조건에는 굳이 문제를 제기하지 않아도 된다.

그렇다 하더라도 몇몇 기업들은 직무 기력 소진 상태와 관련한 인식을 공유하고 실험적인 행보를 추진한다.

- 직무상 고충을 파악하기 위해 다각적인 접근 시도
- 인사본부와 업무 공조를 할 수 있는 전문가(산업 전문 심리학자, 근로 복지사, 인간공학 연구자 등)의 배치
- 근로자 고민 상담반 설치

근로자 고민 상담반을 운영하는 이는 대개 산업 보건의이다. 산업 보건의는 노동법에 따른 권고 사항을 제안해 주는 역할을 맡는다.

이 장에서 다룬 내용과 실습 훈련을 통해 자신의 위험 요인에 대해 명확히 규명해 낼 수 있었을 것이다. 일에서 나타나는 위험 요인이 개인 생활에 미치는 영향에 대해 고려하며 이 작업을 좀 더 심도 있게 진행해 보도록 하자.

★ 정해진 업무와 실질적 업무에 대해 어떻게 생각하는가?

★ 휴직을 하기 전에 가장 어렵다고 느낀 것은 무엇이었는가?

✎ ....

★ 휴직 기간 중 가장 주저되는 부분과 장차 어떻게 될지 몰라 걱정스러

웠던 부분은 무엇인가?

✎ ....

★ 회사 일이 힘들 때 연락할 수 있는 사람은 누구인가?

1) 회사 내에 있는 사람 : ....

2) 회사 밖에 있는 사람 : ....

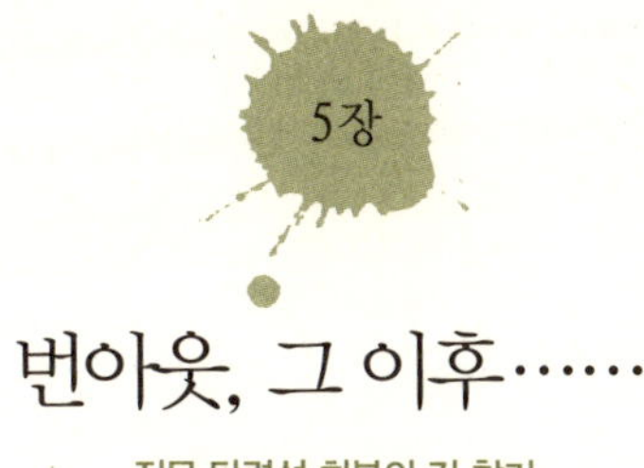

번아웃, 그 이후……

직무 탄력성 회복의 길 찾기

> "그 모든 삶에서 우리는 최악의 상황으로 치달았든
> 성공으로 나아갔든 그렇게 운명이 갈라진 시점을 기록한다."
>
> — 라 로슈푸코

번아웃 회복기에 있는 수백 명을 만나 보니, 이들의 회복기는 대체적으로 두 가지 축을 중심으로 이루어져 있었다. 바로 '시간'과 '공간'이다. 번아웃 회복 작업과 관련한 이야기들은 대개 이 두 가지 축을 중심으로 계속해서 반복되었다. 번아웃 상태에서 벗어난 사람들은 저마다 이 두 가지 축을 기반으로 나름의 주요 지표와 회복 단계를 마련했다. 놀랍게도 이들은 모두 동일한 단계를 거쳤으며, 어떤 분야에 종사하는 사람이든, 어떤 교육을 받았고 어떤 이력을 쌓아 왔든 상관없이 번아웃 회복기에서 나타나는 단계적 양상은 모두 동일했다. 사람에 따라 시간의 개념과 속도가 달라졌을 뿐이다. 어떤 이들은 각 단계별 소요 시간이 짧았던 반면, 어떤 이들은 특정 단계에서 오래 머물러 있었고, 또 어떤 이들은 초반 단계에서는 빠르게 넘어가다가 이후 얼마간 정체기에 빠져들기도 했다. 한 단계에서 가로막혀 이를 뛰어넘기까지 몇 주의 시간이 소요되는 경우도 있었으나, 단계를 건너뛰는 경우는 없었다. 따라서 회복기가 어느 정도나 될지 예측할 수는 없다. 다만 과거 스트레스 요인에 노출된 정도와 기간에 비례하여 달라진다는 특징은 있다.

일단 회복기의 각 단계에 대해 설명한 후, 시공간의 각 축에서 차츰 단계를 밟아 나가도록 만드는 것이 내 취지이다. 자신의 상태를 돌아보면 스스로 어떤 단계에 와 있는지 확인할 수 있을 것이다. 이는 곧 해당 좌표를 지나왔다는 증거이기도 하다. 따라서 회복기의 과정 중에서 자신이 어디쯤 있는지 파악할 수 있도록 해 주는 좋은 지표가 된다. 앞으로 이 두 가지 축을 바탕으로 자기만의 회복 상태 그래프를 그리게 될 텐데, 이를 통해 자신이 어떤 방향으로 회복되어 나아가는지 알 수 있다.

> ### ★ ✦ '회복 탄력성'이라는 추진 장치
>
> 이 방식이 최대한 주효하게 작용하려면 직무 회복 탄력성의 지렛대 효과가 필요하다. 회복 탄력성은 번아웃 이후 회복 과정의 장애물을 없애 주고 바람직한 환경 속에서 다시 업무를 재개할 수 있도록 해 준다.
> 좌절을 겪은 후 몇 달이 지나고 나면 이 두 가지 축 사이에 그물코가 엮이면서 다시 조금씩 직무 정체성이 짜여 나간다.

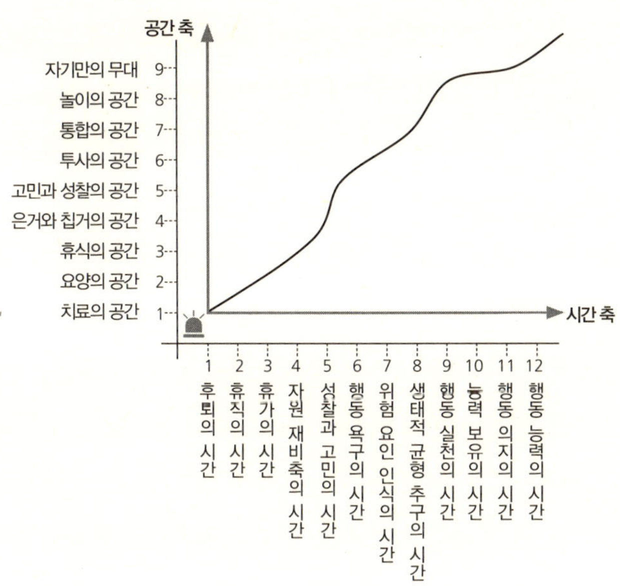

|그림 5.1| **직무 정체성의 재구축**

시간 축

단계별 시간의 흐름

직장 생활에 대한 이야기를 시기적으로 정리해 보면 크게 세 가지로 구분할 수 있다.

- 과거, 이전의 사건 사고, 출신지, 교육 등
- 현재, 지금의 상황, 주관적인 경험 등
- 미래, 계획, 꿈과 포부 등

자신의 포부와 이를 실현하는 방식이 끊임없이 부딪히는 '현실 원칙*'의 측면을 더할 수도 있겠으나, 이러한 측면은 일단 현재와 결부되는 부분이다. 다만 꿈과 현실이 부딪히는 이 측면에는 근성을 자극하는 추진력이 내재되어 있기도 한데, 이러한 요소에 의해 탄력을 받아 스스로 꿈꾸었던 '미래'로 진일보하는 계기가 될 수도 있다. 과거와 단절하는 이런 지점은 눈에 보이지도 않고 일시적으로 지나가기도 하지만, 지렛대나 지지대 같은 느낌을 주기도 한다.[1] 이제 이 지점에서 과거와의 단절된 순간을 인지하고 나면 더 이상 과거로 돌아갈 수 없으며, 그렇게 1막은 끝나고 2막이 시작된다. 본인만이 느낄 수 있는 이 묘한 순간은 외부에서는 전혀 보이지 않는다. 따라서 자기만의 번

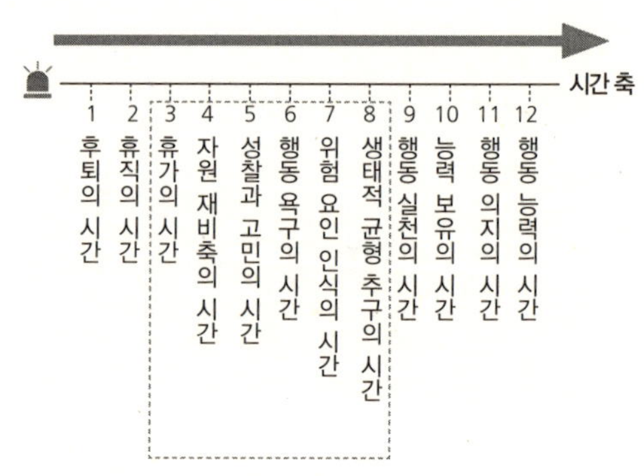

| 그림 5.2 | **열두 개의 시간 좌표**

---

1 François Roustang, *Savoir attendre, pour que la vie change*, Odile Jacob, 2008.
* 현실 적응을 위해 스스로의 욕구와 충동을 억누르고자 하는 자아의 작용 – 옮긴이

아웃 회복 모델을 만들어 보면 자신이 언제쯤 이 지점을 지나가게 될지, 또 언제 지나갔는지 알 수 있다. 이 모델은 자기만의 모델이 될 수밖에 없는데, 전적으로 스스로의 주관적인 경험을 토대로 만들어지기 때문이다.

이에 우리는 상황별 그리고 단계별로 시간 축을 구분하고 '시간 좌표'를 구성해 보았다. 시간 좌표는 과거, 현재, 미래에 따라 열두 개로 나뉜다.

- 과거와 관련된 시간 좌표(시간 좌표 1, 2)
- 현재와 관련된 시간 좌표(시간 좌표 3, 4, 5, 6, 7, 8)
- 미래와 관련된 시간 좌표(시간 좌표 9, 10, 11, 12)

⭐ 열두 개의 시간 좌표

1. 후퇴의 시간: 번아웃 시동이 걸린 때. 의사의 휴직 권고에 따라 공식적으로 맨 처음 번아웃 증후군 판정을 받는 단계.
2. 휴직의 시간: 양적 시간과 질적 시간의 조절이 시작되는 시기. 현재의 순간에 가치를 부여하기 시작.
3. 휴가의 시간: 모든 것을 내려놓고 조용히 휴지기를 가지는 시기.
4. 자원 재비축의 시간: 자원을 다시 끌어모으는 단계. 어떻게 하면 다시 일할 수 있는 힘을 되찾고 의욕을 다지고 새로운 계획을 세울 수 있는지를 고민하는 시기.
5. 성찰과 고민의 시간: 행동에 들어가기 전 깊이 생각해 보는 시간. 여러 가지 아이디어를 떠올리며 이것저것 상상해 보는 시기.
6. 행동 욕구의 시간: 행동의 조짐이 보이는 때. 상상력이 작용하며 앞으로 무엇을 하고 싶은지에 대한 욕구가 일어나는 시기.

7. 위험 요인 인식의 시간: 위험 요인을 인식하고 스스로의 욕구와 그 결과에 대해 따져 보는 시간. 해야 할 것과 하지 말아야 할 것에 대한 고민이 이루어지는 시기.

8. 생태적 균형 추구의 시간: 욕구와 위험 요인, 손익 등의 요소를 종합적으로 고찰하여 최적의 평형 상태를 추구하는 시기.

9. 행동 실천의 시간: 실제로 행동하는 시간. 자신이 원하는 것은 무엇이고 그에 따른 위험 요인과 이득은 무엇인지 따져 보며 고민의 깊이를 더하는 시기.

10. 능력 보유의 시간: 무언가를 해낼 수 있는 활동 역량이 생기는 시기.

11. 행동 의지의 시간: 행동에 대한 의지와 목표에 도달하고자 하는 욕구가 생기는 시기.

12. 행동 능력의 시간: 목표를 향해 움직일 수 있는 역량이 생기는 시기.

열두 개의 시간 좌표는 연속으로 이어질 수 있으나, 그 속도와 빈도는 사람에 따라 달라질 수 있다. 특히 이는 번아웃 증후군이 어떤 식으로 찾아왔느냐에 따라 크게 좌우된다. 예를 들어 다음의 사례를 살펴보자.

- 클레르의 경우, 난롯가에서 홀로 편히 휴식을 취하면서 잠을 잘 필요가 느껴질 때가 바로 자원 재비축의 시간(시간 좌표 4)이었다.

- 울리케의 경우, 자신의 직장 생활과 개인 생활 사이의 균형을 지키기 위해 시간제로 일하겠다는 결정을 내린 때가 실질적으로 생태적 균형을 추구하는 시간(시간 좌표 8)이었다.

- 쥘리는 해외여행 부문에서 경력을 쌓고 싶다는 생각을 현실화했을 때 행동 의지를 느꼈다(시간 좌표 11).

EXERCISE 5.1 시간 축 위에 자신의 위치 표시하기

1단계: 열두 개의 시간 좌표를 인지한 후, 당신이 이미 지나왔다고 생각한 좌표의 번호 위에 녹색 동그라미를 쳐 보라.

2단계: 이미 지나온 각 단계에 기억을 떠올릴 수 있을 만한 핵심어를 적어 보라(예: 3주 휴직, Y의사 상담, 인사과 면담 등).

3단계: 현재 자신의 상태에 해당한다고 생각하는 단계에 붉은색 동그라미를 쳐 보라.

1. 후퇴의 시간 __________________________________

2. 휴직의 시간: __________________________________

3. 휴가의 시간: __________________________________

4. 자원 재비축의 시간: __________________________________

5. 성찰과 고민의 시간: __________________________________

6. 행동 욕구의 시간: __________________________________

7. 위험 요인 인식의 시간: __________________________________

8. 생태적 균형 추구의 시간: __________________________________

9. 행동 실천의 시간: __________________________________

10. 능력 보유의 시간: __________________________________

11. 행동 의지의 시간: __________________________________

12. 행동 능력의 시간: __________________________________

1. 현재 지나온 단계는 모두 몇 개인가?

2. 한 단계를 지나오는 데에 어느 정도의 시간이 걸렸는가?

3. 앞으로 남아 있는 단계는 모두 몇 개인가?

4. 열두 단계를 모두 지나려면 어느 정도의 시간이 걸릴 것으로 예상되는가?

공간 축

회복을 위해 거쳐야 할 공간들

직장 생활 이야기를 하다 보면 공간에 대한 관계 또한 차츰 달라지는 것을 알 수 있다. 번아웃 증후군이 오고 난 후에는 예전이라면 일할 때 빠르게 지나가고 말았던 공간들에 신경을 쓰게 되기 때문이다.

이 공간들은 필요에 따라 기준과 지표가 되기도 한다. 번아웃 이후 회복 작업을 위해서는 그중 아홉 개의 공간을 꼽을 필요가 있다. 이는 우리가 조금씩 번아웃 상태에서 회복하고 다시 일을 시작할 수 있게 해 주는 상징적 경로를 나타낸다.

• 공간 좌표 1, 2, 3은 건강상의 위급 상황과 관련 있는 공간이다.

• 공간 좌표 4, 5, 6은 행동은 하지 않되 고민과 성찰이 이루어지는 공간이다.

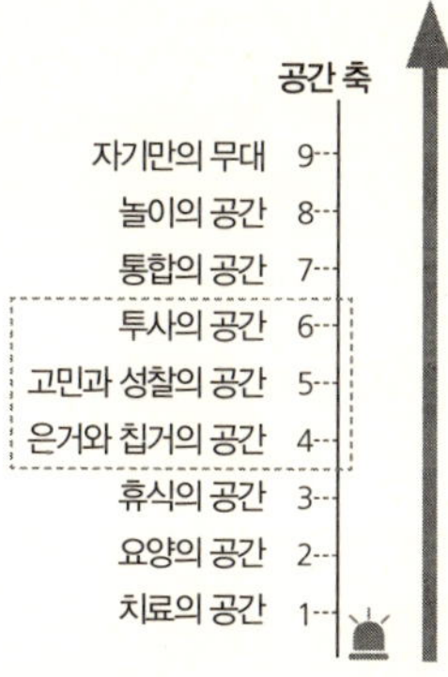

|그림 5.3| **직무 정체성 재구축이 이루어지는 아홉 개의 공간 좌표**

- 공간 좌표 7, 8, 9는 스스로의 정신 상태 및 직무 수행 환경에 따라 달라지는 직무상 잠재적 성장과 관련된 공간이다.

★ **직무 정체성 재구축이 이루어지는 아홉 개의 공간 좌표**

1. 치료의 공간: 우리를 보호해 주는 공간으로, 병원이나 주치의 진료실 등 제도적 의료 기관이 이에 해당한다.

2. 요양의 공간: 사회적 접촉이 없는 혼자만의 개인적 공간으로, 아직은 번아웃 이후 회복 작업에 대해 소극적인 태도를 보인다.

3. 휴식의 공간: 사회적 접촉이 있는 공적인 공간으로, 가족이나 친구 등 1차적인 사회적 상호 작용이 다시금 조직되는 공간이다.

4. 은거와 칩거의 공간: 본인이 좋아하는 은거와 칩거의 공간으로, 이곳에서 정체성의 일부를 회복하는 사람들도 있다.

5. 고민과 성찰의 공간: 번아웃 당사자가 스스로에게 정작 중요한 것이 무엇인지 되돌아보며 문제를 제기하는 공간. 전문의의 진료실 안이 될 수도 있고, 세미

나나 포럼, 학회 등 직업과 관련된 회합 장소나 대화를 주고받는 장소가 될 수
도 있다.

6. 투사의 공간: (무슨 행동을 취할 것인지에 대한 고민이 이루어지는) 상징의 영역이
(행동을 어떻게 취할 것인지에 대한 방법론이 제기되는) 이성의 영역에 우선하는 공
간. 이 공간에서 사람들은 가까운 미래의 상황에 자신을 투사해 본다.

7. 통합의 공간: 생각과 행동이 서로 중첩되는 곳.

8. 놀이의 공간: 행동과 제어, 관리, 발명, 혁신, 창조를 하면서 기쁨을 느끼고, 그
러한 즐거움을 지각하는 데에 즐거움을 느끼기 시작하는 곳.

9. 자기만의 무대: 자신이 주체로서 표현되는 시공간의 영역. 직무 정체성이 되
살아나고 자기 확신을 갖는다.

번아웃 피해자들은 번아웃 이후 회복 기간에 이 일련의 공간들을 지나가야 하며, 이를 바탕으로 스스로의 잠재력을 가늠하고 자기 자신과 일에 대해 생각해 볼 수 있어야 한다. 아울러 일과 근로 환경에 대한 새로운 관점도 정립해야 한다. 이러한 공간 축에서는 타인과 거리를 두고 자기 자신에 대해 심도 있게 고찰해 보는 자기성自己性[2]의 개념이 개입된다.

앞서 언급된 이 아홉 개의 공간 좌표는 차츰 위의 단계로 발전해 나아가며 선형 그래프를 그린다. 하지만 근로자의 경험에 따라 간혹 뒤로 되돌아가 회복 단계를 확실히 다지고 넘어가야 할 필요도 있다. 다

---

2 살면서 겪을 수 있는 모든 심리적·물리적 변화와 무관하게 오롯이 스스로 존재하는 그 자신을 나타낼
수 있는 사고적 주체의 능력. 즉, 타인이 아닌 나로서 존재할 수 있도록 만들어 주는 것.

음은 공간 좌표의 예시이다.

- 쥘리의 경우, 휴식의 공간(공간 좌표 3)은 함께 느긋한 여유 시간을 보낼 수 있는 사회적 공간이다. 가족이나 조카들과 함께 보내는 공간이 이에 속하며, 쥘리는 이들과 함께 있을 때 마음이 놓이고 안정감을 느낀다.
- 셀린의 경우, 은거와 칩거의 공간(공간 좌표 4)은 전문가로서 자신의 재능이 자신과 비슷한 또래의 대중에게 인정받을 것이라는 점을 인지하는 공간이다.
- 티나의 경우, 통합의 공간(공간 좌표 7)은 시간 근무제나 재택 근무제 등 새로운 형태의 고용 방식을 통해 업무 영역과 사생활 영역을 적절히 통합하여 생활의 중심을 바로잡을 수 있게 해 주는 공간을 의미한다.

⚠️⚠️⚠️ EXERCISE 5.3 공간 축 위에 자신의 위치 표시하기

1단계: 아홉 개의 공간 좌표를 인지한 후, 당신이 이미 지나왔다고 생각한 좌표의 번호 위에 녹색 동그라미를 쳐 보라.

2단계: 이미 지나온 각 단계에 기억을 떠올릴 수 있을 만한 핵심어(예: 집에서 요양, 가족과 함께 여행 등)를 적어 보라.

3단계: 현재 자신의 상태에 해당한다고 생각하는 단계에 붉은색 동그라미를 쳐 보라.

  1. 치료의 공간: _______________________________________

2. 요양의 공간 : ....

3. 휴식의 공간 : ....

4. 은거와 칩거의 공간 : ....

5. 고민과 성찰의 공간 : ....

6. 투사의 공간 : ....

7. 통합의 공간 : ....

8. 놀이의 공간 : ....

9. 자기만의 무대 : ....

EXERCISE 5.4　　**단계별 결산**

1. 현재 지나온 단계는 모두 몇 개인가?

2. 한 단계를 지나오는 데에 어느 정도의 시간이 걸렸는가?

3. 앞으로 남아 있는 단계는 모두 몇 개인가?

4. 아홉 단계를 모두 지나려면 어느 정도의 시간이 걸릴 것으로 예상되는가?

번아웃 탈출을 위한 성장 그래프
시간과 공간의 합작품

이 두 개의 축이 교차하는 지점은 직무 회복 탄력성을 복원하는 과정에서 현재 자신이 어디쯤 와 있는지를 알려 준다. 번아웃 증후군이 온 이후 내게 상담을 청한 근로자들은 모두 이러한 단계를 거쳐 왔으며, 다만 각자의 상황에 따라 시기별, 속도별 편차가 있었을 뿐이다. 개중에는 상태가 진전되고 있음을 알려 준 사람들도 있었고, 정체 상태에 빠져 있다는 사람들은 있었어도 퇴보했다고 이야기한 사람들은 매우 드물었다. 지나온 부분에 대해서는 더 이상 할 수 있는 일이 없고, 그저 이를 되짚어 보는 것으로써 자신이 올바른 방향으로 나아가고 있다는 느낌을 받을 수 있다. 하지만 더 이상 앞으로 나아가지 못한 채 특정 단계에 가로막혀 있는 사람들도 있으며, 이 기간이 몇 달, 길게는 몇 년에 이르기까지 지속되기도 한다. 다음 단계로 뛰어넘지 못하는 것이다.

상황이 순조롭게 진행되면 번아웃 피해자 중 일부가 먼저 도달할 수 있었던 특정 단계에 이르는데, 조금 특별한 경계선인 이 단계를 나는 '에토스 경계선$^{seuil\ d'ethos}$'이라고 부른다. 이는 심리학에서 말하는 '몰입^{flow}'[3]의 개념과도 조금 비슷하다. 하지만 윤리학^{éthique}(정신적 측면)과 에토스^{ethos}(가치의 측면)를 혼동해서는 안 된다. 윤리학은 선악을 판가름하고 선을 지키는 것에 대해 논하는 반면, 에토스는 의미를 부여하고 특정 방향으로 이끄는 성질이 있다. 이 둘의 차이를 구분하도록 하자.

---

3 최적의 상태를 일컫는 개념으로, 칙센트미하이 교수가 정립한 이론이다. Csíkszentmihályi, M. *Creativity : Flow and the Psychology of Discovery and Invention*, Harper Perennial, 1996.

 번아웃 증후군을 겪고 난 뒤 5년이 지난 지금 셀린은 '에토스 경계선' 위에서 직장 생활을 향유하고 있다. 현재 셀린은 지금 하는 일을 통해 자아실현을 하고 있다고 이야기한다. 일을 놀이의 영역(공간 좌표 8)으로 인식하고 있으며, 일을 하면서 자기표현도 할 수 있고 스스로 무언가 하고자 하는 의지도 있으며(시간 좌표 11), 무언가 하고자 할 때 이를 할 수 있는 능력도 갖고 있다(시간 좌표 12).

"지금은 새로운 일을 하면서 무척 잘 지내고 있어요. 심지어 일을 즐기고 있다니까요(공간 좌표 8). 번아웃이 지나고 난 후에는 지내는 게 좀 수월해졌어요. 제 자신을 추슬러서(시간 좌표 5) 제가 어디에 가 있어야 하는 것인지 위치 설정도 다시 했고요(시간 좌표 7, 8). 현재 제가 있는 위치에서 무척 편하게 잘 있어요(공간 좌표 9). 과거를 돌이켜 보면서 제 자신이 꽤 대견스러웠어요……. 결국은 그 가파른 경사를 기어올라 끝까지 완주했으니까요. 다른 사람들도 지금 스스로에게 굉장히 많은 문제 제기를 하고 있는 게 보여요. 저는 더 이상 제 자신에게 의문을 제기하지 않아요. 저는 균형점을 찾았어요. 그리고 제게 능력과 역량이 있다고 생각해요(공간 좌표 9)." 현재로서 셀린은 에토스 경계선을 뛰어넘은 상태이다.

 클레망틴과 클레르는 프리랜서로 일을 하고 있다. 이들은 일을 멈추지 못한 채 너무 오랜 기간 휴가(시간 좌표 3)를 갖지 못했다. 일에 대한 생각을 내려놓고 뒤로 잠시 물러나 있을 수 있을 만한 곳(공간 좌표 4)도, 일에서의 미래에 대해 고민해 볼 만한

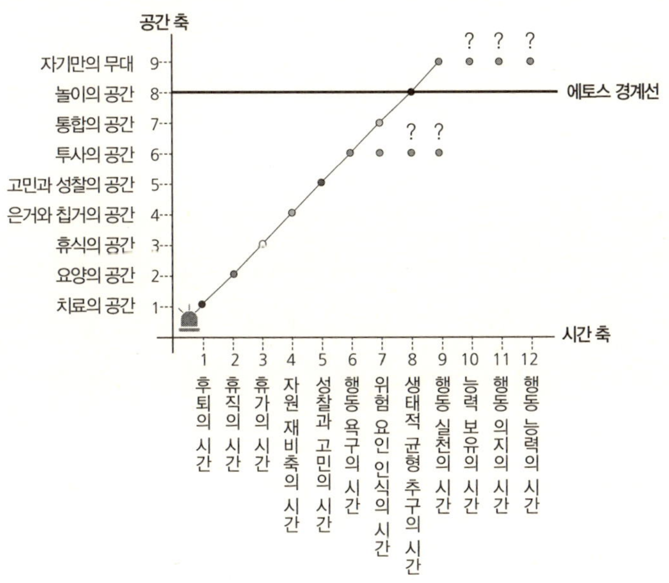

|그림 5.4| **번아웃 이후 회복 상황표**

곳(공간 좌표 5)도 없었다. 따라서 일에서의 성장도 더뎌지고 위기 상태에 빠지고 말았다.

|**스마흐엘 이야기**| 스마흐엘은 이미 투사의 단계(공간 좌표 6)에 있었는데, 의사는 업무 복직에 대한 그의 욕구에 제동을 걸었다. 그리고 당분간 좀 더 휴식을 취하라고 조언했다(시간 좌표 3, 4). "흥미로운 일

거리가 굉장히 많았어요. 괜찮은 프로젝트도 많았고(공간 좌표 6) 그다음 주에는 미팅도 있었다고요(시간 좌표 9). 그러자 의사가 불같이 화를 내더군요. 내가 아직 병가 중이라는 거예요(시간 좌표 3, 4). 의사는 내가 업무로 복귀하는 걸 원치 않았어요. 하지만 저는 어쨌든 앞으로 나아가야 했어요. 그게 바로 제게 필요한 부분이었으니까요(공간 좌표 7, 8)."

번아웃 경험자들이 번아웃 상태를 어떻게 보냈는지, 그리고 이에 대해 어떻게 표현하는지 그 양상은 개개인이 살아온 시간과 지나온 맥락에 따라 달라진다. 이들의 경험담에서는 이들이 중요하다고 생각하는 부분이 이전과 달라졌으며, 앞으로의 일에 자신을 투사하는 방식도 달라졌다는 것이 공통적으로 확인된다. 일을 바라보는 방식 자체가 달라진 것이다. 무언가가 변하고 있고, 이들의 가치관에서 무언가가 움직이고 있다.[4] 이로써 일상의 새로운 틀이 마련되는 듯하다. 나아가 변화를 생각하는 방식 또한 달라진다. 이와 관련하여 이후 9장에서는 에토스의 측면과 일에서 우리가 중점을 두어야 할 부분에 대해 살펴보기로 한다.

---

4   Watzlawick P., *L'invention de la réalité*, Seuil, 1996.

한 걸음 뒤로

한 걸음 물러서서 다른 관점으로 미래를 바라보기

자기만의 번아웃 회복 모델을 세우려면 과거 일을 할 때의 경험을 되짚어 보며 무엇이 그토록 문제였는지, 스스로의 정신적 평형 상태에 심각한 문제가 생겼다고 느낄 만큼 자신을 뒤흔들어 놓은 것은 무엇이었는지 알아봐야 한다. 저마다 문제적 요소는 다를 수 있다. 승진의 좌절 같은 확실한 사건이 계기가 될 수도 있고, 상당히 공을 들였는데 결과가 실망스러워 제대로 인정받지 못했다는 불만감이 계기가될 수도 있다. 어려운 프로젝트를 맡아 몇 달 동안 하루도 쉬지 못해서 쌓인 육체적 피로가 문제를 불러일으킬 수도 있다. 아니면 단지 피로하다는 사실 자체를 인지하지 못하여 계속 긴장 상태를 유지하다가 스스로 멈추는 법을 몰라 문제가 생길 수도 있다.

■ 충격의 순간

번아웃의 불이 붙기 시작한 지점을 규명하기란 쉬운 일이 아니다. 번아웃이 오면 사람들은 일단 어떤 '사건'이 계기였는지 생각하려 든다. 그렇게 관성적으로 원인을 찾으려 한다고 해서 문제가 해결되지는 않는다. 다만 이는 자신에게 잠재적 책임이 있을지도 모른다는 죄의식에서 벗어나게 도와준다는 이점은 있다.

| **소피안 이야기** | 3장에서 소개된 소피안의 사례를 떠올려 보자. 소피안이 업무에 복귀한 후, 부장은 며칠 동안 계속해서 소피안을 채근하며 무엇이 문제였는지 물어보았다. 모두가 소피안에게 100번쯤 물었을 질문이다. 대관절 무엇에 짓눌렸기에 멀쩡하던 사람이 그렇게 무너져 버렸느냐는 것이다. 소피안은 이 눈치 없는 질문이 번아웃에 따른 파장과 이를 둘러싼 금기에 대해 이해하는 데에 도움을 주었다고 말했다. 그러니까 부장을 포함한 직장 동료들은 소피안이 지난 몇 달 동안 보내온 경고 신호를 전혀 느끼지 못했다는 말이 아닌가? 조직 내에서 모두가 두 눈을 가리고 있는 상황에서는 가장 고통스러운 문제적 요인이 탈출구가 되어 줄 수 있다. 이를 매개로 하여 여러 가지 문제들이 분출되어 나오는 것이다. 그리고 당사자 이외의 사람들도 언제 자신에게 그러한 일이 닥칠지 모른다는 극도의 불안감에 사로잡힌다.

| **울리케 이야기** | 울리케는 프랑스와 독일 간의 유럽 프로젝트를 진행하게 되었다. 이 때문에 울리케는 한 달에도 여러 번 양국을 오가면서 양쪽에 이중으로 보고를 해야 했다. 양국 간에 의견 교환이 원활하지 않았고, 상부에서도 각각 이사진 앞에서 보고를 할 수 있게끔 정확하고 신뢰할 만한 데이터를 요구해 왔기 때문이다. 프로젝트 팀들이 하나로 통합되는 상황에서 울리케는 급한 불을 끄는 소방관 역할을 하는 한편, 내부 고객들의 만족도를 높일 수 있도록 최선을 다해 노력했다. 울리케는 자신이 일을 맡기 한참 전에 작성된 세부 계약 조건을

맞추기 위해 몇 달간 정신없이 뛰어다니느라 진이 다 빠졌다고 말했다. 하지만 평가는 좋지 않았다. 비용과 경비, 납기 면에서 낮은 업무 평가를 받았고, 급기야 과소평가되는 경향까지 보였으며, 독일 쪽 상사는 미숙한 일처리에 대해 관대한 편도 아니었다. 독일 태생이라 독일 문화에 익숙했던 울리케 자신도 문제가 생긴 데에는 스스로의 책임이 없지 않다며 죄책감을 느꼈다. 울리케는 자신의 능력을 의심했고, 사람들의 지적처럼 왜 조금 더 꼼꼼히 일하지 못했을까 하는 죄책감에 빠져들었다. 그리고 자신이 옳다고 믿는 가치들을 스스로 위반했다고 생각하기 시작했다. 하지만 울리케가 프랑스와 독일 양국을 오가는 이 전략적 지위를 선택한 것은 바로 이 문화적 가치 때문이 아

★ 가장 흔히 제기되는 번아웃 사유

- 멀리 있는 팀과 지나치게 오랜 기간 과도한 노력을 기울이며 프로젝트 진행
- 멀리 있는 매니저가 관리하는 외국 팀과의 업무 진행
- 업무 내용이 제대로 정리되지 않았거나 담당 관리자의 관점에 따라 다르게 해석될 여지가 있는 경우
- 한계를 넘어설 경우 참고로 할 만한 지표가 없는 새로운 보직 업무에 배치
- 너무 잦은 출장으로 인해 대인 관계 균형을 유지하기 어려움
- 처리하기 힘들 정도의 다량의 문건
- 업무 처리 시간이나 수단이 부족하다는 느낌을 받음
- 더 이상 시간을 투자해야 할 가치가 없어 보이는 일을 끝내야 한다는 느낌이 자주 듦
- 제대로 된 성과가 나오지 않는 문건은 포기해야 할 것 같은 느낌을 받음

니었던가? 더욱이 취업 면접 때 자신은 양국의 문화를 사랑해서 언젠가 프랑스 남자와 결혼을 하겠다고 큰 소리로 외치지 않았던가? 공동 프로젝트를 추진하면서 생긴 양국의 갈등을 중재하는 일은 울리케에게 상징적인 일이었다. 하지만 2년 이상 시련에 직면한 울리케는 자신이 왜 그렇게 회의감을 가졌으며 어째서 스스로의 명예와 가치를 잃어버렸는지 그 이유를 알게 되었다.

■ 충격의 여파

번아웃 이후의 회복 작업은 각자의 고유한 정체성을 존중해야 하고, 현재로서는 오직 특정한 환경과 공간에서만 이루어질 수 있다. 물론 산업 보건의와 심리 상담사, 사회복지사들은 번아웃 상태에 빠진 근로자들을 돕고 지원하며 보조해 주어야 할 사회경제적 의무가 있다. 하지만 때로 이들의 활동은 경영 논리에 가로막히기도 한다.

한 걸음 앞으로
시간에 대한 재인식

회사에서의 시간 개념은 일단 '빨리빨리'와 결부된다. 일의 세계에서는 모든 것이 가급적 빠른 시간 내에 마무리되어야 한다. 그에 반해 번아웃 이후 세계에서의 시간 개념은 '좀 더 느리게'와 이어진다. 이

역설적인 시간의 개념 속에 번아웃 치유책의 핵심이 들어 있다.

- 빠르게 기력이 소진되었다면 그만큼 더 빨리 번아웃 상태에서 벗어날 수 있다.
- 서서히 자리 잡은 은근한 불길에 좀 더 오래 버티고 견디며 고군분투할수록 회복 시간 또한 더 길어지게 마련이다.

번아웃 증후군을 거치고 나면 이제 투자/상환의 개념과 연통관의 법칙에 대해 이해하게 된다. 그동안 우리는 여의치 않은 상황에서도 도를 넘어서는 욕심이나 부족함을 채우기 위해 지속적으로 자원을 소진해 왔고, 우리가 빌려온 이 물질적·물리적·감정적·상징적 자원들은 모두 언젠가 그 빚을 갚아야 한다. 운동선수들도 열심히 훈련한 뒤에는 반드시 체력을 보충해야 한다. 하물며 자신의 인성에 미치는 결과를 감안해 본다면 그 어떤 변명도 정당화되지 않는다.

번아웃 이후 회복 단계에서 시간은 무시할 수 없는 요인이다. 시간이 곧 사람을 살려 주기 때문이다. 번아웃 경험자들은 새로운 무언가를 추구하는 일에 뛰어들면서 다시 스스로 시간의 주체가 되어 간다. 시간을 어떻게 쓰느냐에 따라 많은 부분이 달라진다는 점을 깨달은 이들은 시간의 두 종류, 즉 '질적 시간'과 '양적 시간'에 대해서도 새롭게 인지한다.

- 개인적 자원인 '질적 시간'은 각자가 보내는 시간으로, 자신의 관심사와 관련하여 스스로에게 의미를 가지는 시간이다. 개인적인 투자의 시간이자 동기 부여가 이루어지는 시간이기도 하고, 우리가 직접적으로 사용하는 시간이 이에 해당한다.

• 공동 자원인 '양적 시간'은 조직 전체에 할애되는 시간으로, 회사 측에서 중요하게 생각하는 시간이다. 자리에서 근무하는 시간, 수익 창출이나 급여 지급을 위한 생산 목표 및 수익성 목표에 도달하고자 사용하는 시간이 이에 속한다. 양적 시간을 투입하여 받은 급여는 다시 질적 시간을 누리기 위한 수단이 된다. 가족이나 아이들을 위해 집에 돈을 쓸 수도 있고, 여가 생활을 즐기는 데에도 돈이 들어가기 때문이다.

물론 이 두 가지의 시간은 서로 함께 작용하지만 각각 서로 다른 차원에서 영향을 미친다. 그리하여 명령을 부과하고 재미를 선사하는 방식도 각기 다르다. 질적 시간은 '작품'에 역점을 두며, 무사히 수행해 낸 일의 질적 수준이나 '훌륭한 솜씨'와 결부된다. 양적 시간은 '작업'에 치중하는 시간으로, 노동력과 마무리된 작업, 매출액 등의 개념과 관련이 있다.

■ 시간의 대출/상환 구조와 연통관 효과

번아웃 피해자들은, 사적인 영역과 업무 영역 사이의 경계가 모호해져 시간 관리가 제일 힘들었던 시기에 자신이 이 두 가지 종류의 시간을 혼동한 적이 있었다는 사실을, 번아웃을 겪고 난 이후에야 비로소 시인한다. 회사에서 할 일을 집으로도 가져오고, 심지어 잠자기 전까지도 회사의 서류를 들여다보고, 다음 날 깨어날 때까지도 회사원이라는 신분을 내려놓지 못한다. 잠이라는 것이 복잡했던 일들을 해결해 주는 치유제가 될 수는 있지만, 이러한 잠의 이점을 함부로 남용해서는 안 된다. 밖에서의 일이 집 안으로까지 들어오게 되면 (그에 따른 일차적인 결과로) 개인적인 문제가 너무도 쉽게 회사 쪽으로 흘러들어갈 수 있다. 이른바 연통관 효과가 나타나는 셈이다.

투자 은행의 대출 잔고를 예로 들어 생각해 보자. 양적 시간의 은행에서 돈을 계속 빼 썼다면 그만큼 빚은 더 늘어난다. 그리고 배우자나 자녀와 함께 써야 했을, 애정 잔고로 상환할 돈에 대해서도 생각해야 힌다. 배우사나 자녀가 회사로 쳐들어와 빚을 받아 갈 일은 없겠지만, 이들은 나름의 방식으로 갚을 돈은 갚게 만든다. 우리는 가족에게 질

✿❀ 시간을 대하는 우리의 자세: 시간은 모든 것의 주축

이 책에서 소개하는 번아웃 이후 회복 방식에서는 시간의 개념을 종집적으로 다부고 있는데, 여기에는 몇 가지 이유가 있다.

1. 시간은 일단 사회생활에 따른 제약이 무엇인지 알려 주고, 우리의 자주적 결정 능력이 발휘되도록 해 준다. 즉, 이 제약에 대한 개인적인 해결책을 만들어 내게끔 하는 것이 바로 시간이다. 시간의 개념은 사회 내에서 하나의 사회적 규범으로 나타난다.

2. 시간은 개인적·집단적 표현 양상을 설명해 주는 일종의 언어이다. 번아웃 경험자들의 증언 내용을 분석해 보면 시간은 하나의 언어로서 나타난다.

3. 시간의 개념으로써 표현되는 암묵적인 가치나, 시간을 둘러싼 의미와 은유는 자유와 구속, 자주와 복종 같은 주요 개념을 연상시킨다.

4. 시간은 사람의 예전 모습과 앞으로 변화될 새로운 모습을 비교해 줌으로써 은연중에 변화의 문제를 제기한다. 이는 번아웃 이전과 이후에 대해 알아보는 이 책의 주제에도 완벽히 부합된다.

적 시간의 빚을 졌으며, 통장 잔고는 마이너스로 떨어진 상태이다.

시간 개념을 중심으로 살펴보면 번아웃 피해자뿐만 아니라 고용주 측에서도 이 두 가지의 시간 개념이 명확히 구분되지 않음을 알 수 있다. 이에 더해 근로자의 시간과 조직의 시간까지 개념이 뒤섞인다. 번아웃 이후 회복 작업이 가능하게 되려면, 쌍방이 모두 오류와 한계를 인식하여 적절한 해결책과 함께 서로 같이 이상적인 시간 균형을 모색해야 한다.

성큼성큼 앞으로
질적 시간과 양적 시간의 구분

▪ 양적 시간과의 단절

번아웃 증후군을 겪고 있다면 시간에 대한 자신의 관점에 의문을 던져 보는 편이 좋다. 이를 통해 부적절한 행동 패턴이나 자신의 신념과 가치, (사람이든 사물이든) 주위 대상을 바라보는 시선 등을 재조명할 수 있기 때문이다. 번아웃 피해자들과 상담을 진행한 결과, 두 가지 우려스러운 경향이 포착되었는데, 하나는 일의 시급성에 대한 강박증이고, 나머지 하나는 지나친 걱정에 따른 감정 소모이다.

• 서둘러 빨리 끝내야 하는 일에 지나친 가치를 부여한다. 마감이나 납기, 업무 지연, 정시 생산, 정시 납품, 재고 보충, 지연 시 배

상 문제에 너무 많이 신경을 쓰는 것이다.

- 미래에 대한 우려나 무의미한 결과에 대한 걱정으로 감정 소모
가 심하다.

번아웃 경험자들은 번아웃을 겪기 전에는 '철저한 시간 관리'나 '납기 엄수' 같은 말은 마치 절대적 명령과도 같았고, 이에 대해 모두들 불편함을 느꼈다고 토로했다. 회의 참석하랴 담당 업무 소화하랴 서신 처리하랴, 여러 업무가 연쇄적으로 밀려오는 상황에서 일도 빨리빨리 처리해야 하고, 새로운 아이디어도 짜내야 한다. 기존 상품이나 서비스의 수명이 단축되면 이에 발맞추어 소프트웨어 업데이트나 신규 고객 서비스를 제공해야 한다. 매일매일이 이렇게 돌아가다 보니 직장인들의 업무에 대한 고민은 회사를 벗어나 집으로까지 이어질 수밖에 없다.(내일 사무실에 출근하면 곧바로 해야 할 일들을 계속 머릿속으로 생각하는 것이다.)

프리실라도 같은 이야기를 털어놓는다. 프리실라는 지난 몇 년간 시간이 아주 '원수같이' 느껴졌다고 한다.

| 프리실라 이야기 | "일단 시간부터 생각하며 언제나 늘 뛰어다녀야 했어요. 시간 맞춰 기차도 타야지, 제때에 우편물 찾아가야지, 일찍 가서 비행기 표도 바꿔야지……." (빠르게 고개를 좌우로 까딱거리며 당시 상황을 묘사) "시계를 보면 늘 시간이 촉박했어요. 언제나 늦고, 또 늦고, 그래서 언제나 《이상한 나라의 앨리스》에 나오는 토끼처럼 정신없이 뛰어다녔죠." 프리실라는 무언가가 자기 시간을 계속해서 깎

아먹고 빨아들여서 자꾸만 기간이 짧아지는 듯한 느낌을 받았다고 고백했다. "더 이상 머뭇거릴 시간이 없었어요. 언제나 몇 분밖에 안 남은 상황 같았거든요." 프리실라 말마따나 "회의는 안 끝나고 처리해야 할 서류는 늘 다급한," 항상 이런 상황에 처해 있다 보니 생긴 강박증이 아닐까?

번아웃 증후군이 오기 전에는 늘 일이 생활의 중심이었고, 모든 시간의 주축이었을 것이다. 하지만 번아웃 회복 단계에서는 생활의 중심이 바뀌어야 한다. 그동안 중심을 차지하고 있던 양적 시간의 자리에 질적 시간을 가져다 놓는 것이다. 양적 시간 중심에서 질적 시간 중심으로의 이행이 눈에 띄게 갑자기 진행되지는 않는다. 하지만 그동안 스트레스에 시달리며 급하게 마감에 쫓겨 일해 온 사람이나 아드레날린 과잉으로 항진 상태를 유지해 온 사람이라면 이러한 변화가 불편하게 느껴질 수 있다. 이렇듯 활동량이 급격히 감소하는 상황에 적응을 하기 힘들 수도 있겠지만, 그래도 이를 통해 질적 시간과 다시 이어짐으로써 과열된 엔진을 잠시 멈추고 좀 더 편안한 상태에서 업무를 진행할 수 있다.

시간 관리에 충실하라는 '지령'에 실패했다는 느낌을 받을 경우, 번아웃 경험자들은 자신의 명예가 실추되었다고 생각하기 쉬우며, 나아가 스스로의 역량에도 문제가 생겼다고 여긴다. 그 때문에 걱정은 더 늘어나겠지만 다행인 것은 하루아침에 그렇게 업무 역량이 떨어지지는 않는다는 점이다. 한편 이들의 혼란은 점점 더 가중되는데, 대개 처음에는 '일에 치인다'는 정도로만 느끼다가 이어 '업무 요청이 너무 많다'고 느끼게 되고, 그다음에는 '일에 깔려 죽을 것 같다'고 생각하며, 이어 '피곤하다'고 이야기한다. 그러다 결국에는 일이 자신의 한계를 뛰어넘었다든가 진이 다 빠졌다든가 공허함을 느낀다든가 하는 표현을 쓴다. 이 모든 것이 몇 달에 걸쳐 이루어진다.

그런데 시간에 대한 관점의 변화는 서서히 길들여지는 방향으로 나아가야 한다. 사실 번아웃 회복기에도 시간 관리에 대한 똑같은 지령이 영향력을 행사하기 때문이다. 하지만 이제는 다른 차원의 기준틀이 제시된다. 양적 시간이 순차적으로 밀려나고 업무 외 시간이 그 자리를 차지하기 때문이다. 이제는 이 질적 시간이 되살아나면서 우리의 삶에 의미를 가져다줄 것이다. 다만 이도 하나의 지령이라면 지령이다. 질적 시간 관리에 충실하라는 새로운 지령이니까.

■ 질적 시간의 중요성

번아웃 이후, 사람들은 전과 다른 방식으로 시간 활용을 한다고 이야기했다.

> 요새는 아침마다 내 시간을 가져요. 점심때도 컴퓨터 앞에서 후다닥 샌드위치를 집어삼키고 난 뒤 저만의 여유 시간을 갖죠. 어쨌든 다 제게 속한 시간이긴 하지만, 전보다 더 이 시간을 만끽하고 있다는 느낌이에요. - 클레르

여성 세 명 중 한 명은 시간제 일을 원한다. 일부는 일단 아이들 때문에 시간제 일을 선호하지만, 어떤 이들은 그저 업무 이외에 다른 활동을 하고 싶어서 시간제 일을 선호하기도 한다. 업무 시간을 줄이고 전시회를 가거나 운동을 즐기고, 이런저런 단체 활동에 참여하는 것이다. 이제 이 사람들에게는 삶의 균형을 맞추는 데에 이 시간들이 꽤 중요해졌다. 질적 시간에 요구되는 두 가지 기능은 다음과 같다.

- 자신에게 집중하고 균형 회복을 추구하기 위한 시간(수단적 목표)
- 개인적인 활동을 위한 시간(결과적 목표)

시간의 개념에 대한 재인식에 따라, 번아웃 이후에는 회사 생활과의 관계가 조금 느슨해지고, 그 대신 더욱 한정된 범위의, 그러나 본래적인 가치로 되돌아가므로 질적으로는 더 높은 수준의 환경으로의 재정비가 이루어진다. 자신을 위한 시간을 늘려 자기와의 관계에 더 신경을 쓰고, 대신 타인과의 관계, 즉 타인을 위해 쓰는 시간은 줄어든다. 이제 시간적 여유가 더 생긴 만큼 언제까지 반드시 끝내야 한다는 제약이 없기 때문에 시간 그 자체를 오롯이 만끽할 수 있으며, 목표와 관련해서도 이제는 지나치게 결과 중심적으로 생각하기보다는 어떤 노력을 들였으며 어느 정도의 시간을 썼는지로 판단한다. 시간의 지령이 내려지는 방향이 달라진다. '또 다른 길', '여행하듯이', '목적지에 도달하는 또 다른 방식으로'처럼 여행에 비유하는 표현도 자주 등장한다. 아울러 성공 그 자체 못지않게 일이 이루어지는 과정 또한 중요해진다. 무언가를 할 때에도 이제는 친구와 가족, 자기 시간을 갖는 자유 등 스스로 우선적이라 생각하는 가치들이 이를 더욱 굳건

★ 시간의 주인이 되라

- 다음의 사연에서는 '**리듬**'의 개념을 이야기하고 있다.

  "사무실 내에서는 3년 만에 모든 게 다 빨라졌어요. 계속해서 조직 재편과 부서 이동이 있었고, 인사 이동도 많았죠." "이제는 저를 조금 아끼고 있어요. (침묵) 느리게 가고 있어요. (침묵) 제 리듬대로 가고 있어요. (침묵) 그리고 모든 면에서 달리기를 멈추었죠."(클레르)

- 다음 사연에서는 '**기간**'과 관련한 내용을 언급한다.

  "우리는 늘 납기가 짧았어요. 우리 팀은 미처 그 속도를 따라잡을 수 없었죠." "일을 쉬는 동안 그저 무언가를 할 때 시간적 여유를 둘 수 있다는 그 사실 하나만으로도 정말 새롭게 느껴지더군요. 그 느낌, 완전히 잊고 지내고 있었어요."(미셸)

- 다음은 '**빈도**'에 대한 이야기이다.

  "업무 계약 하나가 끝나자마자 또 다른 일을 시작해야 했어요. 피드백을 할 시간조차 없었고, 결산을 할 틈도 없었죠." "다시 직장에 돌아온 뒤로는 마감 일정을 전과 다르게 관리하고 있어요. 갑자기 일이 몰리거ㅏ 급한 일이 닥칠 깃에 대비해 한 주의 업무가 끝날 때 즈음에 여유 시간을 배치해 두는 거죠. 경비 명세서 작업이나 기타 잡일도 이때 할 수 있게끔 시간을 비워 둬요."(셀린)

- 다음 사연에서는 '**속도**'에 관한 이야기가 언급된다.

  "몇 주 동안 계속 파리와 암스테르담 사이를 오갔어요. 뭐, 나쁘진 않았어요. 암스테르담까지는 후딱 갈 수 있으니까요." "모든 곳에서 손을 놓은 이후로는 제 시간을 갖고 있어요. 산책도 하고, 시간에 구애받지 않는 공간들이 너무 좋아요."(프랑크)

- '단계의 변화' '습관' '주기' 등에 관한 표현은 '~가 있던 날/지금은/이제는/현재는' '예전에는/그 후로는' 등으로 나타난다. 이러한 표현에는 확인에 대한 의지, '아니다'라고 부정하는 의지가 뚜렷이 드러나며, 이는 공간적으로 경계를 짓고 다시금 시간을 자기 것으로 만드는 한 방식이 된다.

히 뒷받침해 준다. 더 오래, 더 깊게, 더 느리게 가는 시간이 뿌리내리면서 의욕과 기운도 생겨난다. 돈에 대한 개념도 달라지는데, 이제는 투자한 만큼에 대한 대가를 생각하기 때문이다. 단기적인 이익보다는 장기적인 수익을 원하고, 시간을 낭비하기보다는 아끼고 비축해 두는 쪽을 더 선호한다.

번아웃 경험자들이 이야기하는 사례를 들어 보면 번아웃 회복기에 이르러 번아웃 이전과 이후의 대비가 두드러진다는 것을 알 수 있다. 이들이 주로 언급하는 표현은 '리듬' '기간' '빈도' '속도' '휴지기(휴직, 시간의 구분)' '단계의 변화' '통과 의식' '주기' 등이며, 마지막에는 시간을 다시 자기 것으로 만들게 된 이야기도 나온다.

〈표 5.1〉은 시간에 대한 관점에 따라 그 인식이 어떻게 달라지는지를 알려 준다. 시간을 따지면서 무언가를 해야 하는 경우나 정해진 납기, 시급한 사안의 경우가 첫 번째 열(양적 시간)에 해당하고, 두 번째 열(질적 시간)에서는 양적인 시간보다 질적인 시간을 따지며 자기 주도의 시간을 갖는 경우를 정리해 두었다. 삶에 필수적인 시간들은 대개 질적 시간에 속한다.

시간에 대한 새로운 인식은 번아웃 증후군이 우리에게 알려 주는 첫 번째 가르침 중 하나이다. 양적 시간과 질적 시간 사이의 균형점을 찾으면 투자의 균형을 이룰 수 있으며, 한쪽에만 편중된 빚은 지지 않게 된다. 저울의 균형을 잘 잡을 수 있도록 노력하자.

	양적 시간	질적 시간
소유/존재에 대한 인식	'시간은 금이다'	'죽느냐 사느냐'
타인에 대한 인식	남을 위한 시간	자신을 위한 시간
결과에 대한 인식	정해진 시간 내에 정해진 만큼의 검증 가능한 결과를 내야 한다.	딱히 언제까지라는 시간을 정해 두지 않으며, 결과보다는 방법이 더 중요하다.
여행에 대한 인식	정해진 때에 출발하여 예정된 일정으로 움직이고 제때에 도착한다.	목적지보다는 경로와 동선 정도만 생각한다.
습관에 대한 인식	시간을 지켜야 하고, 사회적 관례를 지켜야 한다.	학교가 파하면 아이를 데리러 간다.
행동에 대한 인식	조직적이고 체계적으로 행동한다.	상황에 맞게 처신한다.
동기에 대한 인식	단기적 차원에서의 동기 부여	장기적 차원에서의 동기 부여
돈에 대한 인식	수익, 지출	투자, 저축
이직에 대한 인식	지위, 급여가 높은 일자리를 찾는다.	흥미롭고 유익한 일을 찾는다.

EXERCISE 5.5 **투자의 균형 회복**

〈그림 5.4〉의 번아웃 이후 회복 상황표를 다시 펴서 초반의 세 가지 시간 좌표를 살펴보자. 다음 세 좌표와 관련하여 어떤 기억을 간직하고 있으며, 당시 어떤 일이 있었고 이에 대해 어떤 느낌을 받았는가?

◆ 후퇴의 시간 ....

◆ 휴직의 시간 ....

◆ 휴가의 시간 ....

자신을 위한 보호 공간 찾기

번아웃 이후 개인적인 차원에서 스스로의 몸을 피할 장소를 갖는 것은 번아웃 이후 회복 작업을 위한 필수 조건이다. 내가 만났던 번아웃 경험자들은 요양 기간에는 회사라는 공간에서 벗어나야 한다고 입을 모아 말한다. 한시적으로 회사에서 멀어지든지, 나아가 아예 퇴사를 하든지 해야 한다는 것이다.

집단이나 조직 차원에서 마련된 보호 공간은 여러 분야의 단위 기관이 서로 연계하며 보조를 맞춰 주어야 한다. 산업의와 일반의, 사회보장 전문가, 인사과, 사회복지사, 심리 상담사, 인간공학 연구자 등이 함께 조율하여 제대로 된 근로 환경에서 다시 일을 시작할 수 있도록 도와주는 것이다. 번아웃 증후군과 관련하여 이러한 사회 직능적 차원의 조직적인 움직임이 이루어질 경우, 근로자는 스스로의 노력과 일을 통해 다시금 직장 생활에 적응할 수 있으며 심리적·물리적 균형도 복원할 수 있다.

아리스토텔레스가 남긴 "자연은 진공을 싫어한다."라는 말을 기억하는가? 번아웃 경험자들은 이 말을 절감한다고 이야기한다. 너무 많이 일을 하고 너무 많이 감정을 소모하고 너무 많이 일에 매달리다 보면 심리적 공백 상태가 찾아오게 마련이고, 이는 피해자에게 고통을 안겨 준다. 진공 상태인데 뭐가 그리 괴로운 걸까? 어떻게 '아무것도 아닌 것'이 그렇게까지 문제가 될 수 있단 말인가?

자기 안에서 무슨 일이 벌어지고 있는지 설명할 길이 없었던 번아웃 피해자들은 당시에 가졌던 생각에 대해 '기이한 느낌' '성가신 존재가 침입해 들어오는 느낌' '정도를 넘어선다는 느낌'이었다고 묘사한다. 미셸도 '한번 밀려나면 나는 더 이상 쓸모없는 존재나 마찬가지'라고 생각했고, '젊은 애들이 대신 자리를 차지하려고 아주 안달'을 한다고 여겼으며, 다시 일터로 돌아간다는 생각 하나만으로도 어린아이처럼 무엇을 어떻게 해야 할지 갈피를 잡지 못했다고 말했다. 90kg 거구인 미셸의 머릿속에서는 대체 무슨 일이 일어나고 있었을까? 그것은 바로 두려움이다. 이제 전과는 달라질 것이고, 자신은 제대로 인정받지 못할 것이며, 아무도 자신의 말을 들어주지 않을 것이라는 두려움, 나아가 모든 것을 휩쓸어 갈 쓰나미가 밀려오는데 아무도 자신의 구조 신호를 듣지 못할 것이라는 두려움이 그의 정상적인 사고를 막고 있던 것이다.

스스로를 지켜 낼 힘도 없이 버텨야 하는 이 시간 동안, 번아웃 피해자는 오직 기다림과 체념만으로 살아야 한다. '두려움＋회의감＋기다림＝공백'이라는 끔찍한 등식을 참고 인내해야 하는 것이다. 이 회의감에서 벗어나기 위해서는 무엇을 해야 하는가? 두려움에 사로잡히지 않으려면 무엇을 해야 하며, 이 기다림의 시간이 빨리 지나가도록 하려면 또 무엇을 해야 하는가? 어떻게 해야 '무'의 상태를 지나갈 수 있을 것인가?

사실 이 모든 것은 상당히 주관적인 문제들이기 때문에 말로 표현하기가 힘들다. 오직 당사자들만이 감정과 감각, 느낌으로 지각할 수 있을 뿐이며, 겉으로는 신체적·생체적 표현 정도로 나타나는 게 전부이다. 그리고 번아웃 피해자들에 따르면 몸이 전과 같이 정상적으로 움직이고 있는 듯 보여도 이를 이끌어 가는 것은 더 이상 자신의 머리가 아니라고 이야기한다. 몸은 그저 용기 하나를 찾아내어 그 속에 들어 있던 것을 다 쏟아 버리고 다시금 이 빈 공간을 채워 다시 일어서길 바라는 것이다.

상담 초기에는 다시 일어서기 어렵게 만드는 요인들에 대한 언급이 별로 없으나, 극복하기 어려운 현실적 요소들은 엄연히 존재한다.

계속 실랑이를 벌이던 끝에 다시 복직을 하는 쪽으로 이야기가 마무리 되었어요. 다만 시간제로 근무하는 조건이었죠. 하지만 2주 후 다시 무너지고 말더군요. 그동안 달라진 게 너무 많았어요. 게다가 이제는 제 사무실도 없어지고, 예전 동료들도 다른 곳에 가 있었죠. 온통 새로운 얼굴뿐이었는데, 이 사람들은 복도에서 마주쳐도 제게 인사조차 안 하더군요. 저는 거의 투명 인간이나 마찬가지였어요⋯⋯. 그곳에 존재하지도 않는⋯⋯. 더 이상 제가 설 자리는 없었어요⋯⋯. - 울리케

사람들의 사연에서 공간의 개념이 극명히 드러나는 경우는 드물다. 대개는 장소에 대한 표현이나 상담 내용의 분석을 통해 어렴풋이 느껴질 뿐이다. 사무실이나 집, 기차, 비행기같이 스쳐 갔던 장소나 멀고 작고 거대하고 미세하다는 정도의 규모적 느낌, 광대하고 폭넓다는 너비의 개념, 개폐의 개념이나 차고 빈다는 포용적 공간, 안과 바깥 같은 통행·통과의 공간, 그리고 번아웃 관련 기억에 결부되는

호불호적 표현 등 대개는 막연히 나타나는 것이 보통이다.

돌이켜 보면 사람마다 유독 안 좋은 기억이 서린 공간이 있을 것이다. 하지만 그 이외의 공간에서 위안을 얻을 때도 있을 것이고, 다시 조금은 힘이 생겨나는 공간도 있다. 그리고 언젠가는 이제 다시 일어설 준비가 되었으면 좋겠다는 생각을, 그리고 실제로 그렇게 일어설 수 있었으면 좋겠다는 생각을 하게 될지 모른다. 전과는 다른 상태의 내가 되어 다시 출발선에 서기를 바라는 것이다.

번아웃 회복 상황표에서 우리는 얼마든지 앞으로 치고 나갈 수 있다. 한 단계, 한 단계, 상위 좌표로 이동해 갈 가능성은 얼마든지 존재한다. 다만 각 좌표마다 시간이 좀 필요하며, 이 시간이 어느 정도 필요할 것인지는 사람에 따라 다르다. 이를 결정짓는 요소는 다음과 같다.

- 생체적·신체적·심리적·정시적 자원
- 그동안의 경험(사건, 견해, 유감, 기간, 빈도 등)
- 좌절, 분노, 슬픔, 환멸 등의 느낌
- 상황

번아웃 증후군의 발현은 성격이나 기질, 인성 등 태생적 요인에 따라 미리 정해지는 것이 아니다. 이는 위험에 처한 사람을 조직적으로 외면하거나 도와주지 않는 분위기의 부적절한 환경에 방치되고 억눌려서 생긴 현상이다.

EXERCISE 5.6   번아웃 초기 3단계

번아웃 이후 회복 상황표에서 초반의 세 가지 공간 좌표와 관련하여 어떤 기억을 간직하고 있으며, 당시 어떤 일이 있었고 이에 대해 어떤 느낌을 받았는가?

- ◆ 치료의 공간 ____
- ◆ 요양의 공간 ____
- ◆ 휴식의 공간 ____

6장

번아웃 상태에서 벗어나기

회복에 이르는 시간과 공간의 단계

"언젠가 목표에 이를 것이라고 생각하며
한 걸음 한 걸음 계속해서 걸어가는 것만으로는 충분하지 않다.
한 걸음 한 걸음이 그 자체로서 목적이 되어야 하고,
이와 동시에 그 걸음이 우리를 앞으로 끌어 줄 수 있어야 한다."

– 괴테

시간과 공간이라는 두 보호 축을 발판으로 번아웃 회복 작업을 진행하면 일에 대한 내성을 부쩍부쩍 키워 나갈 수 있다. 이를 통해 다시 한 번 자기 삶의 주도권을 쥐고 직장으로 되돌아가서 무너진 직무 정체성도 회복할 수 있다. 천천히 스웨터를 짜듯이 정체성을 구축해 나가는 것이다. 번아웃 회복 작업은 다음의 세 가지 차원을 기반으로 할 때 이상적으로 이루어진다.

- 개인 차원에서 자신의 역량과 자질, 가치관, 업무 수행의 즐거움 등을 기반으로 어느 정도의 성장을 실현할 때.
- 집단 차원에서 사내 몇몇 사람들이 개인적 자원의 부족함을 보완해 줄 때. 이러한 지원은 업무를 수행할 때 도움을 주는 방식

이나 진행 중인 프로젝트에 팀을 보강해 주는 방식으로 나타날 수 있다. 주위에서 도움의 손길을 제공해 준다면 직업적 난관 앞에서 더 이상 혼자가 아니다.

- 조직 차원에서 번아웃 예방책에 대한 고민이 이루어질 때. 단순히 번아웃 이후의 치료에만 급급한 것이 아니라 번아웃에 관계된 사건들을 사전에 예방하는 방안을 모색하는 것이다. 또한 회사는 나날이 달라져 가는 환경 속에서도 회사의 자원을 보호하는 법에 대해 배워야 한다. 회사는 급변하는 시장 상황에 끊임없이 적응해야 하는 입장이지만, 그렇다고 인적 자원을 훼손해서는 안 된다.

자신을 제어하는 힘 갖기

직장에서 일을 하다 보면 어느 정도 능력을 갖추게 되고, 경제 · 경영 질서를 준수하며 상당한 노력을 쏟을 수도 있다. 다만 조건이 있다면, 업계의 윤리와 가치를 준수하고 업무 부담의 적정선을 지켜야 한다는 것이다. 아울러 원만한 대인 관계도 필수적이다. 그런데 몇몇 기업들은 지나치게 성과에 치중하며 개인의 능력을 문제 삼기도 한다. 번아웃 증후군은 물론이고 무단결근의 증가나 의욕 저하, 프리젠티즘 등 사회심리적 위험 요인에 따른 비용이 내재되어 있다는 관련 분석에도 이들은 크게 개의치 않는다.

그러나 개인적인 차원에서 스스로의 역할을 재정의하고 일이 자신의 삶에서 차지하는 위치를 바로잡으면 번아웃 증후군이라는 터널을 빠져나온 후 스스로를 추스르는 과정에 탄력을 불어넣을 수 있다. 따라서 번아웃 상태에서 빠져나온 생존자들은 바람직한 직장 생활 및 산업 보건 문제와 관련해 해박한 지식을 갖춘 각계의 다양한 전문가와 공조하여 보호 방패를 마련해야 한다. 이 방패를 통해서는 다음과 같은 이점을 누릴 수 있다.

- 소직 내 유해한 근무 환경의 악순환을 차단한다.

- 직무 수행을 할 때 근로 환경에 대해 고민한다.

- 시간을 가장 효과적으로 활용한다.

- 행동의 여지를 재발견한다.

- 다시 발을 내딛고 새로운 지표를 설정하며 삶 전체에서 일과 그 자리에 대해 고민해 보는 새로운 환경으로 나아간다.

일은 개인이 자신의 능력을 펼쳐 보일 수 있는 사회화의 한 방편이다. 그런데 이 정의가 모든 근로자들에게 해당되지는 않는 듯하다. 직무 기력이 소진되고 직무 정체성이 해체된 번아웃 이후의 관건은 시간과 공간의 차원에서 자신을 통제하고 제어하는 힘을 갖는 것이다. 이를 기반으로 스스로를 추스르고, 개인의 역할(아버지, 어머니, 친구, 형제 또는 자매 등)을 일관되고 온전히 수행해 내며, 나아가 조직 내 각 직위(사원, 간부, 부장, 사장 등)에서의 직무 정체성을 재확인할 수 있다. 회사 측에서도 인사 관리 및 경영 방식을 혁신적으로 개선할 수 있을 것이다.

- 당신은 어떻게 하면 악순환의 반복을 차단할 수 있다고 생각하는가?

- 직무 수행을 할 때 근로 조건을 최적화할 수 있는 요인은 무엇인가?

- 시간을 효과적으로 활용하기 위해 당신이 할 수 있는 행동은 무엇인가?

- 어떤 일을 할 때 당신의 자유재량으로 할 수 있는 부분은 무엇인가?

- 어떻게 당신의 새로운 지표를 설정할 것인가?

- 당신의 삶에서 일이 차지하는 비중을 되새기기 위한 몇 가지 단어를 적어 보자.

  - 내게 일이 중요한 이유는 ＿＿＿＿＿＿＿＿＿＿＿＿＿＿＿＿＿＿ 이다.

  - 내 일이 위험해질 때는 ＿＿＿＿＿＿＿＿＿＿＿＿＿＿＿ 한 순간이다.

자아 정체성의 재발견

번아웃 피해자들에게 번아웃 상태에서 회복된다는 것은 곧 그 자신을 조심스럽게 재발견하는 것을 의미한다. 따라서 번아웃 이후의 회복 작업에는 내적인 자아 탐구의 측면이 포함되며, 번아웃 사례에서도 이와 관련한 이야기가 늘 등장한다.

■ 자아의 구축: 나를 찾아가기

번아웃 피해자들과 상담을 진행하다 보면 문득 그들의 '자아' 문제가 이야기의 중심을 차지할 때가 있다. 이때에는 모든 이야기가 '나는'으로 시작한다. 번아웃 이후의 회복 과정이 더디지만 서서히 시작되는 것이다. 앞으로 가야 할 길은 멀지만 변화는 진행되고 있으며, 이를 감지해 낸 사람에게는 희망의 빛줄기가 보일 것이다. 이제 그는 변화의 실마리를 가지고 미래를 위한 싹을 틔워 나가게 된다.

■ 대외용 가면을 내려놓기

자신을 드러내는 과정에서 번아웃 피해자들은 대개 주저하고 머뭇거리며 조심스러운 모습을 보인다. 이는 상담 중 뚝뚝 끊기는 그들의 발화 습관을 통해서도 알 수 있다.

상담 중 휴식을 취할 때는 보통 대외용 가면을 내려놓는 순간이다. 그리고 편하게 이야기를 하는 도중에 좀 더 개인적이고 내적인 또 다른 가면이 나타난다.

■ 감각과 본질

번아웃 이후 자기 자신에 대한 재발견은 감각적 세계와도 연결된다. 생체적·신체적 표현과 관련된 어휘를 사용하는 경우도 많기 때문이다.

번아웃 회복기에 있는 사람들과 상담을 진행하다 보면 한 번쯤 오감에 대한 이야기가 나오는데, 늘 대외용 가면을 내려놓은 다음에만 그런 이야기를 털어놓는다. 가면 뒤로는 모두에게 드러낼 수 없는 자기만의 속내가 존재하며, 이는 수면 아래 잠긴 빙산의 본모습과도 비슷하다.

여성들은 촉각에 대해 가장 많이 언급한다. 마사지에 대한 이야기도 자주 하고, 스파나 수영장, 원예 활동의 이점에 대해서도 많이들 이야기한다. 흙 속에 손을 파묻었을 때의 느낌 같은 것도 종종 언급한다. 업무로 지친 여성 번아웃 피해자에게는 촉각적으로 느껴지는 타인의 손길이 무언가를 활성화하는 역할을 한다.

스파나 수영장의 물이 가져다주는 효과도 이와 비슷하다. 반면 남자들의 경우에는 촉각보다는 (음악을 통한) 청각이나 후각, 미각 쪽 경험담이 더 두드러진다.

그동안 만났던 의사들에 따르면, 이러한 '감각적 본질'에 따라 기력이 회복되는 이유는 신체적인 부분이 정신적인 부분에 작용을 미치고 이를 활기차게 보완해 주기 때문이다.

스스로에 대한 '보살핌'과 '손질'이 이루어지는 공간

번아웃 피해자들은 자기만의 공간에서 '칩거'하며 자원과 기력을 보충하는 데에 시간을 할애한다. 이러한 칩거의 상황은 자원 재비축의 시간(시간 좌표 4) 및 은거와 칩거의 공간(공간 좌표 4)이 교차하는 지점에 위치한다. 이는 현재 자신의 위치를 가늠하기에 이상적인 시공간이다. 마음은 어느 정도 진정되었지만 여전히 살펴야 할 것이 아직 남아 있는 상태이자, 현재 자신이 긁어모은 자원을 앞으로 어떻게 배치해야 좋을지는 모르는 상황이기 때문이다. 곧 방전될지도 모르는 휴대전화가 있다면 다시 통화를 할 수 있을 때까지 조금 더 기다려야 한다. 물론 전원에 연결해서 전화를 쓸 수도 있겠지만, 통화를 하는 동안의 충전 속도는 느려지게 마련이다.

번아웃을 겪은 후에는 그동안 더 빨리, 더 높이, 더 멀리 가려던 생각에 잊고 지냈던 기본적인 상식들을 다시금 재인식하게 된다. 언제나 더 빨리, 더 높이, 더 멀리 갈 수 있는 것은 아니다. 자기 앞에 주어진 상황을 충분히 소화해 낼 수 있을 때에만 그런 욕심을 부릴 수 있다. 병가 휴직계를 내거나 일시적으로 또는 영구적으로 퇴사를 하고 나면 우리는 그동안 우리 몸에 해롭고 적대적이기만 했던 장소에서 벗어나 스트레스 환경과 거리를 둘 수 있다. 공간의 변화는 상당히 바람직하다. 자의든 타의든 피할 수 없는 이러한 변화는 대개 갑작스럽게 찾아온다. 직장이라는 집단적 공간은 가족 또는 자신의 개인적인 공간에 그 자리를 내준다. 이로 인해 사회적 차원에서의 관계는 다소 주춤할 수 있겠지만, 그 덕분에 우리는 한 걸음 뒤로 물러나 다시 자원을 그러모을 수 있다. 나 자신에 대한 호의적인 배려가 시작되는 것이다. 이는 좋은 신호이다. 스스로를 보살피고 바로잡는 모습이 나타나기 때문이다.

스스로에 대한 보살핌은 나 자신에 대한 호의적인 배려로, 현재의 고통에서 벗어나는 것은 오직 나 하기 나름이라는 사실에 대한 인식으로 이어진다.

실제로 위기의식을 느꼈을 때, 자신에게 극심한 피해가 미치고 있음을 깨달았을 때에는 스스로를 바로잡아야 할 필요성을 인식한다. 자기 자신에 대한 '손질'이 필요함을 깨닫는 것이다.

스스로를 보살피고 바로잡는 공간은 외부의 침입이 차단되는 공간으로, 여기에는 자기만의 내면세계와 가족의 영역이 직접적으로 개입한다. 이는 상처받은 자아에 대한 보살핌이 이루어지는 공간이며, 외부의 집단과 사회가 배제된 또 하나의 새로운 공간을 지향한다. 일이나 회사, 가면을 쓰고 올라가야 하는 무대와는 거리가 먼 지속적이고 영구적인 공간을 추구하는 것이다. 지금 이 순간, 당신에게는 바로 이러한 공간이 필요하다.

■ 보호의 공간: 은거와 칩거

일단 일에서 멀어지고 난 후에야 비로소 외부와 차단된 보호 공간 속에서 번아웃 회복 작업이 시작될 수 있다. 이 보호 공간은 칩거의 공간으로 작용하며, 차후 스트레스가 발생했을 때 이에 활용할 수 있는 자원을 모으는 공간이 된다. 바로 이 순간, 자신에게 무슨 일이 벌어지는지를 잘 기록하라. 어떤 장소에 가면 기분이 좋아지는가? 스스로 안심이 된다고 느끼는 장소는 어디인가? 어느 곳에 가면 마음의 위안을 얻을 수 있는가? 이러한 곳들을 잘 파악해 두는 편이 좋은데, 이 장소가 우리의 정신적 버팀목이 되어 줄 수 있으며, 또 언젠가 이 장소에 가서 마음을 기댈 필요가 있을 때 좀 더 쉽게 찾아갈 수 있기 때문이다. 여성 상담자 한 명은 자신이 찾아낸 유일한 위안의 장소가 차고였다고 말했다. 차고 안에 있노라면 어린 시절 작은 오두막집 안에 들어가 있는 것 같은 느낌이 든다는 것이다. 스스로 위안을 얻을 수만 있다면 장소야 그 어디든 상관없다.

은거와 칩거의 공간은 고속 도로를 타고 가다가 잠시 쉴 수 있는 휴게소 같은 곳이다. 차를 세우고 한동안 휴식을 취하되, 다시 힘을 내어 출발할 준비가 되었다고 느낄 때까지 쉬어야 한다. 이 공간에서는 안정과 이완을, 차분하고 조용한 가운데 재미를 느낄 수 있어야 한다.

은거와 칩거의 공간은 천천히 자신의 속도에 맞춰 사회적 관계를 엮어 나가는 만남의 장소가 될 수도 있다. 은거와 칩거의 공간이라고 해서 타인에게 항상 닫혀 있는 것은 아니며, 외려 조금씩 타인에게 개방되어 가는 공간에 더 가깝다.

제가 어떻게 지내고 있는지 동료들이 보러 왔더군요. 그 사람들 입장에서는 조금 답답했을 수도 있어요. 제가 이러고 있는 꼴을 보는 게 그들로서도 익숙한 상황은 아니었을 테니까요…… 저는 제가 한 단계를 뛰어넘었다고 생각해요. "이 사람들과 합류하려면 내가 다시 길 위로 나

서야겠구나.” 하는 점을 깨달았다고 할까요…… 사람들 틈에 다시 끼
게 될 때가 언제일지는 모르지만…… 그리 먼 미래의 일은 아닐 거라
생각했어요. 하여간 지금 제가 걸어가고 있는 이 터널이 그렇게 끝도
없이 이어지는 건 아니었어요. 제게는 이것이 휴식의 공간이었죠. 이유
있는 휴식이었다고 할까요. 그리고 휴식이 제 기능을 좀 더 하고 났을
때, 저는 다시 일을 시작할 수 있었어요. - 미셸

■ 지표를 설정하는 공간: 기준과 경계선의 설정

번아웃 이후 회복 과정에서는 몇 가지 지표가 설정되는데, 그 기능
은 크게 세 가지이다.

- 번아웃 이후 회복 과정을 구획하고 기준점을 설정한다.
- 지금까지 걸어온 길을 보여 주고 이에 대한 확신을 부여한다.
- 앞으로 나아가야 할 방향과 노력을 기울여야 할 방향을 지시한다.

사람에 따라 이는 사실적·이성적 지표가 될 수도 있고, 주관적·상
징적 지표가 될 수도 있다.

사실적·이성적 지표의 경우

사실적 지표란 언제였는지 시간 구분이 분명한, 기억 속에 남아 있
는 기준이다. 일단 번아웃 이전과 이후 시점이 이에 해당할 수 있는
데, 앞뒤 시점의 상황 변화가 명확하기 때문이다.

진정제 2주치와 생전 처음 항우울제 처방을 받았어요. 좀 쉬어야 한다는데, 이 또한 저로선 잘된 일이었지요. 하지만 아무것도 하지 않는다고 해서 저절로 회복되는 것은 아니에요. 분명…… 아무것도 할 수 없다는 것 또한 사람 힘 빠지게 만들죠. 이것도 꽤 피곤한 일이죠……(번아웃 회복 전반부) 무언가 지표가 필요했고, 제 스스로 어딘가 한계선을 만들어 줘야 했어요. 일단 집에서 한 시간 이상 거리에 있는 곳에 가서 하는 업무는 맡지 않기로 했어요. 여전히 하루 정도는 사무실 근무를 유지했어요. 백오피스 업무만 맡는 거죠……. 그리고 집에 들어온 다음에는 일과 관련된 전화를 일절 받지 않았어요. 업무 메일도 회신하지 않았는데, 내용 확인은 하더라도 업무 처리는 하지 않는 식으로 했죠. 그렇게 3년째 하고 있는데…… 꽤 괜찮은 것 같아요. 이게 중요한 것 아닐까요?(번아웃 회복 후반부) - 도미니크

시간뿐만 아니라 자신이 거쳐 간 장소 또한 지표 역할을 할 수 있으며, 집이나 사무실, 버스나 지하철 안의 공간, 기차나 전철역 등 한정된 공간 또한 지표가 될 수 있다. 일에 대한 관점을 새로이 정립한 번아웃 경험자들은 몇 가지 새로운 지표를 만들어 이를 따르고 있다.

- 교통이 복잡한 도심 지역은 피한다.
- 사람들이 많이 몰리는 전철 구간은 전철 대신 버스를 탄다.
- 다른 출퇴근 경로를 찾아내서 한 정거장 전에 내린다.

주관적 · 상징적 지표의 경우

주관적 지표는 조금 더 모호한 측면이 있지만, 연상 효과를 기반으로 하고 있어 당사자에게는 상징적 효과가 뛰어나다. 상징적 이미지나 비유, 느낌, 자기만의 특이한 내적 인과 관계 등이 이에 해당한다.

어느 날 문득 그림을 다시 시작하고 싶다는 생각이 들었어요. 딱히 별일이 있었던 것도 아니었는데 말이에요. 여하튼 그림에 대한 욕구가 생겼고…… 다시 붓을 들어야 할 것 같았죠……. 뭐랄까…… 무언가 영감이…… 생기는 듯했어요……. 삶의 충동 같은 것 있잖아요……. 그림이 제 인생을 구제해 준 거죠……. 따뜻한 색…… 차가운 색…… 이리저리 훑어보며 색을 찾고…… 그리고 유화만의 묘미가 있는데요……, 그건…… 바로 이 창작의 순간이에요……. 내가 뭘 그려도 상관없는 그 자유로운 공간…… 유화 특유의 질감과…… 명암…… 밝기……. 안료는 태양빛의 효과를 무척 잘 드러내 주는데, 그래서 마치 살아 있는 질료 같은 느낌이에요. 거기에 우리가 형태를 불어넣어 살아나게 하는 듯한 느낌이랄까요……. (양손으로 허공에 손짓을 해 보이며) 그림 그리기는 매우 본능적이고 감각적인 활동이에요. 붓이 가는 대로 자연스럽게 그리다 보면…… 어느새 기분은 좋아지고…… 그 결과물을 보는 것도 심미적인 즐거움을 안겨 주죠. 그리고 지금은 제 그림을 전시까지 해 놓고 있어요.(번아웃 회복 전반부) 그렇게 제 자신을 드러내는 것도…… 새롭더군요. 자신감도 생기고…… 마지막으로 완성된 그림들은 색감이 매우 화려하고 밝았어요. 선명한 노란색에 오렌지 빛깔도 감돌고, 무척 따뜻하고 화사해 보였죠. 그림을 통해서…… 색이 만들어 낸 그 형태와…… 제가 다루고 싶은 주제들을 통해서…… 나 자신도 성장하는 것 같았어요. (번아웃 회복 후반부) – 셀린

주관적이고 상징적인 지표들은 비유적 대상을 바탕으로 세워지며, 사실적·이성적 지표들보다 더 자주 언급되는 편이다. 상상의 세계가 번아웃 회복 과정에 미치는 영향력은 가치관의 확립으로 나타난다. 이는 무언가를 행동으로 실현하도록 하는 내적인 동력이다. 대체로 언급되는 단어들은 '자유' '상호 간의 연결, 접속' '발견' '새로움' '거리' '개방, 열림' '여행' '시차' '예술, 미술' '꿈' '자연' '넓은 공간' '고요, 평온, 적막' '후퇴, 퇴보, 뒷걸음, 뒤로 물러나 거리 두기' '간소함, 간결함' '본질, 핵심' 등이다.

> ### ★ 회복기에 필요한 공간
>
> - 스스로를 가다듬는 공간: 자기 보살핌과 자기 손질이 이루어지는 공간
> - 보호의 공간: 칩거와 은거를 하며 자원을 보충하는 공간
> - 지표 설정의 공간: 자기만의 기준과 경계선을 마련하는 공간

EXERCISE 6.2 번아웃 회복 공간 파악하기

- 번아웃 이후 스스로를 보살피고 손질할 수 있을 만한 공간이나 영역은

무엇인가?

- ◆ 내가 나를 보살필 수 있는 공간은 ________________________ 이다.
- ◆ 내가 나를 손질할 수 있는 공간은 ________________________ 이다.
- 나를 보호해 줄 수 있는 공간은 어디인가?
  - ◆ 나만의 공간, 내가 피신하여 스스로를 지킬 수 있는 공간은
    ____ 이다.
  - ◆ 내가 사람들과 떨어져 스스로의 자원을 보충할 수 있을 만한 '칩거'의
    공간은 ________________________________ 이다.
- 스스로를 다잡고 바로 세우기 위한 지표 설정의 공간은 무엇이라고 생각하는가?
  - ◆ 심히 동요되는 상황에서 내가 기준으로 삼을 수 있을 만한 것은
    ____ 이다.
  - ◆ 결코 넘어가서는 안 될 나만의 '한계'와 '경계선'은
    ____ 이다.

체력 재충전

우리가 일을 할 때에는 비단 머리로만 하는 게 아니다. 우리의 몸도 역시 업무에 참여한다. 번아웃 피해자들의 상담을 들어 보면 처음에는 이들도 몸에 대한 언급을 하지 않았으나, 몸의 중요성을 인식하기 시작한 사람들은 번아웃 이후 회복 과정에서 우리 몸이 굉장히 중요

한 활성화 요인이었다고 이야기한다. 남녀 예외 없이 모두가 번아웃 회복 기간에 몸을 대하는 자신의 관점에 대해 언급했으며, 먼저 묻기 전에 자발적으로 이 부분에 대해 이야기해 주었다.

■ 직무 기력을 회복시켜 주는 활성제로서의 우리 몸

여러 전문가[1]들이 우리의 몸을 세 가지로 분류해 두었는데, 그중 첫 번째는 '늘어지는 몸'으로, 신체의 휴식을 추구하는 몸이다. 이어 두 번째는 '생각하는 몸'으로, 우리 몸 그 자체의 '매니저' 역할을 하는 몸이다. 마지막은 '행동하는 몸'으로, 비축된 에너지를 활용하여 어떤 행위를 할 수 있는 몸이자 과거의 이력을 바탕으로 활동 시간을 조절할 수 있는 몸을 의미한다.

늘어지는 몸

번아웃 상태에 들어간 사람들이 제일 먼저 이야기하는 몸의 상태는 바로 '늘어지는 몸'이다. 번아웃 증후군이 발생함에 따라 갑자기 신체 기력이 줄어들고 결국 소진되기 때문이다. 클레르도 길에서 스쿠터를 타고 가다가 넘어졌다는 이야기를 한 적이 있으며, 도미니크도 건물 로비에서 기절한 적이 있다고 말했다. 장이브는 전철에서 갑자기 급성 궤양이 와서 정신을 잃고 한참이나 쓰러져 있었으며, 셀린

---

1 크리스토프 드주르(Christophe Dejours, 1996), 장프랑수아 샹라(Jean-François Chanlat, 1999) 등.

도 나무토막처럼 쓰러진 적이 있다고 말했고, 소피안도 각종 바이러스에 감염된 것도 모자라 체중마저 갑자기 크게 불어난 적이 있었다는 이야기를 했다.

생각하는 몸

번아웃 회복기 2단계에 접어들면 이제 '생각하는 몸'이 존재감을 드러낸다. '생각하는 몸'은 과거에 있었던 일들을 모두 곱씹어 본 뒤, 스스로에게 어떤 문제가 생겼던 것인지 깨닫는다. 그리고 스스로의 권리를 되찾으려 노력한다. 쥘리는 몸이 말을 듣지 않았다고 이야기했다. "제 몸이 제게 이렇게 이야기하는 것 같았어요. '안 갈 거야' '하고 싶지 않아' '할 수도 없어'라고 말이에요. 이어 토할 것같이 속이 메스껍고, 별것도 아닌 일에 코피가 나기 시작하더군요." 티나도 몸의 저항에 대한 이야기를 들려주었다. "사방을 뛰어다녀야 했어요. 고객과 헤어지고 나면 또 전철에서 서류 더미를 뒤적이며 일을 해야 했고, 경영위원회 회의도 해야 했고, 그렇게 바쁜 일과가 계속해서 이어졌는데, 그러던 어느 날 발목이 부러졌지요. 그리고 3개월 후에는 다른 쪽 발목이 또 부러졌어요. 6개월 후에는 팔뚝이 말썽을 부렸지요. 사람들 말로는 이것이 '피로 골절'이라고 하더군요. 저처럼 그렇게 일하다가 피로 골절이 온 사람이 세 명 정도 된다고 했어요."

행동하는 몸

프랑크와 셀린은 몇 가지 소소한 즐거움을 통해 다시 기력을 회복한 경우였다. "저는 맛있는 걸 먹으러 다니면서 하루하루를 버텨 냈어요."(프랑크) "제대로 차려진 식사의 맛을 알기 시작한 후에는 더 이상 컴퓨터 앞 책상에서 허겁지겁 샌드위치를 집어삼키지 않게 됐어요."(셀린) 미레유와 소피안, 티나는 본인들의 의지와 무관하게 체중이 늘거나 줄었다고 말했다. "활동량이 적어지면서 군것질을 많이 하게 되더라고요. 그러고는 체중이 불었죠. 어지간하면 여기저기 별로 돌아다니질 않았고, 늘 한자리에만 딱 붙어 있었어요. 그러니 살이 찔 수밖에 없었죠."(미레유) "하는 일 없이 빈둥빈둥 살만 쪘어요."(소피안) "어떻게든 짬을 내서 먹기는 먹었는데요. 스트레스 때문에 살은 계속 빠지더라고요. 그 후로도 몇 주간 계속 살이 빠졌어요."(티나)

▪신체 지능

번아웃 경험자들의 증언을 들어 보면 신체 지능의 활동이 분명히 드러난다. 우리 몸이 그 주인의 피곤함에 대한 해결책을 찾기 위해 노력하고 있는 것이다.

번아웃 이후 우리 몸은 이제 외부의 침입에 대해 그저 앉아서 당하고만 있지는 않는다. 이 '난공불락의 요새'는 그렇게 쉽사리 함락되지 않으며, 가까이 다가가기도 힘들다. 번아웃 피해자들의 사연을 들어 보면, 번아웃 이후 초기 회복 단계에서 우리 몸이 꽤나 애를 쓰고 있음을 알 수 있다. 그러니 우리의 몸 또한 다른 번아웃 회복 요인들과 마찬가지로 우리가 번아웃 상태에서 벗어나게끔 도와주는 중요한 역할을 한다. 우리는 비단 아플 때에나 건강 챙길 때 정도만 우리 몸이 보내오는 신호에 귀를 기울여서는 안 된다. 번아웃 이후 회복 단계에 서는 매 순간 우리 몸의 상태에 관심을 쏟아야 한다. 타인과의 소통이 나 관계에 대해 논할 때, 남녀 관계나 시간과 공간에 대한 관점에 대 해 논할 때, 우리의 몸은 언제나 이에 개입하며, 매일매일의 삶에서 어떤 식으로 행동하는 게 좋을지 그 방향을 잡아 준다. 우리 몸은 올 바른 삶을 옹호하는 대변인이자 뒤에서 우리의 삶에 대한 실질적인 권력을 쥐고 있는 배후의 실세이다.

당신은 이 장에서 다룬 주제와 실습 훈련을 통해 자신이 거쳐 온 단계에 대해 명확히 규명할 수 있었을 것이다. 그동안 거쳐 온 과정에 대해 나타 내 봄으로써 이번 학습 내용을 공고히 하도록 하자.

먼저 〈그림 5.4〉에서 당신이 극복한 좌표가 무엇인지 확인해 보라. 이어 당신이 직무 기력을 회복해 온 경로에 대해 표현해 보자.

• 가장 극복하기 힘들었던 좌표는 무엇이었는가?

• 그 이유는 무엇이었는가?

• 이 좌표들을 통해 당신 자신에 대해 무엇을 깨달았는가? 그리고 평소

자신의 행동 방식에 대해 무엇을 깨달았는가?

★ 나는 ______________________________________ 한 사람이다.

★ 나는 ______________________________________ 한 경향이 있다.

★ 나는 ______________________________________ 해야 할 것 같다.

★ 나는 ______________________________________ 에 주의해야 한다.

★ 나는 ______________________________ 에 관해서는 이제 벗어난 상황이다.

★ 나는 이제 ________________ 을(를) 좀 더 유심히 살펴볼 것이다.

★ 나는 이제 ______________________________ 에 신경 쓰기로 했다.

• 시간을 대하는 당신의 관점은 어떻게 달라졌는가?

    ✎ ....

• 번아웃 증후군을 겪고 난 이후, 스스로 바꿔야 할 필요성을 느낀 부분이 있다면?

    ✎ ....

• 오로지 번아웃 회복 훈련을 통해서만 새롭게 깨달은 자기 자신의 모습이 있다면?

    ✎ ....

• 자신에게 어떤 일이 생겼는지 설명할 수 있는가? 아니면 아직 그렇게 말할 수 있는 단계는 아닌가?

    ✎ ....

• 만일 나중에 거의 똑같은 상황이 다시 나타난다면 자신이 반사적으로 보이게 될 모습이나 행동, 태도에는 무엇이 있는가?

    ✎ ....

이번 번아웃 사태를 통해 내가 되찾을 수 있었던 것에 대해 생각해 보자.

3부

이제는 되돌아가야 할 시간

상처 입지 않으면서 다시 무대 위에 오르기

"살면서 한 번도 모든 것에 문제를 제기해 보지 않은 인간은 불행하다."

– 블레즈 파스칼

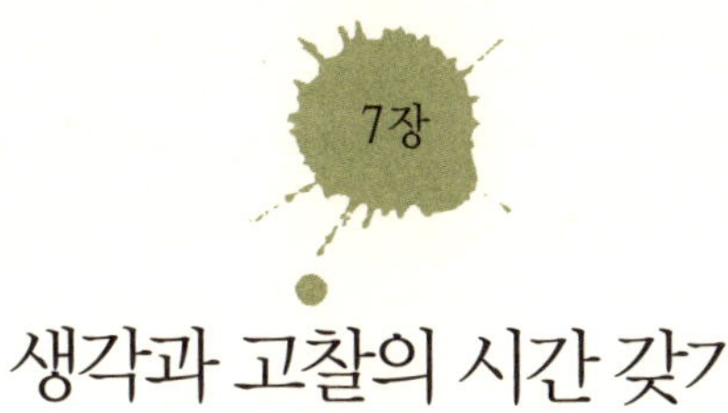

생각과 고찰의 시간 갖기

미래의 상황에 자신을 투사해 보기

"욕구가 있어야 원하는 것이 생기고,
계획이 있어야 끝이 보인다."

— 시몬 드 보부아르

이 단계에서 번아웃 피해자들은 사회 활동 및 업무 재개의 욕구를 느낀다. 이런 욕구가 느껴진다면, 그것은 일과 거리를 두었던 지난 몇 달간의 시간이 스스로에게 유용했다는 뜻이다. 각자 자기만의 방식으로, 특히 자신의 속도에 맞게 업무 기력을 회복한 것이라고 볼 수 있는데, 다만 최적의 휴식 기간이 되었는지 확인할 수 있으려면 다음의 사항에 부합하는지 알아보아야 한다.

- 물리적 기력을 회복했는가?(충분한 휴식과 수면을 취했는지 확인)

- 심리적·인지적·지적 '자원'의 상당 부분을 회복했는가?(고민하고 논거를 세우며 객관화하는 역량을 회복했는지 확인)

- 기분이 안정되었는가?(중립적인 감정이나 긍정적인 감정이 주로 느

껴지는지 확인)

이와 같이 자신을 조심스럽게 미래의 상황에 투사해 보는 연습이 가능하다면 이는 다음과 같은 사전 단계가 마무리되었기 때문이다.

- 번아웃의 원인 파악
- 자신에게 위험하거나 부적절한 상황 또는 환경 파악
- 자신이 특히 주의를 기울여야 하는 부분 파악

따라서 위와 같은 부분이 명확해졌다면 이제 다음과 같은 가능성의 세계가 열린다.

- 억눌렸던 욕구 뒤로 감춰진 가치와 역량의 발견
- 새로운 가능성의 모색 또는 새로운 일의 시작
- 기존과 다르게 작업하는 방식에 대한 고민

그러므로 이 정도 수준의 회복 단계에서는 자신이 체득한 것을 지켜 나아가며 이를 한층 더 강화해야 한다. 이 장에서는 다음과 같은 화두를 던짐으로써 번아웃 탈출에 성공하기 위한 조건에 대해 알아본다.

- 스스로의 상태에 대해 경계를 늦추지 않는다.
- 자신이 정말 필요로 하는 것에 대해 확인한다.
- 앞으로의 인생 사용법에 대해 고민한다.

이 세 가지 목표를 달성하고 난 후에야 비로소 우리는 그다음 단계로 나아갈 수 있다.

경계를 늦추지 않기

장기적으로 번아웃 상태에서 벗어나고 성과를 얻기 위해서는 오랫동안 꾸준한 노력이 필요하기 때문에, 많은 번아웃 경험자들은 늘 머리 위에 다모클레스의 칼이 놓여 있는 듯한 느낌을 받았다고 호소했다.

번아웃이 필연적인 것은 아니지만, 자신이 어떤 식으로 일하고 행동하고 자기 주위의 상황이 어떤 식으로 돌아가고 있는지 주의 깊게 살펴보지 않는다면 번아웃은 피할 수 없는 운명이 될 수도 있다.

■ 약간의 두려움

어떤 새로운 일이 터져서 그동안 번아웃 극복을 위해 쏟아부었던 노력이 모두 허사로 돌아가는 것은 아닐까 하는 두려움을 언제나 마음속에 간직하고 있어야 한다. 겁을 먹으라는 소리가 아니다. 보호 작용이라는 기억의 기능을 활용하라는 뜻이다. 과거의 기억을 떠올리는 것만으로도 우리는 충분히 '예방 체계'를 가동시킬 수 있다.

- "내가 바닥에 쓰러져 119 소방대원이 달려왔을 때의 일을 기억하고 싶다."(클레르)
- "사람들이 많은 데에서 또 한 번 실신하는 일은 두 번 다시 없었으면 좋겠다."(장이브)
- "사무실에서 바삐 뛰어가는 내 모습이 느껴지면 나는 곧 이를 경

고 신호라고 여긴다. 한번 주의를 기울이면 그다음에는 조금 더 속도를 늦출 수 있을 것이다. 가급적 늦게 도착하거나 아니면 조금 더 빨리 출발하도록 노력할 생각이다."(셀린)

이 약간의 두려움은 계속해서 스스로를 의심하도록 함으로써 자기 자신의 경계 수준을 높이는 한편, 주변 사람들이나 직장 동료들 또한 같은 상황에 빠지지 않도록 해 준다는 이점이 있다. 자신의 경험이 다른 사람들에게 도움으로 작용할 수도 있다는 말이다. 이로써 번아웃 경험자는 자신의 문제도 예방하고 다른 사람들의 문제도 예방해 주는 존재로 거듭난다.

EXERCISE 7.1 경고 발령 해제법

- 당신이 번아웃 경고라고 생각하는 신호와 이를 해제하는 방법에 대해서 보자.

  - ______________ 하는 순간부터는 ______________________ 해야 할 것이다.

  - 만일 내가 ____________ 하기 시작하면 그때에는 ____________ 할 것이다.

- 자신과 한 이 약속을 당신에게 일깨워 줄 사람들의 이름을 적은 뒤, 이들에게 각자의 역할에 대해 미리 알려 주도록 하자.

  - 첫 번째 지인: ______________________________________

  - 두 번째 지인: ______________________________________

  - 세 번째 지인: ______________________________________

■ 한계선 설정의 중요성

의심과 분노, 두려움 등의 감정은 해로운 감정이 아니다. 오히려 이 감정들은 경고와 보호라는 필수적인 역할을 담당한다. 번아웃 증후군을 경험한 이후에 스스로 경고 체계를 재조정하고 있는 상황에서는 자신의 일부 개인적·직업적 영역을 지키고자 할 때에 이러한 감정들이 발현된다. 그러니 이러한 감정이 느껴질 때에는 감정이 자신에게 보내는 메시지에 의식적으로 귀를 기울여야 한다.

- 이러한 감정들은 우리가 현재의 상황을 주도적으로 움직여 나아 갈 수 있도록 도와준다.
- 아울러 넘지 말아야 할 한계선을 재확인해 주는 기능도 갖고 있 다.(이는 자신에게나 주위 사람들에게나 중요한 정보가 된다.)

이 모든 감정들이 추구하는 목표는 모두 동일하다. 바로 우리 자신을 온전히 지켜 주는 것이다. 여자들은 업무 시간을 정확히 하려는 성향이 강해서 시간제 근무를 선호한다. 남자들은 이동 시간의 단축에 관심이 많아서, 직장이 너무 멀리 있거나 환승을 많이 해야 하는 경우는 별로 선호하지 않는다. 각자 자신이 중요하게 여기는 기준에 따라 한계선에 범위를 정하고 나면 내용과 형식, 안과 밖(개인 영역과 업무 영역), 문제가 발생하기 이전과 이후(번아웃 상태와 번아웃 회복 상태)의 구분이 용이해진다. 그리고 해당 한계선을 넘어섰을 때에는 경고 신호가 발동한다.

- "집에서 60km 이상 떨어진 곳의 구인 광고는 보지 않는다."(미셸)

- "외국으로의 출장은 물론 지금 살고 있는 동네나 집을 떠나 일주일 이상 있어야 하는 업무는 기피한다."(울리케)
- "복잡한 문건은 다섯 개 이상을 동시에 겹쳐서 처리하지 않는다. 다른 사람에게 맡기거나 기다리라고 이야기한다."(셀린)
- "이제 토요일에는 일을 하지 않는다."(클레르)

번아웃 증후군을 겪은 후 업무의 틀을 다시 만들어야 할 필요성을 느꼈다면 1차적으로 자신에게 무엇이 중요한지 그 우선순위부터 정해야 한다. 먼저 해결해야 할 과제는 무엇이고, 자신에게는 어떤 습성이 있으며 또 무엇을 우선해야 하는지를 결정하는 것이다. 그리고 난 다음에는 이런 결정을 확고히 해야 한다. 여기까지 소화할 수 있다면 그다음에는 장기적으로 이를 지켜 나가는 인내와 끈기를 가지도록 노력한다. 9장에서도 다루겠지만, 사실 결정이라는 것은 여러 가지 행동의 연속으로 나타난다. 결정이라는 행위 자체는 간단하지만 결정을 지키는 것은 복잡한 문제이다. 이제 어떻게 하면 이를 지킬 수 있는지 알아보자.

EXERCISE 7.2　　우선순위 조정을 위한 결정

- 당신은 자신의 생활을 지키기 위해 어떤 부분을 바꾸기로 결정했는가?
- 이러한 결정을 어떻게 지켜 나갈 것인가?
- 스스로 주의를 기울여야 할 경고 신호는 무엇인가?

내게 정말로 필요한 것은 무엇인가

자신의 한계선에 대해 안다는 것은 곧 자신에 대해 잘 파악하고 있다는 뜻이다. 이어 자기만의 한계선을 지킬 수 있다는 것은 곧 자기 확신이 강하다는 말이 된다. 그리고 바로 이러한 한계선을 바탕으로 자기 평가가 확고해진다.

직무 회복 탄력성을 성공적으로 복원하고 다시금 번아웃 상태에 빠지지 않기 위해서는 자신의 한계에 대해 인식하고 이를 넘어서지 않으려 노력해야 한다.

■ 과감하게 '아니요'라고 말할 수 있도록

직무 기력의 회복은 서로 상반되는 두 가지 역학적 논리를 기반으로 한다. 우선 첫 번째는 '단절'이다. 직장에서 자신이 누리던 지위도 전과 같지 않고 번아웃으로 인해 스스로의 명예에 치명타를 입은 이상, 이제 일에 대한 관점은 이전과 완전히 달라진다. 두 번째는 '노력'이다. 번아웃 상태에서 빠져나온 사람들은 모두 참고 견뎌야 했던 힘든 시간들, 회복하겠다는 의지에도 불구하고 포기해야 했던 것들에 대해서 언급했다.

여러 가지 측면에서 급격한 변화가 초래되기 때문에 번아웃으로 인한 피로는 일반적인 육체적 피로보다 그 정도가 더 심하다. 기력을 회복하는 시간도 서로 다른데, 심리적 영역과 육체적 영역은 서로 의

존 관계에 있으면서도 각기 상이한 속도에 따라 움직이기 때문이다. 그러므로 육체와 정신은 서로 간에 연동 효과가 필요한데, 번아웃 피해자의 경우에 육체와 정신 사이의 균형이 진작에 깨진 상태이다. 하지만 번아웃 상태에서 벗어나려면 육체와 정신 사이의 연동 효과를 회복해야 한다.

몇 주간 일을 쉬고 난 후에도 여전히 피로를 호소하는 사람들이 있다. 이들은 밤에 충분히 잠도 많이 잤고 낮잠도 평소보다 더 오래, 심지어 두 차례나 잔 적도 있다고 이야기한다. 육체의 피로는 어느 정도 해소된 것 같은 느낌이 들고, 불면증도 사라지고 불안감도 없어졌다고 한다. 의사도 현재 모든 게 순조롭게 호전되고 있으니 이제 슬슬 다시 일을 시작해도 될 것이라고 조언한다. 이런 의학적 진단이 잘못된 것은 아니다. 객관적으로 보면 원활한 직무 수행에는 무리가 없는 상태이다. 다만 주관적으로는 마음 저 깊은 곳에서 아직은 일을 할 때가 아니라는 목소리가 들릴 수도 있다. 이것은 자기만의 느낌이자 생각이다. "나의 피로는 줄어들지 않았으며, 아직 완전히 풀린 것은 아니다."라고 스스로 결론을 내리는 것이다.

아무리 쉬어도 피로가 풀리지 않는다는 것은 곧 다른 무언가가 피로를 느끼고 있다는 뜻이 된다. 바로 자아가 피로한 것이다. 스스로 한계에 다다른 상태, 명예가 실추된 후의 아픔에서 헤어나지 못한 상태이기 때문이다. 이러한 기간이 오래 지속된다는 것은 이 상황을 겪고 있는 사람의 근간을 이루고 있는 가치가 흔들렸다는 뜻이다. 즉 그 자신의 인격과 성격, 기질을 이루고 있던 근본적인 부분이 흔들린 것이다. 지금까지는 이 부분이 곧 스스로의 무기가 되는 강점으로 작용했고, 남들과의 차이를 보여 주는 자기만의 유일한 속성으로 사회생활을 할 때에도 도움이 되었다. 그러한 면모 덕분에 그동안 인정을 받았고 좋은 평가를 누렸으며, 이는 그간 이 사람을 지탱해 준 원동력이기도 했다.

전문가들로서도 이는 쉽게 내리기 힘든 진단이며, 번아웃 피해자들도 적응이 안 되기는 마찬가지이다. 그래서 어떤 사람들은 "번아웃 이후 그 사람은 이제 전과 같지 않다."라고 말하기도 하고, "그 후로 그 사람은 변했다."라고 이야기하기도 한다. 그리고 이 사람들 생각이 맞을지도 모르겠다. 번아웃 경험자 스스로도 그렇게 느끼고 있을 것이며, 어쩌면 그런 자기 자신이 생소하게 느껴질 수도 있다. 그동안 열정적인 직장인으로서, 무엇이든 척척 해내는 원더우먼으로서 살아온 사람일수록 번아웃 이후의 자기 모습에 적응이 안 될 수 있다. 하지만 걱정할 필요는 없다. 달라진 것은 자기 자신이 아니라 세상을 바라보는 스스로의 시각이기 때문이다. 또한 세상을 이해하고 파악하는 방식 또한 좀 더 진화하고 좀 더 세련되게 다듬어진다. 이는 차라리 잘된 일이다. 다만 세상을 바라보는 이 '혜안'을 얻기 위해서는 그만큼의 대가가 필요하다. 바로 인고의 시간과 뼈를 깎는 노력, 삶에 대한 회의라는 값을 치르는 것이다. 정신적인 계약을 위반하면 삶에 그 흔적이 남는 법이다.

우리 앞에는 당장 해결해야 할 당면 과제가 놓여 있다. 이제 소진된 직무 기력을 다시 회복하기 위한 힘든 싸움이 곧 시작된다. 직무 회복 탄력성을 회복하는 길은 여러 가지가 있는데, 목적지에 도달하기 위해서는 어느 정도 시간이 필요하다는 사실을 곧 스스로 깨닫게 될 것이다. 각자가 가지고 있는 엔진의 종류와 세기도 저마다 다르며, 각자가 처한 상황도 모두 다르기 때문이다.

번아웃 상태에서 헤어나기 위한 매뉴얼이 따로 존재하는 것은 아니다. 이를 만드는 것은 각자의 몫이다. 하지만 번아웃 증후군을 무사히 빠져나온 모든 이들이 한목소리로 이야기하는 한 가지가 있다. 바로 '아니요'라고 거절할 줄 알아야 한다는 점이다. 어떤 사람들에게는 사실 상당한 노력이 필요한 일일 수도 있는데, 번아웃 탈출에 성공한 사람들은 '아니요'라는 말 한 마디 덕분에 다시금 자신감을 회복하고 일과 직장에 대한 새로운 관계를 정립할 수 있었다고 입을 모아 이야기한다.

사람마다 정도의 차이는 있지만 번아웃 증후군에 휘말렸던 사람들은 문제의 원인에 대해 많은 고민을 한다. 옆에 있는 동료는 멀쩡한데 하필 왜 나에게만 문제가 생긴 것일까? 심리 치료사의 도움을 받거나 혼자서 고민에 파고든 이들은 공통적으로 한 가지 중요한 이야기를 들려주었다. 번아웃에 빠지게 된 구조적 원인에 대한 이해와 모색은 물론 중요하지만 번아웃이 반복되지 않기 위해서는 과감하게 아니라고 말하는 법을 빨리 배워야 한다는 것이다.

말이 안 되는 명령에는 '아니요'라고 말할 수 있어야 하고, 부당한 청탁에도 '아니요'라고 거절할 수 있어야 한다.(이제 그런 부탁이나 의뢰는 자신의 허용 한계 바깥으로 빼 두어야 한다.) 아울러 나 아니면 안 된다는 '위험한' 생각도 '부정'할 수 있어야 한다.

'아니요'라는 말의 앞에 놓인 이 '과감하게'라는 표현을 주의 깊게 살펴볼 필요가 있다. 사실 이는 그리 간단한 일이 아니다. 이제 앞으로 조금씩 스스로에게 이런 '과감함'을 허용해야 할 것이다. '아니요'라고 거절하는 일은 쉽지 않다. 그동안 살아오면서 거절해 본 역사가 없는데다 '예스맨'으로서 쌓아 온 이미지가 있기 때문이다.

이제 전과 다른 내 태도를 바라보는 사람들의 의아한 시선과 싸워 나가야 한다. 게다가 '아니요'라고 말하며 거절하는 것은 일말의 죄의식을 남기기도 하며, 자칫하면 역량 부족으로 낙인찍힐 수도 있다. 그래서 '아니요'라고 말한 뒤 자기도 모르는 사이 변명을 늘어놓고 있는 스스로를 발견하는 경우가 많다. "그 일은 제가 못 하는 게 아니라 안 하는 겁니다."라든가 "하려면 할 수야 있지만 예전에 해 보니까 영 별로라서…… 그래서 하고 싶지 않은 것일 뿐입니다. 못 하는 것과 안 하는 것은 엄연히 다르잖아요."라는 식으로 핑계와 변명이 이어지는 것이다.

과감히 자신의 소신을 밝히며 거절하지 못하면 그동안 번아웃 상태의 회복을 위해 끈기 있게 노력해 왔던 인고의 시간들이 자칫 허사로 돌아갈 우려가 있다. 정말 하고 싶지 않은 상황에서도 결국은 "알겠습니다. 한번 해 볼게요."라고 본의 아니게 수긍을 하게 될지도 모르기 때문이다. 하지만 그렇게 말하고 난 후 곧바로 스트레스가 엄습해 오는 것을 느낄 것이다. 이러한 감정에 젖어 살면 다시금 번아웃 증후군에 빠지는 것은 시간문제이다.

그러니 경계를 늦추지 말고 자신이 하는 말에 귀를 기울여야 한다. 그 일을 정말 스스로 원하는지, 그 일이 나에게 유익한지 스스로에게 되물어 보라. 이 두 가지 물음만으로도 잠시나마 자신을 지켜 내기에 충분하다. 그리고 자신의 세력권과 근심 영역을 다시 한 번 그려 보자.

■ '아니요'라고 거절하는 것이 어려운 이유

이는 여러 가지 이유로 설명된다.

EXERCISE 7.3　거절하는 것은 쉽지 않다

- 다음 중 자신에게 해당하는 항목에 표시해 보라.

☐ 거절하는 것이 습관이 되지 않았다.

☐ 감히 거절하지 못한다.

☐ 거절하는 것을 생각해 본 일도 없다.

☐ 거절하면 나에 대한 사람들의 평가가 안 좋아질 것이라고 생각한다.

☐ 거절하면 경력에 영향을 미치게 될까 봐 두렵다.

☐ 이 일을 할 수 있는 사람은 나밖에 없다고 생각한다.

☐ 사람들이 나에 대해 더 이상 능력이 안 된다고 생각할까 봐 두렵다.

☐ 사람들이 나에 대해 더 이상 자질이 없다고 이야기할까 봐 두렵다.

☐ 사람들이 나에 대해 정신적으로 무슨 문제가 있다고 생각할까 봐 두

렵다.

☐ 별로 거절하고 싶은 마음이 없다.

☐ 거절할 의지가 없다고 생각한다.

☐ 거절하고 나면 스스로에 대해 매정하다고 생각할 것 같다.

거절하기가 어려운 이유는, 이 모든 것들이 번아웃 피해자들에게 명예와 위신의 근간이 되는 다음 세 가지와 연관이 있기 때문이다.

- 역량
- 능력
- 의지

이 세 가지 중에서 어느 하나가 부족해서 어떤 실패를 하게 된다면, 이는 명예를 추구하는 사람으로서는 용납할 수 없는 일이다. 능력과 역량, 의지는 모든 인간에게 공통적으로 존재하는 다음의 기본 욕구와 관련이 있다.

- 한 사람으로서 인정받고자 하는 욕구
- 자신의 역량을 인정받고자 하는 욕구
- 좋게 평가받고 사랑받고자 하는 욕구

이 세 가지 기본 욕구는 나이와 교육 수준, 사회적 지위와 상관없이 모든 사람들에게 본질적인 것이다.

- 명예의 근간이 되는 세 가지 논리 중 자신에게 중요한 순서대로 정리해 보자.

  1. ....

  2. ....

  3. ....

- 세 가지 기본 욕구 가운데 자신에게 중요한 순서대로 정리해 보자.

  1. ....

  2. ....

  3. ....

일에 임하는 새로운 방식의 모색

■ 불평은 이제 그만

불평을 그만두는 것도 일종의 행동이다. 심지어 꽤 어려운 행동이다. 주위를 둘러보면 차마 불평을 그만두지 못하는 사람들도 있고, 이를 멈출 줄 모르는 사람들도 있다. 이들이 후회와 한탄으로 계속해서 키워 가던 불평불만은 결국 이를 받아 주는 사람에게로 향하며 걷잡을 수 없이 쏟아져 나온다. 번아웃 회복 기간에는 이러한 형태의 의사

소통이나 이런 유형의 사람들을 의식적으로 피해야 한다. 이미 본인 스스로도 자신의 불평을 감당하기 힘든 상태일 것이고, 나 하나 추스르기도 힘든 상황이다. 만일 언젠가부터 불평이 입에 붙은 것 같은 느낌이 든다면 불평이 자신에게 가져다주는 부차적인 이득에 대해 자문해 보라. 예를 들어 사람들이 자신에게 관심을 보여 주고 자신의 말에 귀를 기울여 준다든가, 또 호의적으로 대해 준다든가 자신의 일을 덜어 주거나 도움을 준다든가 하는 부차적 이득은 없었는지 생각해 보는 것이다. 만일 일시적으로 불평에 대한 욕구를 느낀다면 이는 그런 불평이 정말로 필요하기 때문이며, 따라서 이러한 불평 뒤에 숨어 있는 부분에 귀를 기울여 줄 전문가를 찾아가야 한다. 만일 당신이 습관적으로 불평을 하는 타입이라면 친구들이 다소 장기적으로 당신을 멀리할 수 있다. 주위 사람들로부터 멀어지기 위한 전략적인 선택이라면 계속 그렇게 하라. 다만 그러한 태도가 당신의 대인 관계에 영향을 미치게 되리라는 점에 대해서는 유념해야 한다. 이 단계에서는 다시 번아웃에 빠질 위험이 느껴지지 않더라도 자칫하면 침체기에 빠질 수도 있으니 주의해야 한다.

불평을 그만둘 수 있다면 이는 곧 그다음 단계인 기다림의 단계에 들어갔음을 의미한다. 기다림의 단계는 안정기 국면으로, 마치 아무 일도 일어나지 않는 듯한, 전혀 앞으로 나아가지 않는 듯한 느낌을 받을 수 있는 일종의 언덕 위 평지 같은 상태이다. 하지만 실제 상황은 정반대이므로 이러한 느낌에 속으면 안 된다.

인류학자 마르셀 모스Marcel Mauss는 기다림이란 곧 그가 '완벽한' 또는 '완전한' 인간이라 명명한 존재를 이해하는 열쇠라고 말했다. 그에게 기다림은 수많은 생리적·심리적·사회적 현상의 궁극적 지점이었다. 기다림은 내적 자원으로 접근하여 이를 동원할 수 있도록 만들어 주며, 모든 것에 대해 유연하게 대처할 수 있도록 해 준다.

따라서 기다림은 번아웃 회복을 위한 기반이 자리를 잡고 있는 동안 매우 중요한 시공간적 요소이다. 하지만 이 시간 동안 계속해서 불평을 토로하고 있을 가능성이 높은데, 번아웃 회복기에 있는 사람들을 가만히 지켜보면 불평이 사람들의 상태를 알려 주는 지표 역할을 하고 있음을 알 수 있다. 이들에게 불평이란 변화를 원치 않는다는 사실에 대한 일종의 보상 기제에 해당한다. 좀 더 구체적으로 말하면, 이는 곧 "고통이 참을 수 없는 지경에 이르지 않으면, 변화에 따른 비용은 해악적 요소에 따른 지출을 상회한다."라는 뜻이다.[1] 번아웃 회복기와 관련한 부분에서 클레르가 우리에게 들려준 내용도 정확히 이에 부합한다. 클레르는 어느 날 문득 불평을 그만두게 되었다고 이야기한다.

> 어느 날, 나는 문득 내 문제에 대해 곱씹는 것에 싫증이 나기 시작했어요. 무언가 다른 것을 시도해 볼 기력이 있다는 걸 느꼈지요. 이제 그 정도면 충분하다고, 몸을 움직일 때가 됐다고 생각한 거죠. 그래서 그 문제, 이 문제를 따로따로 생각하게 됐고, 이제는 앞으로 한 발 한 발

---

1 Roustang F., *La fin de la plainte*, Odile Jacob, 2001.

그리고 이러한 시간은 갑작스럽게 또는 때로 즉각적으로 나타나는 몇몇 변화들이 느리게 진행된 결과일 수 있다. 본인 스스로는 느끼지 못했겠지만 주위 사람들은 이미 이를 감지했을 수도 있다.

■ 변화에 대한 두려움

체계적인 접근법은 습관적인 불평과 피해 의식에 대해 다른 시각을 가질 수 있도록 도와준다. 습관적인 불평은 때로 스스로의 변화를 가로막는 걸림돌이 되기도 한다. 불평은 자꾸만 뒤를 곱씹어 보는 경향을 갖고 있고, 따라서 변화에 대한 필요성을 느끼지 못하게 하기 때문이다. 하지만 앞을 가로막는 이 나무를 치워야 숲이 보이는 법이다.

그런데 불평의 기능은 변화에 대한 두려움의 밑그림을 그리는 데에 있다. 불평은 그동안 자신이 기준으로 삼아 왔던 지표들, 그러나 철학자 프랑수아 루스탕François Roustang의 말마따나 '해묵은' 지표들을 기반으로 구축된다. 이 지표들을 통해 새로운 관계도를 그려야 하는데,

이는 변화에 대한 욕구에 제동을 거는 요소가 될 수 있다.

변화를 시도할 경우, 자신이 새롭게 기준으로 삼을 만한 지표들이 얼마나 안정적인 것인지에 대한 보장 없이 기존의 주도권을 상실할 수도 있다. 변화를 받아들인다는 것은 언제든 또다시 변화가 생길 수 있으며 아무것도 고정된 것은 없다는 사실을 인정한다는 뜻이다. 변화는 단순히 A의 상태에서 B의 상태로 넘어가는 것을 의미하지 않는다. 변화란 통시적인 역동성이자 전 방위적 움직임이다.[2] 따라서 번아 웃 이후 자기 자신을 변화시키는 것은 곧 직장 내의 끊임없는 변화에 대해 가능성을 열어 두면서 변화하고 움직이는 스스로를 용인한다는 뜻이다. 변화는 하지 않은 채 불평만 한다면 직업적 안정이 보장되지 않는다. 단순히 환상만 품고 있는 것만으로는 안정적인 직장 생활을 누릴 수 없다. 번아웃 증후군 이후 안정적인 생활을 누리는 것이 곧 경력의 안정을 도모할 수 있는 길이다. 이 둘은 서로 불가분의 관계에 놓여 있다.

EXERCISE 7.5 새로운 지표의 정립

- 스스로 넘지 말아야 할 경계선 역할을 하는 기준을 정해 보자.

---

2 Alter N., *L'innovation ordinaire*, PUF, 2005.

■ **새로운 인생 사용법:**
새로운 지표 정립 후 자신의 삶에서 일이 차지하는 중요성 정의

이제 우리는 일에 대한 새로운 관점을 수립할 준비가 되었다. 물론 일은 여전히 내 삶의 중요한 요소이며, 내 삶에서 일이 갖는 목적 또한 전과 다름없이 중요하지만, 내 삶에서 일이 차지하는 위치는 근본적으로 달라진다.

| **새로운 인생** | 클레르와 미레유는 이제 두 가지 기준에 따라 일을 선택한다. 즉 자신들의 사무실에 미치는 영향과 이득이 무엇인지에 따라 업무 의뢰를 받고 안 받고를 결정하기로 한 것이다.

프리다는 대기업의 경제 논리에 불복하고 협동조합 형태의 기업에서 일을 하며 사회 연내의 길을 모색하고 있다.

티나는 사표를 낸 뒤, 사회심리적 위기에 대비한 자기만의 구조적 상담 체계를 마련했다.

샹탈, 울리케, 니콜, 셀린은 주 4일제로 일하기 시작했다.

장이브, 미셸, 클로드는 업무 시간을 기존과 다르게 구성하고 하루는 재택근무를 함으로써 출근 횟수를 줄였다.

쥘리는 보수를 줄인 뒤 해외에서 좋아하는 일을 하기로 했다.

발리는 하는 일은 그대로 유지하되 회사를 바꿨다. 그리고 자신이 진행할 프로젝트를 결정할 때에 무척 신중을 기한다.

- 직무상의 변화를 추구한다면 다음의 기준 가운데 어떤 것을 선택하겠는가?

  ☐ 업무 시간을 줄인다.

  ☐ 길에서 쓰는 시간을 줄이거나 효율을 높인다.

  ☐ 국내 및 해외 출장 횟수를 제한한다.

  ☐ 회의의 횟수를 제한한다.

  ☐ 전자우편 확인은 하루 서너 차례 정도로 제한한다.

  ☐ 휴대전화 메시지는 알람을 설정해 두고 해당 시간에만 확인한다.

  ☐ 본인 스스로 합리적인 근무 시간을 정해 놓는다.

  ☐ 일주일에 하루는 조금 늦게 출근할 수 있도록 한다.

  ☐ 일주일에 하루는 한 시간 일찍 퇴근할 수 있도록 한다.

  ☐ 일주일에 하루는 반차로 재택근무를 할 수 있도록 한다.

  ☐ 화상 회의나 전화 미팅을 늘린다.

  ☐ 스마트폰을 멀리한다.

- 만일 위의 제안 사항 가운데 자신이 선택할 수 있는 항목이 전혀 없다면 아래와 같은 대안을 생각해 보기로 한다.

  ☐ 일하는 자리를 바꾼다.

  ☐ 일하는 업무를 바꾼다.

  ☐ 일하는 회사를 바꾼다.

  ☐ 업무 분야를 바꾼다.

• 위에서 체크한 항목에 대해 다음의 예를 참고하여 더 구체적으로 목표를 명시해 보자.

☐ 업무 시간을 줄인다 : 주 4일제로 근무한다.

☐ 본인 스스로 합리적인 근무 시간을 정해 놓는다 : 오전 9시에서 최대 오후 7시까지만 근무한다

☐ 해외 출장 횟수를 제한한다 : 한 달에 세 번 이상은 가지 않는다.

☐ ....

☐ ....

☐ ....

자기 삶의 새로운 방정식을 설계하라

번아웃 재발 방지법

"그런 사람들이 있다.
세상이 제공하는 자리를 수락하는 대신,
스스로 이 자리를 만들어 내고자 했던 사람들,
무모함인지 천재성인지 모르겠지만
그런 사람들이 있다."

– 쥘 발레스

번아웃 이후 터널을 빠져나오기 위해 오랜 기간 고생한 당신에게 일단 격려의 박수를 보낸다. 이제 슬슬 그 터널의 끝이 보이기 시작할 텐데, 그렇게 터널에서 보낸 시간이 얼마나 되었는가? 3개월쯤? 아니면 6개월? 또는 1년? 슬슬 터널의 끝이 보이기 시작한다면 이제 최악의 고비는 넘긴 것이라고 번아웃 119 구조대원들이 이야기해 줄 것이다. 그리고 어쩌면 필요한 것보다 하고 싶은 것을 더 먼저 생각하는 생소한 경험을 하게 될지도 모르겠다. 이는 좋은 현상이다. 욕구가 되살아났기 때문이다.[1] 이 말은 곧 그동안 칩거하고 있던 혼자만의 동굴

---

1 Kourilsky F., *Du plaisir au désir de changer*, Dunod, 2006.

에서 빠져나와 다시 무대 위로 복귀할 준비를 해야 할 때가 되었음을 의미한다.

하지만 번아웃 증후군의 재발 가능성을 아주 배제할 수는 없다. 정말 무대 위로 복귀할 준비가 되었다고 어떻게 확신하겠는가? 이번이 정말 복귀해야 할 좋은 때인지, 아니면 조금 더 기다려야 하는지 어떻게 판단할까? 자신의 생태에 맞는 번아웃 탈출 방법에 대해 알아보는 이번 장에서 함께 고민하게 될 내용도 바로 이러한 부분이다.

지금까지 우리는 앞 장들의 내용에서 다음에 대해 알아보았다.

- 스트레스 요인의 파악
- 자신에게 해로운 환경이나 상황에 대한 이해
- 자신이 어떻게 '작동'하는지에 대한 연구
- 자신이 필요로 하는 것과 스스로 옳다고 믿는 가치의 발견
- 일하고자 하는 의욕 회복

그리고 이제 우리가 해야 할 일은 이 모든 요소들을 행동으로 옮기는 것이며, 평형 상태를 유지할 수 있도록 하는 것이다.

번아웃의 기억 떠올리기

■ 미래를 위한 과거

과거의 일을 기억해 내는 것이 아무런 영향을 미치지 않는 것은 아

니다. 번아웃 이후의 회복 방법에 관심이 있다면 번아웃 당시의 상황을 '섬광 기억'으로 되새겨 볼 필요가 있다. 즉, 번아웃 당시의 상황을 기억해 내는 것이다. 어떤 강한 감정을 유발하며 다소 심각한 영향을 미쳤던 일에 대한 기억은 단순히 사실에 대한 '떠올림'을 의미하지 않는다. 브라운 박사와 컬릭 박사의 연구[2]에 따르면 이러한 기억은 일종의 플래시 효과처럼 관련된 장소와 인물, 감정 상태까지 당시의 상황과 관련한 모든 정보를 고스란히 머릿속에 각인한다. 따라서 번아웃 상태와 관련된 정보의 기호화는 상황적 요소들의 기호화로 이어지고, 우리의 '섬광 기억'은 이러한 정보를 동시에 경험적 맥락에 연계시킨다. 일련의 사실들이 파노라마처럼 이어지는 이런 기억은 여러 가지 인지 능력에 영향을 미칠 수 있는데, 예를 들어 다음과 같은 경우가 이에 해당한다.

- 발화 내용의 이해 능력
- 습득 능력
- 문제 해결 능력
- 의사 결정 능력
- 자기 견해 구축 능력

그런데 번아웃 증후군 상태에서 벗어나 다시금 일하는 자신의 모습을 미래에 투사해 볼 수 있으려면 이 인지 능력들이 모두 필요하다. 이렇듯 번아웃 기억의 기호화는 새로운 인격적 기호화 작업과 병행하

---

2 Brown, R. Kulik J., "Flashbulb Memories," *Cognition*, n. 5, 1977.

여 일어나며, 이 말은 곧 번아웃 시기와 관련하여 간직하고 있는 여러 가지 기억과 추억들이 각자의 인생사에 기록되고 이력이나 경력의 일부로 남아 있을 것이라는 뜻이 된다.

그러므로 무대 위에 다시 오르고자 하는 상황에서 일부 번아웃 피해자들은 이해할 수 없는 감정들이 뜬금없이 되살아나는 것을 느낄 수 있으며, 눈에 보이지 않는 어떤 고무줄이 과거로 거슬러 올라가 옛 기억을 끄집어 낸 뒤 부정적인 영향을 미치며 정면에서 일격을 가하는 듯한 느낌을 받을 수 있다. 일종의 외상 후 스트레스이다.

자신의 생태에 맞는 새로운 균형 추구

생태주의란 전체적으로 조화를 이루는 균형의 추구를 의미한다. 이는 인간이 단순한 요소의 총합이 아니라 서로 일관성을 이루는 하나의 총체라고 간주하며 체계적이고 역학적인 관점을 택하는 것이다. 예를 들어 모빌의 한 부분을 건드려 움직인다면 곧이어 이 모빌은 다시 새로운 균형을 찾으려 한다. 사람 또한 이와 같다. 번아웃 증후군 이후 저마다 자기 삶의 일부 요소들을 변화시킬 마음의 준비가 되어 있을 것이고, 이는 심리적 환경은 물론 가정 및 직장 환경을 비롯한 주위 환경 전체의 변화를 전제로 한다. 그러므로 '나'라고 하는 모빌 구조물이 과거의 경험을 바탕으로 균형과 일관성을 유지할 수 있으려면 포괄적인 맥락에서 접근하는 것이 중요하다.

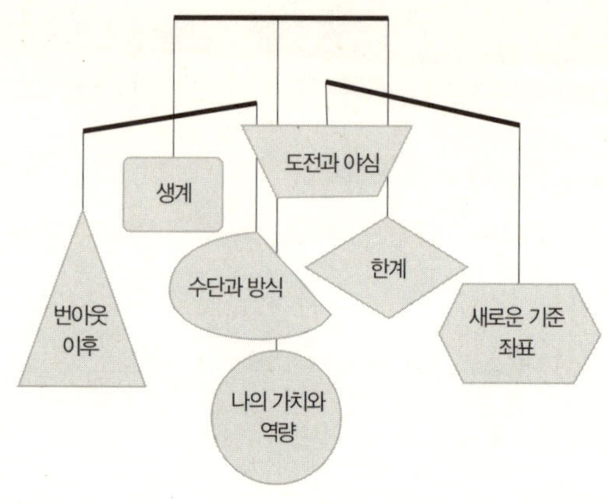

| 그림 8.1 | **내 삶의 모빌**

  균형의 유지

A3 용지에 〈그림 8.1〉을 따라 그린 뒤, 자기만의 모빌을 구성하는 요소들로 채워 보자. 당신의 모빌은 균형을 이루고 있는가?

나는 왜 일을 하는가

임상 사회심리학 교수인 질 아르노^{Gilles Arnaud}와 심리 코치 및 분석가인 롤랑 갱샤르^{Roland Guinchard}는 인간과 일 사이의 관계에 대한 연구를 진행하던 중 근로 욕구라는 심리 분석 개념을 도출해 냈다. 심리학적 차원에서 근로 욕구란 각자의 진로를 결정짓고 각자가 어떤 일을 선택해서 어떤 태도로 직무 수행을 하게 되는지를 좌우하는 의식적·무의식적 결정 요인을 가리킨다.

이 이론에 따르면 우리가 일에 대해 의욕적으로 동기 부여를 하고 이 일을 이해하는 방식은 기저에서 진행되는 한 과정의 눈에 보이는 부분에 불과하다.

■ 일을 하는 이유

좋아서 하는 일이든 싫어도 하는 일이든, 일을 많이 하든 적게 하든, 일을 통해 자아실현을 하든 안 하든 상관없이 우리는 어떤 이유에 따라 나름의 방식으로 일을 하고 있다. 근로 욕구 이론에서는 우리가 일을 하게 되는 근본적인 이유와 함께 우리가 일을 하는 방식에 대해 탐구한다. 가족들을 뒷바라지하기 위해서 일을 할 수도 있고, 스스로 먹고 살기 위해 일을 할 수도 있으며, 사회적 지위를 얻기 위해 또는 자신의 역량을 발휘하기 위해 일을 할 수도 있다. 스스로 인정받기 위해 일을 하는 사람이 있는 반면, 자아실현을 추구하거나 사회적으로 쓸모 있는 사람이 되기 위해 일을 하는 사람도 있다. 이렇듯 우리가 일을 하는 목적에 대한 문제 제기는 번아웃 증후군 극복의 근간이 된다.

모든 일이 순조롭게 진행되고 있을 때에는 이 근본적인 문제에 대해 깊이 고민하는 경우가 별로 없다. 본격적으로 이 문제에 대해 생각해 보는 때는 스스로의 현재에 대해 의문을 품게 되는 시기나 과도기적 상황, 직무 역량 평가 후 진로 전환이 이루어지는 시기, 진로나 거취의 결정, 진로 코칭 단계, 또는 자기 자신에 대해 깊이 고민해 보는 시기 등이다.

근로 욕구 이론에서는 매일같이 우리를 직장으로 향하게 만드는 것이 다름 아닌 '욕구'라고 주장한다. 인간에게 부족한 무언가가 인간이란 존재로 하여금 무언가를 하도록 만든다는 것이다. 이런 관점에서 보면 일은 일단 존재의 내재적 욕구를 만들어 내는 기제로서, 단순히 급여나 사회적 지위, 사회적 인정 같은 외재적 동기로서만 바라볼 수 없게 된다.

이러한 관점의 변화에서 추구하는 부분은 일이 우리의 욕구에서 어떤 위치를 차지하고 있느냐 하는 점이다. 일은 단순히 우리를 구속하며 의무를 강요하는 확실한 외적 대상으로서만 바라볼 수 없고, 심리적인 발화 능력을 갖춘 내적 대상으로 간주될 수도 있다. 그러므로 "나는 왜 일을 하는가?"라고 문제의 원인을 자기 내부에서 찾을 것이 아니라 "나는 무엇을 위해 일을 하는가?", "새로운 일을 찾으면서 무엇을 향해 나아갈 것인가?"라고 자신의 문제를 외부로 투영하여 그 원인을 찾아야 한다. 이렇게 새로운 태도로 접근하는 방식은 과거 나치 강제 수용소에서 살아남은 오스트리아 정신의학자 빅터 프랭클^{Viktor Frankl}이 제시했던 것으로, 빅터 프랭클은 수용소 포로 중 단순한 활동 하나에서도 매일 하나의 의미를 찾아낸 일부가 결국 살아남게 되었다는 점을 관찰하고 이러한 해석을 제시했다. 삶을 살아가는 존재로서 인간은 자유롭게 자신의 관점을 선택할 수 있으며, 존재의 내적·외적 조건에 대한 자신의 입장과 태도 역시 스스로 선택할 수 있다.[3] 이번 장에서는 우리가 일을 하며 살아가는 이유는 무엇이고 일에서 어떤 의미를 추구하고 있는지 살펴봄으로써 일에 대한 근본적인 관계 변화를 도모한다.

다음은 내가 무엇을 위해 일을 하느냐고 물었을 때 흔히 들을 수 있었던 답변이다.

- 사회적인 활동을 하기 위해
- 상황 타개를 위한 해법을 찾기 위해
- 전념할 일거리를 찾기 위해, 자신의 문제에 지나치게 함몰되지 않기 위해
- 다른 사람들에게 내가 쓸모 있는 존재라는 것을 느끼기 위해, 다른 사람들을 도와주기 위해
- 아이들이 여가 생활을 즐길 수 있도록 하기 위해
- 노인들에게 유용한 무인가를 세공하기 위해
- 연구에 참여하기 위해
- 젊은 세대를 가르치기 위해
- 다른 사람들이 편히 지낼 수 있도록 돕기 위해
- 내가 사는 동네, 지역, 국가 등의 경제 발전을 위해

이러한 답변이 단번에 나온 것은 아니다. 대개는 외적인 보조를 통해 문제 제기를 해 나간 끝에 위와 같은 답변들을 끄집어 낼 수 있었다. 자신이 무엇을 위해 일을 하는지에 대한 고민은 현재의 번아웃 회

---

3 빅터 프랭클, 이시형 역, 《삶의 의미를 찾아서》, 청아출판사, 2005.

복 단계에서 매우 유용하다. 이를 통해 자신이 중요하게 생각하는 가치를 되새겨 볼 수 있고, 자신의 실질적 삶에서 필수적인 부분이 무엇인지 살펴볼 수 있기 때문이다. 우리의 직장 생활이 의미가 있으려면 우리가 일하는 이유에 대한 답이 나와야 한다. 내가 만났던 사람들은 대부분 세 차례 정도 질문을 던지고 난 후에야 비로소 번아웃 회복의 이 귀중한 재료를 끄집어내 주었다.

예를 들어 번아웃 증후군이 발발하기 전까지 투자 은행에서 근무했던 56세의 상담자 알랭의 사례를 살펴보자. 알랭은 번아웃 이후 업무 재배치를 위해 역량 평가를 진행했다.

"알랭, 무엇을 위해 일을 하는 것인지 여쭤 봐도 될까요?"

"그야 물론 일이 필요하니까 하고 있죠!"

"물론 사람이 살아가는 데에 일이 필요하긴 하죠. 다만 일을 하고 있는 진짜 이유가 무엇인지 궁금해서요."

"일을 하지 않는 제 모습은 상상이 되지 않는데요?"

"다시 한 번 질문을 드릴 테니 곰곰이 생각하고 답변해 주세요. '무엇을' 하기 위해 일을 하죠?"

"그야…… 경제에서 무언가를 변화시켜야 한다고 생각하고……. 대규모 투자 은행에서의 제 경험이 마이크로 크레디트(저소득층에 대한 무담보 소액 대출)의 쟁점을 이해하는 데에도 도움이 될 뿐더러 여기에서 의미를 파악하도록 해 줄 수 있을 것 같으니까요. 저는 개도국에 대한 좀 더 사회적이고 연대적인 차원의 대의에 동참하기 위해 일을 합니다. 그러면서 머릿속으로 늘 경제 논리와 공유의 원칙을 간직하고 있죠. 내가 하고자 하는 것은 바로 이 부분이에요."

 일을 하는 목적에 대한 탐구

자신이 일하는 이유에 대해 자문해 보고 이를 도식화하여 나타내 보자. 한 번의 질문으로 답이 나오지 않는다면 두 번, 세 번 이어 질문을 던짐으로써 자신이 일하는 구체적인 이유와 목적을 찾아보도록 하자.

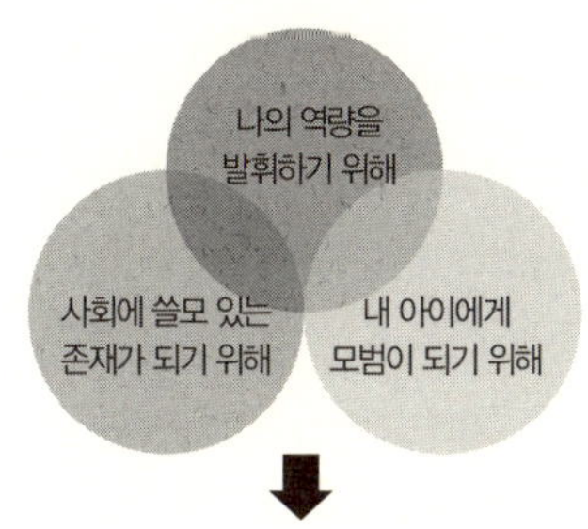

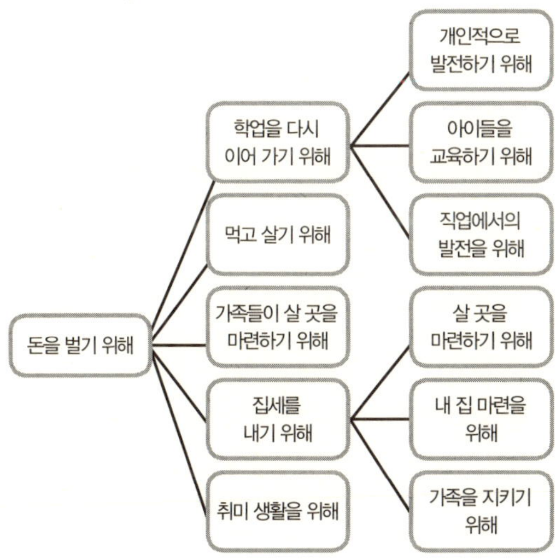

■ 번아웃 증후군 탈출 유형

번아웃 증후군에서 탈출한 사람들 가운데 일부는 일에 대한 자신의 관점은 물론 그동안 자신이 살아왔던 삶을 송두리째 바꾸기로 결심한다. 하지만 이들이 삶의 근본적인 변화에 대해 충분히 고민하고 자신의 꿈을 실현할 가능성이 풍부하다 하더라도 '현실 원칙'은 여전히 그 힘을 발휘한다. 게스트하우스를 운영하는 계획을 짜거나 독립적인 프리랜서 작업을 구상하기 전에, 직장에서 1시간 45분이나 떨어진 시골에서의 전원생활을 꿈꾸기 전에, 우리는 현실 원칙에 대해 미리 고려해야 한다. 물론 (소수일지언정) 성공적인 변화에 안착하는 사람들도 있기는 하다. 하지만 몇 달 후 또는 몇 년 후 자신의 선택에 대해 후회하는 사람들이 얼마나 많은가? 자기 삶의 변화를 위해 수입이 절반으로 깎여야 한다면 이를 감당할 수 있는 사람들이 과연 얼마나 되겠는가? 집을 시골 지역으로 옮기고 나면 지각도 거의 밥 먹듯이 할 테고, 전철 파업이라도 있는 날이면 상황이 어떻게 될지도 모르는데 이를 다 감당할 수 있는 사람들은 또 얼마나 되겠는가? 그래서 직무 역량 평가원에서는 현장 직업 조사에 역점을 두고 있다. 현장 직업 조사란 자신이 원하는 일을 실제 직업으로 삼고 있는 사람들을 만나서 해당 직업의 실사를 통해 제약 요건은 무엇인지 알아보는 것이다. 엄밀히 말해 열 명 중 여덟 명은 자신의 현재 상황을 거의 변화시키지 않을 것이다. 반면 자신의 역량에 맞게, 특히 자신이 필요로 하는 부분이나 업무에 대한 동기 부여, 관심과 가치에 맞추어 자신이 일하는 방식을 조절할 수는 있다. 이 사람에게는 모든 것이 실질적으로 의미를 갖는 방향으로 나아간다. 단언컨대 일에서 의미를 찾는 것이 나쁠 수는 없다.

다음은 내가 만났던 번아웃 증후군 피해자들을 세 유형으로 나누어 놓은 것이다. 이들은 번아웃 증후군이 발생한 이후 나와 3~5년간 만났던 사람들로, 그중 일부는 자신이 살아가던 삶의 방식을 근본적으로 바꾸었고, 4분의 3가량은 그저 자신의 일을 자기 생활에 맞게 조절하는 수준에 그쳤으나, 그러면서도 자기 계발을 도모하여 직장 생활에 도움이 되도록 했다.

이해받지 못한 예술가 유형

번아웃 증후군이 오기 전의 상황이라면 이 유형에 속하는 사람들은 대게 열정적이고 모든 면에서 낙천석인 성향을 보인다. 자신의 일을 이해하는 방식이나 전반적인 삶에 대한 관점이 긍정적인 사람들로, 일의 영역과 사생활의 영역이 완전히 뒤섞여 있다. 이들은 스스로에 대해 타협할 줄 모르는 고집스런 성격을 갖고 있으며, 일에서나 사생활에서나 모두 완벽을 추구한다. 자신의 생각과 행동을 늘 조화시키고자 하는 이들은 그날그날 일을 하는 상황 속에서도 자신의 개인적인 가치를 살리고자 하고, 타인과 교류할 때에도 이 가치를 느끼게끔 하려 든다.

번아웃 증후군이 찾아오면 이 유형에 속하는 사람들은 과거와의 선을 분명히 그음으로써 시간에 대한 관계를 정립하려 한다. 그리고 자신이 바라는 미래상 속에 자신을 투영하려 한다. 하지만 몇 년이 지나도 이를 구체화하는 데에 여전히 어려움을 겪는다. 일을 대하는 태도 역시 완전히 달라지며 새로운 가치 기준도 정립한다. 이들이 새롭게 자신의 일을 수행해 나가는 업무 공간은 이들에게 일종의 놀이터 같은 곳이다. 이들은 여러 가지 생각을 내놓고 이와 병행하여 여러 가지 경로를 따라간다. 타인에 대한 관계는 모호한 편인데, 기존에 일하던 방식을 완전히 폐기하고 여기에서 벗어난 뒤 새로운 업무 파트너를 모색하는 데에 어려움을 겪기 때문이다. 이들은 자신이 선택한 삶의 방식 때문에 주위 사람들이 멀어졌다고 이야기하며, 번아웃 이후 몇 달간 또는 몇 년간 여전히 자기애적 성향을 버리지 못한다. 이들을 규정할 수 있을 만한 핵심어는 '창의성' '연민' '참된 삶' 등이며, 이들이 내세우는 기치는 "나는 살아 있는 동안 끝내야 할 일이 있는데, 다른 사람들은 내 삶의 선택을 이해하지 못한다."이다.

마법이 풀린 야심가 유형

이 유형에 속하는 사람들은 번아웃 상태에 빠지기 전에는 자기 일에 헌신하고 자신이 믿고 있던 가치에 대해 소신을 지키는 진지한 성향의 소유자였다. '마법이 풀린 야심가 유형'에 속하는 사람들은 '이해받지 못한 예술가 유형'과는 반대로 일과 사생활 영역이 서로 완전히 구분된다. 이들은 자신의 욕심과 역량의 조화를 꾀하는 한편, 업무를 수행하는 과정에서 개인의 가치를 되살리려 노력하고, 나아가 다른 사람들도 이를 존중하고 지지해 주길 바란다. 이 유형에 속하는 사람들은 번아웃 증후군이 오기 전에는 흔히 자신과 타인에 대해서 매우 까다로운 모습을 보였다.

이들에게 번아웃이라는 상황은 일상 속에서도 수시로 떠오르는 괴로운 과거로 기억되며, 특히 무언가 선택을 하거나 포기를 해야 할 때 더욱더 그때 일이 되살아난다. 번아웃 이후 자기 주변 환경을 지키고자 하는 목적으로 경계 체계가 구축되고, 일에 대한 이들의 마음가짐도 서서히 달라진다. 번아웃 증후군이 오기 이전에는 일과 경력에 관심을 갖고 열성을 다했던 것과는 대조적으로 이제는 자기 주변 챙기기에 더 마음을 쓴다. 새로운 직장 동료를 사귀고 새로운 칩거 공간을 마련함으로써 공간에 대한 관계도 정비하며 자신의 직무 경로도 다시금 바로잡는다. 타인을 대하는 태도는 전반적으로 위축되는데, 기존에 만나던 사람하고의 관계 정도만 유지하지만 자신에게 요구되는 것 이상으로 베푸는 기질은 그대로 유지된다. 위계질서에 대한 시각은 역량과 관련하여 여전히 까다로운 태도를 보인다. 이 유형에 속하는 사람들을 정의해 주는 핵심어로는 '현실주의' '실용주의' '문제 제기' 등이 있으며, 이들의 기치는 "행복하게 살려면 이제 본질적인 부분에 다시 초점을 맞추고 더 이상 나를 드러내지 않아야 한다." 정도이다.

아슬아슬 줄타기 유형

이들은 '마법이 풀린 야심가 유형'과 꽤 비슷한 면이 많으나 그렇다고 '마법이 풀린' 상태는 아니다. 이들 또한 번아웃 이전에는 자기 일에 무척 헌신적이었으며, 고객이나 환자, 협력 사원 등 다른 사람들에 대한 의존도도 높았다. 이들에게는 번아웃이 (대개 3년 미만으로) 아직 생생한 기억으로 남아 있다. '이해받지 못한 예술가'와 마찬가지로 일과 사생활의 구분이 모호해서, 개인 휴대전화로 업무 전화를 받는다든가 퇴근 후나 주말에도 집에서 업무 메일 확인하는 것을 대수롭지 않게 여긴다. 이런 유형에 속하는 사람들은 위험스럽게도 번아웃 증후군이 오고 난 후에도 여전히 전과 똑같이 일을 하려 든다.

좀처럼 '로그오프' 상태가 되지 않는 이 사람들은 언제라도 달려가 일할 준비가 되어 있으며, 서비스 정신으로 똘똘 뭉쳐 있다. 시급히 나라를 지키고 정의를 수호하는 긴급 구조대 같은 느낌도 들지만 실상은 물론 그렇지 않다. '마법이 풀린 야심가 유형'과는 반대로 사실 이 사람들은 일에 대한 욕심이 그리 크지 않다. 그보다는 현실적이고 실용적이며 관행에 따르는 성향이 더 크다. 시간의 활용은 순차적으로 일사분란하게 이루어지기보다 연쇄적으로 중첩되는 편이며, 대인 관계나 대기 중인 처리 업무도 비슷한 양상을 보인다. 일에 대한 관계도 별로 고려하지 않는다. 이 유형에 속하는 사람들은 늘 그런 부분에 대해 생각할 시간이 없다고 하고 그 때문에 일을 왜 그만두어야 하는지도 쉽게 이해하지 못한다. 이들에게 번아웃이라는 시기는 풀리지 않는 수수께끼의 연속으로만 여겨지는데, 이런저런 문제들에 대해 고민해 볼 여력이 없기 때문이다. 그래서 번아웃 이후에도 이들은 꽤 일찍 일터로 복귀한다. 이들은 업무 공간을 그저 맡은 소임을 다하기 위해 이동하는 공간이라든가 해야 할 일이 연속적으로 이어지는 공간 정도로만 인식하며, 직업적 경로에 대한 고민도 하지 않는다. 타인에 대한 관계도 의무와 책임, 서비스 정신으로 무장되어 있으며, 위계 질서의 개념은 존재하지 않는다. 마음속으로 자신은 늘 독립적이라고 생각하기 때문이다. 이 유형에 속하는 사람들은 대개 사업가나 프리랜서이다. 이들을 규정할 수 있는 핵심어로는 '과제' '행동파' '의무 사항' 등이 있으며, 이들의 기치는 "내겐 선택의 여지가 없다. 내가 하지 않으면 아무도 이를 할 사람이 없다. 따라서 내가 이 일을 해야 한다." 정도이다.

무대 위에서 안전을 보장해 줄 네 가지

이제 다시 무대 위로 오르기 위한 발판을 마련해야 하지만, 그에 앞서 스스로의 안전을 보장해 줄 수 있는 버팀목도 세워야 한다. 자신에게 무엇이 가장 적합한지는 나 자신이 제일 잘 안다. 그런데 이를 알아내기 위해서는 다시 일터로 복귀하기 전에 다음의 방법론에 대해 숙지해야 한다. 가장 이상적인 상황을 구축하기 위해서는 일단 다음의 네 가지 차원에서의 고민이 필요하다.

■ 시간에 대한 관계

시간 축을 살펴보면 현재 자신이 번아웃 회복 단계에서 어디쯤 와 있는지 알 수 있다. 시간 곡선을 연구해 보는 것은 스스로의 질문에 답을 하고 미래에 자신을 비추어 볼 수 있도록 해 주는 자기 코칭의 한 방법이다. 따라서 일단 자신의 사연과 관련하여 다음의 기본 요소를 정리하도록 하자.

- 과거
- 현재
- 미래

■ 공간에 대한 관계

공간에 대한 자신의 관점을 정립해 보면 번아웃 극복의 핵심적인 기반과 굳건한 기둥을 세울 수 있다. 따라서 자신의 직업 경로와 근무 장소에 연관된 요소들을 취합해 보도록 하자.

- 자신을 보호해 줄 수 있는 공간의 정의: 예) 업무 공간과 개인 공간의 분명한 구분
- 바람직한 직업 경로와 발전 방향에 대한 고민: 예) 직업적 욕심과 발전, 새로운 책임
- 위와 같은 부분이 과거의 번아웃 경험에 따른 피해를 입게 되는지 여부에 대한 확인

■ 일에 대한 관계

다음 요소들을 주의 깊게 살펴보도록 하자.

- 자신에게 득이 되었거나 동기를 부여해 준 활동 및 회사(이 회사에 대한 잠정적인 소속 정도를 가늠하고, 회사의 과거 이력이나 사내문화, 활동 분야와의 관련성을 고려)
- 수행 업무(회사의 근로 조건 및 근로 활동에서 의미 모색)
- 자질(자신의 적성과 역량, 직무 특성 등을 고민)

■ 타인에 대한 관계

타인을 대하는 나의 태도에 대해 짚어 보면 어떠한 집단 환경과 조직적 근로 조건 속에서 번아웃 상태의 극복이 가능할지에 대해 알 수 있다. 그러므로 다음과 같은 관련 요소를 정리해 보도록 한다.

- 선후배 관계 및 직장 동료, 대인 관계 및 가족 관계(권력이나 권위, 회의감 등의 표현에 내해 스스로 어떻게 대응하는지 파악)
- 직장 동료(또래 동료 집단 내에서 자신의 행동 패턴에 대해 예상)
- 대인 관계 및 가족 관계(업무 영역으로부터 자신의 개인 영역을 어떻게 보호할 수 있을지 고민하고, 번아웃 회복 과정에서 이 부분이 앞으로 어떤 역할을 맡게 될지 연구)

〈표 8.1〉에서 번아웃 생존자의 세 가지 유형에 해당하는 주요 특징을 찾아보고, 자신의 이상적인 근무 형태를 그려 보자.

| 표 8.1 | 번아웃 생존자의 유형별 특성

	이해받지 못한 예술가 유형	마법이 풀린 야심가 유형	아슬아슬 줄타기 유형
시간에 대한 관계	시간이 얼마나 흘렀는지를 생각하지 않는다. 시간의 흐름을 생각하지 않는다. **과거** = '끝난 일': 과거는 지나간 삶의 일부이며, 지나간 일은 버리고 잊는다. **현재** = '마음이 놓이는 상황': 현재의 시간을 제대로 만끽하며 미래에 대한 고민 없이 현재를 즐긴다. **미래** = '개의치 않음': 미래는 추상적이고 지각할 수 없는 대상이며, 미래에 자신을 비추어 보지 않는다. 미래에 대한 고민은 허무한 것이므로, 미래에 대해 걱정하지 않는다.	언제나 시간이 부족하다는 느낌이 든다. **과거** = '안 좋은 기억': 부정적인 과거의 기억에 집착하며, 같은 실수는 반복하지 않으려 든다. **현재** = '의문의 시기': 양적인 시간과 질적인 시간 사이의 균형을 추구하며 해결 방안을 모색. 자신이 더 이상 원하지 않는 것을 알고 있다. **미래** = '타협 불가능한 모순': 하지만 자신이 원하는 것을 말로써 표현해 내는 단계에는 이르지 못한다. 비효율적인 해법을 시도한다.	떨어지지 않기 위해 앞으로 나아간다. 한번 흐르기 시작한 시간은 스스로 멈추지 않는다. **과거** = '현재의 일부': 부정적인 과거의 기억에 집착하며 불평을 토로한다. 무엇이 함정이고 잘못된 길인지 알고 있다. **현재** = '미래의 일부': 양적인 시간과 선을 긋지 못한다. 질적인 시간을 향유하는 것에 대해 죄의식을 느낀다. 무언가 늘 해야 할 일이 있다. **미래** = '선택 불가': 미래의 일은 선택의 여지가 없다고 생각한다. 의문을 제기할 생각조차 하지 않는다.

	이해받지 못한 예술가 유형	마법이 풀린 야심가 유형	아슬아슬 줄타기 유형
일에 대한 관계	**목적**: 예전의 지표를 완전히 뛰어넘는 것. **현재의 상황**: 마지막 직장을 그만두고 장기 실업(14개월 이상 실직) 중. 새 직장을 찾는 것이 우선이 아니다. **일에 대한 계획**: 계획 없음. 마지못해 복직. **일을 통해 추구하는 바**: 일에 투자하지 않는다. 그보다는 자기 계발과 교육에 더 힘을 쓴다(무위도식하는 실업자 상태에서는 빠져나온 상태).	**목적**: 은둔지와 새로운 동료를 찾아내는 것. **현재의 상황**: 직무 활동 중. 자신의 직업적 욕심을 상대적으로 바라보며, 자신이 잃어야 할 부분에 대해 인지한다. **일에 대한 계획**: 일에 대한 욕심이 크기는 하지만 현실에서 벗어나지 않는다. 자신의 목표와 위험 요소를 가늠한다(자신의 직업적 생리에 맞는 수준에서 목표 추구). **일을 통해 추구하는 바**: 지직 즐거움이나 흥미를 추구한다. 타인이 부과한 과제와 자신이 스스로에게 부여한 과제 사이에서 왔다 갔다 한다. 적정한 타협 지점을 모색한다.	**목적**: 끊임없이 새로운 지표를 만들어 내는 것. **현재의 상황**: 휴직 상태를 좌절로 인식. 가급적 빨리 업무를 재개하고자 하며, 스스로가 없어서는 안 될 존재라 생각한다. 자기 일을 책임지고 진행할 수 있는 사람은 자신밖에 없다고 생각한다. **일에 대한 계획**: 계획 없음. 하지만 일에 굶주린 사람처럼 할 일을 찾아 헤맨다. **일을 통해 추구하는 바**: 다른 사람 대신 자신이 일을 하거나 다른 사람보다 빨리 일을 해내려 한다. 자신의 족적을 남기고 스스로가 유용한 사람임을 입증하려고 애쓴다.

	이해받지 못한 예술가 유형	마법이 풀린 야심가 유형	아슬아슬 줄타기 유형
직업 공간에 대한 관계	**공간:** 회사에서 겉돌거나 따돌림을 당한다. 고립될 우려가 있다. **(번아웃 이후) 경로:** 어디로 튈지 모른다. 창의적 생각(여행, 그림, 춤, 요리, 마사지 등)으로 가득하다. **기치:** "삶을 만끽해야 한다. 하지만 다른 사람들은 나를 이해하지 못한다."	**공간:** 직장 및 사생활 공간의 조화를 추구한다. 사무실 근처에 집을 얻거나 재택근무를 한다. 일하는 공간에서도 즐거움을 추구하며 정신 건강 보호를 지향한다. **(번아웃 이후) 경로:** (회사에 대한) 환상을 잃어버린다. 직업적 욕심을 조절하고, 의도적으로 발전 속도를 늦춘다. 일의 양이나 급여 수준보다는 일의 질적 수준을 우선한다. 일시적인 은둔지를 모색한다.(직업적 명예를 추구하는 미친 질주에 제동을 건다.) (번아웃 이후) 자신의 경로에 대해 잠시 숨을 고르는 단계로 인식한다. **기치:** "행복하게 살려면 조용히 지내야 한다."	**공간:** 사무실 동료의 부재. 개인적 공간에서 작업(자영업자나 프리랜서)하거나 (이동이 잦아) 고정적으로 사람을 대하지 않는다. **(번아웃 이후) 경로:** 미래에 대한 고민이 별로 없거나 아예 없다. 일과 관련된 프로젝트를 세우지 않으며, 개인적인 목표도 없다. 또는 이런 데에 신경 쓸 시간이 없다. 일의 질보다는 양을 더 중요하게 여긴다. 위기 상황에서 편안하게 대처한다. 앞으로 나아가기 위해 새로운 지표의 신설이 필요하다. **기치:** "내가 하지 않으면 아무도 이를 할 사람이 없다."

	이해받지 못한 예술가 유형	마법이 풀린 야심가 유형	아슬아슬 줄타기 유형
타인에 대한 관계	**경향:** 자기애적 성향. 자기 정체성을 인정받고 싶어 한다. 쉽게 대인 관계를 형성한다. 사회성이 뛰어나고, 다른 사람들을 돌아볼 줄 안다. 다른 사람들이 주의를 기울여 주는 것에 대해 민감하게 반응하며, 관심의 표현에 호의적으로 대처한다.	**경향:** 통찰력 있는 성향. 주변 동료들에게 자신의 자질을 인정받고 싶어 한다. 가족과 여가 생활에 다시 투자한다. 일에 대해서도 전과 다른 방식으로의 노력을 기울인다(여유 있는 프로젝트 진행).	**경향:** 자신의 몫을 다하려는 성향. 자신의 사회적 필요성에 대해서 인정받고 싶어 한다. 자신을 비추어 주는 사회 또는 가족의 거울을 필요로 한다. 자기 자신이 없으면 안 될 존재라고 생각한다.
위계질서에 대한 관계	고려하지 않는다.	자신의 상관은 능력 있는 사람이어야 하며, 아울러 이해심도 많은 사람이어야 한다. 상관에 대한 조건이 까다로운 편이다.	다들 독립적으로 일을 하기 때문에 위계질서에 대한 생각 자체를 하지 않는다(자유직 또는 임시 이동직). 자기 혼자 압박을 기히는 경향을 보인다.(자신이 스스로의 매니저가 된다.)
핵심어	창의성, 공감, 편안한 삶	현실주의와 실용주의, 고용 형태에 대한 문제 제기	의무, 행동파, 과업, 해야 할 일.

- 이제 당신이 자신의 일에 부여하고자 하는 의미를 명확히 규명할 수 있었을 것이다. 자신의 '생존자' 프로필을 작성함으로써 이러한 깨우침을 좀 더 심화시켜 보자.

- 무엇이 당신의 발목을 잡고 있는가? 여전히 당신을 사로잡고 있는 회의감은 무엇인가?

- 어떻게 하면 그에 따른 영향을 줄일 수 있는가?

- 다시 일을 시작할 마음의 준비가 되었다고 생각하는가? 아니면 약간의 시간이 더 필요한가?

- 만일 그러하다면, 당신의 행보에 제동을 걸 수 있는 경고 신호들은 무엇인가?

- 만일 그렇지 않다면 다시 무대 위에 오르기 전 당신에게는 무엇이 필요한가?

- 당신이 쓸 수 있는 수단으로 무엇이 있는가?

• 앞으로 당신이 실현하고자 하는 이상적인 형태의 시나리오를 써 보도록
  하자.

  ★ 시간에 대한 관계: ┄┄┄┄┄┄┄┄┄┄┄┄┄┄┄┄┄┄┄┄┄┄┄┄┄┄┄┄┄┄┄┄┄┄┄

  ★ 일에 대한 관계: ┄┄┄┄┄┄┄┄┄┄┄┄┄┄┄┄┄┄┄┄┄┄┄┄┄┄┄┄┄┄┄┄┄┄┄┄┄

  ★ 직업적 발전에 대한 관점 및 선후배와의 관계: ┄┄┄┄┄┄┄┄┄┄┄┄┄┄┄

  ★ 타인에 대한 관계: ┄┄┄┄┄┄┄┄┄┄┄┄┄┄┄┄┄┄┄┄┄┄┄┄┄┄┄┄┄┄┄┄┄┄┄

  ★ 핵심어: ┄┄┄

  ★ 가치: ┄┄┄

☆ 번아웃 이후 내가 깨달은 교훈

앞으로의 꿈은 무엇인가? 미래에 대해 나는 어떤 예측을 하고 있는가?

┄┄

┄┄

┄┄

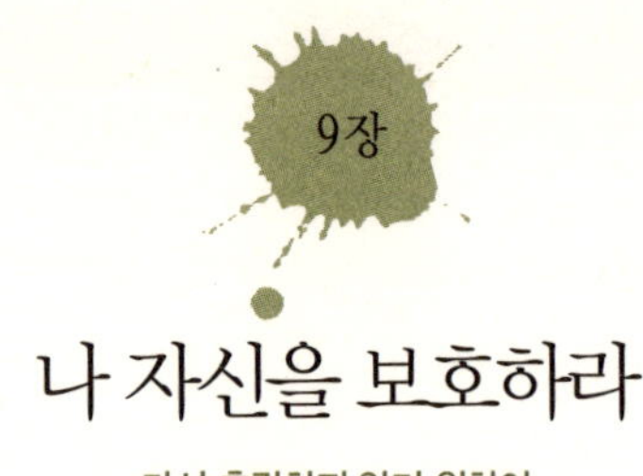

9장

나 자신을 보호하라

다시 추락하지 않기 위하여

> *"우리는 주춤거리면서 미래로 나아간다."*
>
> – 폴 발레리

직장에서 함께 일하는 사람들 중에는 번아웃 증후군을 경험하고도 다시금 번아웃 증후군을 향해 발길을 재촉하는 일만 골라서 하는 사람들이 있다. 이해하기 힘든 경우겠지만, 이들이 정상 상태를 회복하고 단기적·장기적으로 무엇이 자신의 생태 리듬에 맞는지 고민할 수 있도록 곁에 있는 사람들이 도와줄 필요가 있다.

새로운 균형점 찾기

번아웃 증후군 이후 새로운 자리를 모색하는 등, 단기적으로 가시적인 성과가 나오는 방향으로 해결책을 모색한다면 좌절감을 겪지 않을 수도 있다. 그리고 번아웃 증후군 경험자는 이러한 자신의 선택에서 무엇이 문제인지 인식하지 못할 것이다. 사회적 인정이나 재정적 안정 등 자신의 내적인 필요에 부합하는 즉각적인 만족감을 가져다주기 때문이다. 장기적 관점에서 보았을 때 (차기 번아웃 증후군으로 번질 수 있는) 이런저런 위험 요소를 내포하고 있더라도 어떤 상황에서는 이러한 방식이 당사자에게는 부득이한 선택일 수 있다. 이 사람은 그 선택이 자신에게 도움이 된다고 생각하며, 이 단기적인 만족감에 상응하는 수준의 이점이 눈에 보이지 않으면 다른 대안에 대해서는 고려하지 않을 수도 있다.

담배 피우는 사람의 예를 들어 보자. 담배가 몸에 해롭다는 사실은 흡연자 본인도 익히 알고 있다. 하지만 담배를 피우면 즉각적으로 긴장이 풀리고, 이에 더해 흡연자끼리의 사회적 유대 관계 형성이나 조직 내의 소속감 증대라는 부수적인 이점이 생기며, 담배를 통해 다시금 활력을 얻을 수도 있다. 따라서 (장기적 위험이라고 하는) 전체적인 건강의 측면에서 보았을 때에는 흡연이 부적절한 행동이라 할지라도, 흡연에 따른 부수적 이득(단기적 즐거움)은 그보다 더 만족스러운 결과를 가져다준다. 실험심리학에서의 사례도 있다. 예를 들어, 한 아이에게 사탕 하나를 보여 주고는 사탕을 먹지 않고 몇 분만 참으면 그 두 배를 주겠다고 약속을 하면, 아이는 사탕을 먹지 않고 참을 수 있다. 좌절에 대한 면역력은 사람마다 다르며, 이런 면역 체계는 꽤 어린 나이 때부터 저마다 다르게 구축된다. 어떤 사람들은 몇 달간의 기다림을 감내할 수 있고, 또 어떤 사람은 몇 주가 최대이며, 어떤 사람 몇 시간, 또 다른 사람은 불과 몇 분의 기다림만을 참을 수 있다. 따라서 이따금씩 우리는 비록 그 결과가 부정적일지라도 다른 어떤 기대에 부응하는 행동을 취할 수 있으며, 즉각적으로는 눈에 띄지 않는 어떤 필요를 충족시키는 방향으로 나아갈 수 있다. 이는 그렇게 심각한 문제는 아니다.

하지만 번아웃 증후군에 빠졌다면 문제는 좀 달라진다. 전반적인 '생태'가 기본적으로 어긋나 있기 때문이다. 적응 장애와 생태적·심리적·사회적 단절이 나타난다는 것은 삶의 어느 한 순간 정신과 신체 사이가 분리되었음을 의미한다. 물론 일시적으로 도를 넘어서거나 지나친 노력을 들였을 수는 있으나, 이러한 상황이 장기적으로 반복되면 불가피하게 새로운 (심리적·육체적·생리적) 장애나 증상이 발현할 수 있다.

번아웃 이후의 회복기에 스스로의 생태적 리듬에 맞게 일을 해 나가는 것은 무척 중요하다. 이는 번아웃 상태에서 탈출하기 위한 유일한 성공 요건이다. 그러니 나 자신의 목소리에 귀를 기울이고 스스로의 생태적 리듬을 존중하자. 새로이 세운 기준과 지표들이 그 자신의 생태에 부합하는지 알아보려면 일단 다음과 같이 자문해야 한다.

- 자신의 결심을 구체적으로 실행할 때 어떤 결과가 생기는가? 예를 들어 시간제로 일하면 급여가 줄어들 수도 있는데, 그에 대한 마음의 준비는 되어 있는가?
- 이 새로운 결정은 자신의 생태적 환경에 어떤 영향을 미치는가?

예를 들어 급여가 삭감되면 가족들의 여가 활동에 영향이 미치는 상황에서 가족들은 이를 이해할 준비가 되어 있는가?

번아웃 증후군을 겪은 후 직무에 대한 자신의 내성을 되찾으려면 자신의 내적인 생태 균형을 회복해야 한다. 이를 다음 방정식으로 정리할 수 있는데, 이 식은 특정 환경(가족이나 사회 등)이나 특정 상황(새로운 직업적 목표나 개인적 도전 과제 등)에 맞추어 끊임없이 조절된다. 이 식은 우리가 기본적인 요소들을 지켜 나가는 데에 도움을 준다.

$$\frac{\text{번아웃 이후의 상태 고려}+\text{자신이 필요로 하는 부분}+\text{가치와 역량}+\text{의욕}}{\text{새로운 기준}+\text{수단}+\text{목표나 도전 과제}} = \text{자신의 생태}$$

자기만의 방정식 풀어 나가기

얼마나 다양한 차원에서 복합적인 요소가 개입하느냐에 따라 방정식의 난이도는 달라진다. 앞에서 살펴본 담배의 예와 같이 부차적인 이득으로 마음이 쏠리면 부득이하게 곤란한 상황에 빠질 수 있으며, 개인의 생태적 균형을 맞추는 데에 영향을 미치는 요소는 비단 이뿐만이 아니다. 자신이 필요로 하는 것, 가치와 역량, 일에 대한 의욕이나 직업적 자질, 스스로 정해 놓은 새로운 목표 같은 여러 요소 사이에서 올바른 균형점을 찾도록 노력해야 한다.

한 사람이 주체적인 자기 삶의 방정식을 수립할 경우, 주위 사람들은 그에 상응하는 방향으로 생활을 조정해야 하며, 그 과정에서 간혹 기존의 이점을 포기해야 하는 경우도 생긴다. 예를 들어 아내가 저녁 및 주말 시간을 이용하여 강의를 들으면서 석사 과정을 이수하기로 결정한다면, 남편은 주말 장보기와 아이들 재우기 등의 가사 업무 분담에 협조해야 한다. 남편이 주 4일 근무제를 택한다면, 가족들은 그에 따른 소득 감소를 감당해야 하고 지출 부분도 재조정해야 한다. 이에 대해 가족 중 누군가가 반기를 든다면 가족 간에 갈등이 빚어질 수 있다. 가족 치료에서도 이러한 상호 작용의 역학적 요소를 고려하며 진행된다. 이처럼 우리가 무언가를 변화시키면 주변 환경 전체가 새로운 균형점을 모색해야 하고, 이것이 바로 항상성의 원칙이다. 이에 따라 우리가 내리는 결정 사항은 자기 자신은 물론 주변 사람들에게까지 그 영향력을 미친다.

어떤 결정이라도 결정을 한다는 것은 쉬운 일이 아니다. 여러 단계가 서로 맞물려서 어떤 결정이 내려지기 때문이다. 또한 단일한 인지적 과정으로 이루어지는 것도 아니다.

> ★ **결정의 과정에 필요한 열 가지 행동**
>
> 1. 자신이 무엇을 원하는지 **고려한다.**
> 2. 자신이 원하는 것이 생태적으로 자신에게 맞는 일인지 **확인한다.**
> 3. 다른 사람들에게 자신의 결심을 **알린다.**
> 4. 다른 사람들의 개입과 간섭에 과감히 **맞선다.**
> 5. 자신의 선택을 **설명하고** 자신의 논거를 지킨다.
> 6. 자신의 선택에 따른 책임을 **감내한다.**
> 7. 자신이 결정한 사항을 포기하지 않고 구체적으로 **실천한다.**
> 8. 자신의 선택에 따라 불거지는 갈등을 외교적으로 **해결한다.**
> 9. 자신의 결정에 맞추어 다른 사람들의 생태적 체계가 변화될 때까지 **기다린다.**
> 10. 얼마 후 처음으로 얻게 되는 이득을 **거두어들인다.**

이 열 가지 주요 행동 단계를 제대로 이행하는 과정에서 심리 코치의 도움이 필요할 수도 있다. 이번에는 스스로 결정을 내린 뒤, 자신의 결정이 위에 언급된 요소들에 부합할 수 있도록 해 보자.

EXERCISE 9.1 생태 균형 유지의 쟁점 알아보기

- 내가 내린 결정은 구체적으로 어떤 변화를 가져올 것인가?

  - 내게 일어나는 변화: _______________________________

  - 주위 사람들에게 초래될 변화: _______________________________

- 나의 결정으로 장차 나아지는 부분은 무엇이며, 어떤 이익을 실현할 수 있는가?

  - 나의 경우: _______________________________

  - 주위 사람들의 경우: _______________________________

- 나의 결정에 따라 초래될 위험 요인은 무엇인가?

  - 나의 경우: _______________________________

  - 주위 사람들의 경우: _______________________________

- 나의 결정에 따라 잃어버리는 부분은 무엇인가?

  - 나의 경우: _______________________________

  - 주위 사람들의 경우: _______________________________

- 결론: 손해를 감수하고라도 내가 얻게 될 부분은 구체적으로 무엇인가?

  1. _______________________________

  2. _______________________________

  3. _______________________________

  4. _______________________________

- 내가 새로운 행동을 취하게 될 경우, 무슨 일이 일어나는가?

  - 배우자의 경우: _______________________________

◆ 자녀/가족들의 경우 : ....

◆ 동료들의 경우 : ....

◆ 상사의 경우 : ....

◆ 직업 및 직위 면에서의 변화 : ....

◆ 역량/활동/임무 면에서의 변화 : ....

◆ 직업적 이력에 있어서의 변화 : ....

● 새로운 변화가 나의 환경에 미치게 될 영향은 무엇인가?

◆ 개인적 차원에서의 영향 : ....

◆ 직업적 차원에서의 영향 : ....

◆ 사회적 차원에서의 영향 : ....

◆ 경제적 차원에서의 영향 : ....

◆ 심리적 차원에서의 영향 : ....

◆ 건강적 차원에서의 영향 : ....

● 나의 결정을 지탱해 줄 요인은 무엇인가?

◆ 어떤 일이 있어도 흔들리지 않고 이 결정을 지탱해 줄 요인을 세 가지

만 적어 보자(내가 결코 포기할 수 없는 세 가지 기준의 마련).

1. ....

2. ....

3. ....

역량을 높이고 싶을 때 유의할 점

만일 잘나가다가 넘어졌다면 그것은 우리가 끝까지 나아가려 했기 때문이요, 우리에게 역량이 있다는 사실을 인지하고 있었기 때문이다. 넘어진 상태라도 우리가 스스로의 역량이라 생각했던 이 부분은 온전히 남아 있으며, 다만 우리가 겪은 상황에 따라 스스로의 역량을 의심하게 된 것뿐이다. 그러니 의심하지 말라. 우리의 역량은 사라지지 않는다. 우리의 역량과 자질은 우리 안의 보물과도 같아서, 이는 우리가 제3의 적에 맞서 소중히 지키고 보호해 나아가야 할 대상이다.

문득 자신의 역량이 부족하다는 생각이 들고 현재의 직위에서 직무를 수행하는 것이 불안하게 느껴진다면, 즐거운 마음으로 교육을 받도록 하자. 역량은 우리가 응당 받아야 할 교육의 여러 가지 힘을 바탕으로 얻어지는 것이다. 자신의 역량을 강화할 때 필요한 조건은 단 하나밖에 없다. 바로 컨디션이 좋아야 한다는 것이다. 사실 역량 강화를 위한 교육을 받으려면 일정 정도 시간을 투자해야 한다. 교육을 통한 역량 강화를 바탕으로 자신의 생태에 맞는 새로운 균형점을 찾아가게 되는 것이다. 그런데 직무 역량 강화 교육을 포기하는 사람들도 많다. 교육에 너무 오랜 시간이 걸리기도 하고, 또 교육을 받는 동안에는 주말에도 가족과 떨어져 있어야 하기 때문이다. 물론 맞는 말이긴 하다. 하지만 교육을 통해 역량을 강화하고 한 단계 더 성장하며 자원을 보충하고 새로운 사람들을 만날 수 있다는 이점이 있다면, 교육이라는 구조적 틀에 대해 긍정적으로 고민할 필요가 있다. 직업

세계에서의 투자는 그만큼의 대가를 치를 가치가 있다.

이 투자가 당신의 경력에서 실로 고무적인 역할을 할 수도 있고, 새로운 입지를 마련하는 데에 실질적인 도움을 줄 수도 있다. 다만 그러자면 역시 컨디션이 호조를 보여야 한다. 결국 모든 것은 하나로 귀결된다. 즉 자신의 몸과 마음을 다스리고 가급적 고용 조건을 살펴보며, (자원 재충전 및 교육이나 여가 활동, 긴장 이완 등) 자기 자신을 위한 시간을 마련함으로써 자신의 정신적·육체적 토대를 관리하는 것이다. 그렇게 해야만 우리는 몇 년 더 일할 수 있는 기력이 생긴다. 세계보건기구에 따르면 2020년경에는 병가 휴직의 제일 큰 원인이 바로 정신 건강과 관련된 질병이 될 것이다. 그러니 이 점에 유의하라. 물론 여론의 경각심을 일깨우기 위해 다소 엄격히 내다본 전망치일 수는 있어도 2020년은 그리 먼 미래가 아니다. 당신은 스스로를 지키기 위해 무엇을 고려하고 있는가?

EXERCISE 9.2 자신의 역량 알아보기

- 당신이 특히 자랑스럽게 여기는 역량은 무엇인가?
- 잠정적으로 당신에게 부족할지도 모르는 역량은 무엇인가?
- 이 모든 역량의 공통분모는 무엇인가?
- 이와 관련하여 당신이 스스로 내린 결론은 무엇인가?

새로운 기준과 관점으로 스스로를 돌보라

지난 7년간 내가 만났던 사람들은 대부분 자신의 머리 위에 다모클레스의 칼이 놓여 있는 듯한 느낌을 받는다고 토로했다. 예외가 있다면, 줄에서 떨어질까 무서워 멈추지 않고 계속해서 앞으로 나아가는 '아슬아슬 줄타기 유형'의 사람들 정도였다. 살아남기 위해 죽는 날까지 계속 고민하라는 것 외에 이들에게 무슨 조언을 할 수 있을까?

이제 전과 같은 기준이나 관점은 통용되지 않으며, 앞으로는 새로운 기준과 관점을 만들어 내고 이를 정립해 나아가야 한다. 직장이라는 곳은 우리의 정신 건강에 필요한 대인 관계가 구축되고 상호 작용이 일어나는 공간임을 잊어서는 안 되며, 이를 상식적으로 파악할 수 있어야 정신 건강이 제대로 유지될 수 있다. 그런데 이를 상식적으로 인지하지 못하는 데에서 문제가 생기며, 만성적인 위기의 상황에서 해마다 똑같은 이익을 실현해 내라고 하는 것은 사실 비상식적인 행동이다. 병가 휴직이 늘어나는 상황에서 연말에 두 배 더 열심히 일하라고 채근하는 것 또한 상식적인 행동은 아니다. 하지만 기업 경영진과 주주들은 우리가 자신들의 상식에 맞는 행동을 보여 주길 원한다. 경제적인 관점에서는 이들이 옳을 수도 있겠지만, 사실 이 두 세력 간에도 갈등은 존재한다. 서로의 구속 요건도 다르고 서로가 추구하는 목표 또한 다르기 때문이다. 하지만 우리는 모두 돈을 벌기를 원하고, 일자리도 유지하길 바란다.

그런데 실직 상태에 있는 것보다 어떻게 해서든 현재의 직업을 유지하고 있는 것이 과연 더 바람직한 일인 것일까? 구직자와 번아웃 피해자가 일과 관련한 고충을 바라보는 관점은 서로 다르다. 구직자와 번아웃 피해자 모두 일 때문에 고통을 받는 것은 맞지만, 각각 느끼는 고독감의 종류도 서로 다르고, 그에 따른 결과 역시 달라진다. 때로 이 두 가지 상황 모두 극도의 고통을 수반하지만 어쨌든 일이라는 것은 우리의 생존에 필요한 사회 활동이다. 구직자가 느끼는 고독감과 심리적 불안감은 사회적으로 더 극복하기 힘들다. 직장 내에서 심각한 우울증이 발병하거나 어떤 문제점이 행동으로 표출된다면, 이는 신문의 경제란이나 노동조합 동정란에서 다루어질 가능성이 더 높지만, 구직자의 고충은 사회면에 사소한 사건으로나 실리고 마는 것이 전부이기 때문이다. 우리는 신문의 어느 면과 더 가까운가? 이는 우리 사회의 안타까운 일면이지만, 그렇다고 두 손 놓고 모든 것을 포기할 필요는 없다.

방향키를 굳건히 잡아라

번아웃 증후군을 겪은 우리가 이제 해야 할 일은 방향키를 굳건히 잡고 바람과 파도에 맞서 배를 이끌고 나아가면서, 여력이 된다면 주위 사람들이 번아웃 증후군에서 벗어날 수 있도록 돕는 것이다.

- 우리의 소중한 직무 역량은 우리와 같은 배 위에 있으며,
- 우리의 생태적 균형은 다시 조절된 상태이고,

- 주변 사람들은 그동안 우리가 무슨 일을 겪었는지 알고 있으므로 이제는 모두가 나의 상황과 연루되어 있는 셈이다.
- 이제 우리는 더 이상 혼자가 아니지만, 자신에 대해 스스로 책임을 져야 한다.
- 필요하다면 우리는 경고 체계도 발동해야 한다.

■ 번아웃 회복기의 지향점

번아웃 증후군에서 어느 정도 회복된 상태라면 일단 이에 대해 축하 인사부터 전해야 할 듯하다. 그동안 당신이 걸어온 여정이 그리 녹록지는 않았을 것이기 때문이다. 당신의 회복 상태가 어느 정도인지 알아보기 위해 〈그림 9.1〉 위에 당신의 회복 경로를 대입해 보길 바란다. 번아웃 증후군 극복에 영향을 줄 수 있는 여러 가지 역학적 요소들을 요약해 놓은 이 그림은 빙산의 이미지를 바탕으로 한 것이다.

- 보이는 부분: 사회적 공간
- 보이지 않는 부분: 내면적 공간

〈그림 9.1〉에서 왼쪽에 배치된 '패배의 시간'은 회사나 조직에서 낙오되고 도태된 시간을 의미한다. 추락의 시간은 다소 길고 갑작스럽게 느껴질 수 있다. 이와 관련해서는 개인적인 경고 신호 및 사회조직적인 차원에서의 경고 신호에 관련된 2장의 내용을 참고하도록 한다. 회복기에는 일정한 흐름으로 더디게 시간이 진행되며, 일에서 물러나 휴식의 공간에서 시간을 보낼 수도 있고, 고민과 성찰의 공간에서 자

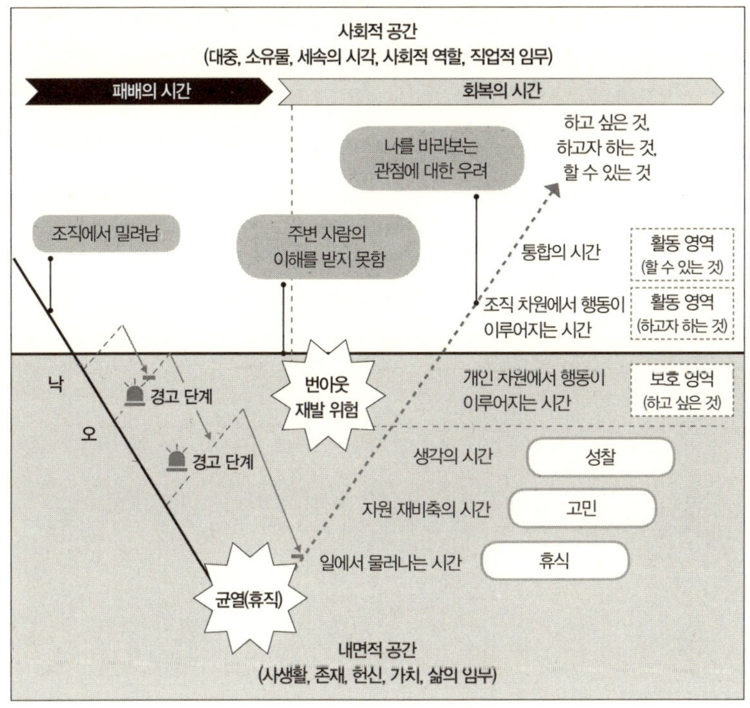

| 그림 9.1 | 번아웃 회복기의 지향점

원 재비축의 시간을 보낼 수도 있다.

하지만 하고자 하는 대로 할 수 있는 시기에도 다시금 무대 아래로 떨어질 가능성은 얼마든지 존재한다. 이 시기는 자기만의 내면적인 공간에서 벗어나 다시금 사회의 테두리 안으로 들어가는 때이니만큼 외부로의 노출이 이루어지는데, 이 과정에서 모든 것이 너무 빠르게 진행된다면 사회적 노출에 의한 위험이 따를 수 있다. 다시 회사로 돌아가 일하고 싶어 하는 욕구는 충만해 있는 상황이지만, 자기 자신을 보호할 공간이 충분하지 못하거나 아예 존재하지 않으면 다시 번아웃 상태로 추락할 수 있기 때문이다. 따라서 보호 공간을 경영 팀이나 인사과에서 마련해 주면 좋겠지만, 실질적으로 그렇게 보호 장치를 마련하는 회사는 별로 없다. 그리고 근로자 중 누군가가 번아웃 증후군을 겪게 되더라도 그에 따른 후속 조치는 전무한 것이 현실이다. 유럽 지역의 인근 국가나 일본, 캐나다 등지의 기업들과 마찬가지로 프랑스 기업들도 적절한 예방책은 마련해 두지 못하고 있다. 기업들은 그저 최악의 경우에 대한 대비책만 세워 둔 상태이다.[1]

■ 새로운 구심점의 모색: 에토스 경계선과 일의 중요성

5장에서 우리는 '에토스 경계선'이라는 것이 실제로 존재할 수 있음을 살펴보았다. 정신적 측면에 해당하는 '윤리학^{éthique}'과 가치적 측면의 개념인 '에토스^{ethos}'는 서로 엄연히 다른 개념이라는 것에 유념하자. 그동안 우리가 겪어 온 일련의 번아웃 사태들은 일정 기간 우리의 에토스 체계에 문제가 생긴 것이며, 이는 윤리의 문제와는 뚜렷이 구분된다. 에토스 체계에서는 가족과 함께 할 수 있는 시간이 줄어든 것에 대해 문제의식을 갖는 반면, 윤리 체계에서는 "내가 여기에서 지금 무엇을 하고 있는 것인가?" "내가 여기서 이러면 안 되지." "내가 왜

---

1 Lerouge Loïc, *Les risques psychosociaux en Eurioe, en Amérique du Nord, au Japon – Analyse jurisprudentielle*, L'Harmattan, 2013.

이렇게 말도 안 되는 일을 하고 있는가?"에 대한 문제를 제기하기 때문이다. 번아웃 이후 회복 과정에서는 반대의 상황이 벌어진다. 가치 체계가 일시적으로 사라진 상태이므로 무언가에 대한 평가를 내리거나 결단을 내리는 것이 어려워져 윤리 체계에 문제가 생기고, 에토스 체계가 다시 가동되어 시간과 기력의 안배를 시도한다. 이에 따라 "내가 나의 삶에서 정성을 쏟을 수 있는 부분은 무엇인가?" "다른 사람들을 위해 내가 역량을 발휘하여 잘 해낼 수 있는 부분은 무엇인가?" "내 이력서를 통해 확인할 수 있는 내 삶의 임무는 무엇인가?" 등에 대한 고민이 이루어진다.

이렇듯 윤리 체계와 가치 체계가 역전되는 과정에서 우리는 일의 의미에 대해 질문을 던진다. 우리가 제대로 일을 할 수 없게 된 이유를 규명해 가는 과정에서 자신이 일을 할 때 무엇을 중점적으로 생각하는지에 대해서는 이미 답이 나왔을 것이다. 이에 따라 우리는 장차 어떤 식으로 자신의 일을 조직해 나아갈 것이며, 개인적으로 우선해야 하는 부분은 무엇인지에 대해 고민해 보고 문제가 있는 부분을 수정해 간다. 예를 들어 시간제 근무를 선택한 사람의 경우에서는 일이 차지하는 위치가 달라진 것으로, 앞으로 이 사람의 삶에서 일은 이전보다 더 적은 비중을 차지한다. 그러므로 우리의 삶에서 일이 차지하고 있던 중심적 위치 또한 뒤로 밀려난다. 캐나다에서 이루어진 다니엘 메르퀴르^{Daniel Mercure}의 연구[2]에서는 일의 주된 목적에 대해 서로 다

---

2 Mercure D., Meda D., *La signification du travail. Nouveau modèle productif et ethos au travail au*

른 두 가지 유형으로 분석한다.

- 경험적 유형: 체험, 존재, 행위 등을 중시
- 도구적 유형: 경제적 측면, 일을 통해 얻게 되는 소유물과 일을 통해 나타나는 자신의 모습 등을 중시

어디에 중심을 두느냐에 따라 우리의 삶에서 일이 차지하는 위치 또한 달라지며, 번아웃 증후군 시기를 어떻게 보냈느냐에 따라 일의 자리도 새롭게 정의된다. 이는 일을 대하는 우리의 마음이 달라졌음을 의미하며, 자신의 현실을 현재의 자신에 맞게 재조정하는 것을 뜻한다.[3]

예를 들어, '이해받지 못한 예술가 유형'에 속하는 사람들은 이제 자신이 맡고 있던 업무 분야를 통해 자신이 정의되는 상황을 거부한다. 경제적인 목적이 그의 삶에서 차지하는 비중 역시 번아웃 이전과 달라진다. 프랑크는 국제적인 대기업에 사표를 던졌고, 소피안은 해외 주재원 자리를 버리고 프랑스로 돌아왔다. 쥘리 또한 직무 활동 분야를 바꾸기 위해 사표를 썼다. 이들은 모두 급여가 줄어드는 것을 감수하면서 무언가를 '소유'하기 이전에 '존재'하는 길을 택했다.

'마법이 풀린 야심가 유형'에 속하는 사람들은 자신에게 주어진 직업적 책임감의 일부를 버리고, 개인의 정체성에 있어 중요한 것의 가치를 재인식하는 부분에 더욱 초점을 맞추었다. 이제 일은 이들의 정

<hr>

Québec, Press Universitaire Laval, 2010.

3 Watzlawick P., *La réalité de la réalité*, Seuil, 1984.

체성 구축에서 큰 비중을 차지하지 않으며, 이들의 시각에서 일은 여전히 중요하지만 그저 정체성의 균형을 잡는 데에 기여하는 정도로 입지가 축소된다. 셀린은 한 곳에 정착하여 근무하겠다는 생각을 버리고 보직을 변경했고, 이 안정적인 느낌이 스스로에게 얼마나 필요한 것이었는지를 한층 더 실감하고 있다. 파스칼, 프리실라, 발리는 책임직을 포기하고 새로운 업무를 찾았으며, 티나는 컨설팅 사무실에 사표를 내고 난 뒤 프리랜서 일을 시작하면서 자신이 직접 고객을 선택했다. 프리다는 대기업의 경제 논리와 완전히 단절하고 협동조합 형태의 기업에서 새로운 형태의 일에 투신했으며, 울리케는 유럽 지부에 사의를 표하고 새로운 고용주와 주 4일제 근로 계약 협상을 진행했다.

'아슬아슬 줄타기 유형'의 사람들은 경제적인 관점에서나 체험적인 관점에서나 일을 여전히 중심에 놓는다. 번아웃 승후군에 대한 기억을 의식하고 있는 상태에서도 이들에게는 이 두 가지 관점이 여전히 중요하다. 예를 들어 프리랜서로 일하는 클레망틴과 클레르, 스마흐엘에게는 매출액과 생계가 서로 불가분의 관계에 놓여 있기 때문이다. 하지만 발리는 법적 전문성을 유지하고 있어야 직업 현장에서 살아남을 수 있다고 생각하는 것 같았다. 막심과 마크, 미셸 등은 경고 신호가 오고 번아웃 불길의 화염이 느껴지는 상황에서도 미친 질주를 계속했다.

모든 경우에 번아웃 경험과 번아웃 회복 단계는 일의 (내재적) 목적이 일의 (맥락적) 중요성보다 비중이 크다는 사실을 재차 확인시켜 준다. 일의 목적이 일의 중요성보다 더 구조적 차원의 문제일 것이기 때문이다.

이제 판도는 바뀌었고, 가치 체계에도 변화가 생겼으며, 기대하는 바도 달라졌다. 일의 중요성은 외적 요인(근로 조건이나 회사 조직 등)에 따라 달라지며, 일의 목적은 내적 요인(건강 상태나 사생활 등)에 따라 달라진다. 인지심리학[4] 및 인사 관련[5] 연구 학자들은 내적인 동기 요소(일의 의미나 소명 의식, 가치 체계, 사회적으로 쓸모 있는 사람이라는 느낌 등)가 외적인 동기 요소(급여나 물질적 이득, 보너스 등)에 비해 더 지속성을 갖는다는 의견을 내놓는다. 게다가 이 점과 관련하여 이번 조사를 위해 내가 만났던 정신 보건 전문가들은 "그릇이 없는 상태에서는 내용물을 담을 수 없다."라고 말했다. 이는 더 볼 것도 없는 진리가 아니겠는가!

■ 미래에 대한 대비

번아웃 증후군은 해당 근로자 또는 사업자의 직업적 경로에 그 흔적을 남기게 마련이다. 내가 만났던 모든 사람들에게도 번아웃 증후군은 미래의 일에 영향을 미치는 뚜렷한 기억으로 남아 있었다. 그렇다면 이를 감안하여 번아웃 회복 단계를 구조적으로 더욱 탄탄히 다

---

4 Charles Henri Amherdt, *Santé émotionnelle au travail*, Demos, 2005.

5 Marcus Clifton Donald Buckingham, *Découvrez vos points forts*, Ed. Pearson, 2008.

져 나감으로써 새로운 직무 정체성을 도출해 낼 수 있는 단단한 그릇을 만들기 위해 우리가 해야 할 일은 무엇일까?

번아웃 회복기의 시간은 더디게 지나간다. 번아웃 피해자들은 상대적으로 긴 시공간의 세계에서 살아가며, 그들에게 번아웃 이전과 이후는 시기적으로 확연히 구분된다. 기억 속에 저장된 이 정지 화면은 이들의 생애 중 일부로 기록되고, 직업적 이력에도 분명히 그 흔적을 낚긴다. 그러므로 번아웃 이후 시간에 대한 인식 방법은 확실히 달라지며, 그러한 시간의 인식에 따른 특정한 공간 속에서 상황이 진행된다.(예를 들어 일에서 물러나 있는 시기에는 휴식의 공간에서 시간을 보내는 것이 적절하고, 자원을 비축하는 공간은 자원 재비축의 시간과 어울린다. 보호 공간에서는 스스로를 바로 세우고 자신이 하고자 하는 것을 행할 수 있는 시간을 마련해 준다.) 따라서 번아웃 이후 모든 것을 하나하나 새로 구축하는 것처럼 고민과 논의를 바탕으로 새로운 직부 공산을 마련해야 한다. 즉 사회적 차원에서 또는 경영 관리 차원에서의 지원이 이루어져야 한다는 말이다. 다만 애석하게도 오늘날 직원들에게 이런 배려를 제공하는 회사는 그리 많지 않다.

앞으로 인사본부에게는 번아웃 경험자라고 하는 새로운 직원 유형의 특성을 고려하는 것이 매우 중요한 일이 될 것이다. 이들은 직업적으로나 개인적으로나 다시금 자신의 정체성을 구축하는 단계에 있는 사람들이다. 번아웃 피해자와 조직 전체에 중요한 것은 무슨 일이 일어날지 모르는 '불특정 미래'와 앞으로 다가올 피할 수 없는 '예정된 미래' 사이의 근본적인 차이를 인식하여 각자의 역량과 상태를 예측

한 미래형 경영을 도입하는 일이다. 불특정 미래는 우리가 나아가는 미래 지향점을 의미하는 것으로, 앞으로 우리가 정복해야 할 미래, 현재의 다음 단계로서의 미래를 가리킨다. 직무 연한이 늘어나거나 특정 역량의 부족, 고용에서의 취약성 등이 불특정 미래에 포함된다. 그에 반해 예정된 미래란 우리에게 닥칠 미래, 우리가 수용해야 할 미래(또는 숙명)를 뜻한다. 예를 들어 번아웃 증후군 피해자들의 재편입 문제나 연차 관리, 사회심리적 위험 예방, 남녀의 고용 성비 문제 등은 이 후자에서 이야기하는 예정된 미래에 속한 문제들이다. 따라서 인사본부의 여러 가지 당면 과제들은 대부분 이 예정된 미래에 속한다. 하지만 이 문제들을 효과적으로 처리해 나갈 준비가 되어 있는 인사본부가 얼마나 되겠는가? 우리는 이 두 가지 미래의 미묘한 차이를 고려하여 미래를 예측하고 이에 대비해야만 한다.

| 표 9.1 | **불특정 미래와 예정된 미래의 차이(Mercure, 2010)**

예정된 미래	불특정 미래
자신에게 앞으로 닥친 미래 자신에게 일어날 수 있는 미래	자기 힘으로 어쩔 수 없이 다가오는 미래 자기 앞에 놓인, 그러나 일어나지 않을 수도 있는 미래
수용하거나 운명적으로 받아들임 적극적으로 기다리거나 수동적으로 체념 예방, 예측 가능	정복하거나 도달해야 할 목표로 인식 단계와 절차 수립 필요 조심스럽게 예상

새로운 직장 생활에 나서며

"내일의 모든 꽃은 오늘의 씨앗에서 피어난다."

– 중국 속담

번아웃 증후군을 극복했다면 이제 당신은 업무 전선의 위기로부터 구조된 생존자라 할 수 있다. 바라건대 당신이 이 책의 도움을 통해 번아웃 증후군에서 회복된 상태였으면 좋겠다. 하지만 번아웃 상태에서 회복되는 것은 그 자체로서 목적이 될 수 없다. 앞으로의 나날들이 지금보다 더 나을 것이라는 장담은 할 수 없지만 그래도 이제는 무슨 일이 생기든 상황을 파악하는 자기만의 방식에 따라 좀 더 효과적으로, 좀 더 현명하게 대처할 수 있을 것이며, 자신의 경계선과 한계선을 명확히 지킴으로써 삶의 리듬을 유지해 나갈 수 있을 것이다.

이러한 결론은 새로운 삶으로 들어가는 '시작점'이다. 이제 그 무엇도 전과 같지 않을 것이기 때문이다. 이는 이 책을 읽은 독자들도 어느 정도 느끼고 있었을 부분이다. 내가 만났던 사람들 가운데 일부는 전과 '완전히' 달라졌다는 표현을 쓰기도 했다. 이 책의 뒤를 이어 쓰는 일은 이제 독자들 자신의 몫이다. 고개를 꼿꼿이 세우고 자신의 가치관과 업무 감각에 의지하여 험난한 태풍을 이겨 낸 독자들 모두에게 박수를 보낸다. 앞으로도 우리는 이를 바탕으로 여러 가지 충격파를 견뎌 낼 것이다. 물론 안타깝게도 업무 기력을 추스르지 못하여 번아웃 증후군에서 헤어 나오지 못한 사람들도 있을 것이다. 하지만 이 책을 읽은 독자들 가운데에서 언젠가는 자기만의 보호막을 찾아내고 에토스 경계선을 뛰어넘어 다시금 즐겁게 업무 현장을 자유자재로 넘나드는 사람들이 나오길 바란다.

자기 코칭 훈련은 모쪼록 앞으로도 계속 유지하길 권유한다. 이는 우리의 보조 기억 장치이자 예비 안전 장치로서, 우리가 일을 하면서 또다시 폭주하게 될 때 그 위력을 발휘할 것이다. 그리고 다시 번아웃 증후군에 빠지지 않으려면 일을 할 때 무엇이 필요한지에 대해서도 답을 찾아내야 하고, 우리가 주위 사람들이나 가족들을 위해 챙겨 줄 수 있는 부분이 무엇인지에 대해서도 생각해 봐야 한다. 이러한 질문들에 대해 답을 하기가 쉽지는 않겠지만, 상식적으로 생각하면 본질적인 해답이 보일 것이다.

이제 우리는 다시 무대 위에 올라 자신이 맡은 역할을 펼쳐 보일 것이다. 이로써 자신에게 주어진 일을 수행하는 한편, 이 일에서 즐거움까지 맛볼 수 있기를 기대한다. 우리의 능력과 역량은 그동안 우리가 이를 십분 발휘해 주길 기다리고 있었다. 그리고 이제는 역량을 조심스럽게 펼쳐 보이되, 이를 허비해서도 안 되고 또한 불가능한 것을 얻고자 자신의 기력을 쓸데없이 소진시켜서도 안 된다. 아니라고 말해야 할 때에는 과감하게 아니라고 말하라. 이 또한 처음에는 어려울 것이다. 괜히 자신이 능력 없는 사람으로 보일까 두려울 것이기 때문이다. 하지만 우리는 스스로의 능력을 이미 입증해 보였다. 우리는 그저 한동안 일을 멀리했을 뿐이며, 이게 곧 자신의 능력이 사라졌음을 의미하지는 않는다. 거절하는 훈련은 스스로 세워 둔 계획에 따라 차근차근 번아웃 회복 단계를 밟아 가는 것에 불과하다. 아니라고 말하는 것은 곧 그 자신을 존중받게 만드는 방식이다. 심리 코치나 치료사 또한 이와 같은 이야기를 들려줄 것이다. 무언가 새로운 프로젝트에 대한 제안이 들어오면 이에 대한 답변을 건네기 전에 충분히 고민하고 생각하라. 자신의 현실 원칙은 무엇인지, 스스로의 행복 방정식은 무엇인지 늘 생각하고, 이 일이 자신에게 적합한지, 스스로의 생태에 맞는 일인지도 충분히 고민하라. 모든 것은 균형 잡기의 일환이며, 자신의 생태적 균형에 위배되지 않는 일이라면 우리는 직장에서 언제든 'OK' 사인을 보낼 수 있다.

인사본부 담당자에게

"미래는 꿈을 펼쳐 보이기 위한 최적의 장소이다."

– 아나톨 프랑스

번아웃 피해자들이 다시 처하게 되는 현실, 즉 사내 조직이나 업무팀, 근로 조건 등의 사내 환경과 배우자의 지지, 통근 거리, 교통 사정, 고용 형태 등 개인의 상황은 번아웃 경험자들이 다시금 자신의 직무 정체성을 구축하고 이를 공고히 하는 일에서 중요한 역할을 한다. 그들이 정체성이 확고히 자리를 잡으려면 회사도 이에 보조를 맞춰 주어야 한다. 개인의 삶에서 일이 차지하는 위치와 역할이 번아웃 극복에 탄력을 부여해 줄 수 있다면, 장기적으로 이러한 기여가 어떠한 결과를 가져올지 상상해 보라. 회사 밖에서 자기 자신을 추스르며 기력을 회복하는 것이 개인의 몫이라면, 회사는 조직 내 경영 방침이 직원들에게 미치는 영향력에 대해 고려해야 한다. 회사의 문제 있는 경영 방침이 번아웃 증후군의 원인이 될 수도 있지 않겠는가? 번아웃 증후군을 겪고 돌아온 직원들이 좀 더 수월하게 사내 환경에 편입될 수 있도록 힘쓰는 것이 회사의 역할 아닐까? 회사의 인적 자원 경영 방식에 대해서, 회사의 자본과 사내 역량 자원의 관리 방식에 대해서 의문을 제기할 부분은 없는가?

조직 차원에서의 자발적 지원에 거는 기대

스스로 행동할 수 있는 능력인 '행동 능력'[1]의 보유는 이 책의 후속 단계가 될 수도 있다. 직무 활동에 대해 임상적으로 접근하면 개개인이 가진 보석 같은 재능을 바탕으로 더욱 쉽게 직무 활동에 대한 이해를 할 수 있다. 근로자가 처한 현실과 근로자가 실현할 수 있는 일이 명확해지기 때문이다. 미리 할 일을 정해 두는 것만으로는 충분하지 않다. 행동 능력은 근로자가 개개인의 블랙박스 안에서 발전하거나 쇠퇴하기 때문이다. 따라서 이러한 능력이 발현, 유지, 지속될 수 있는 조건들을 확보해 주어야 하며, 번아웃 증후군을 겪은 이후라면 다시금 이를 회복할 수 있도록 환경을 조성해 주어야 한다. 또한 사내 인적 자원 관리에 대한 노르베르 알테르^{Norbert Alter}의 연구에서처럼 다시금 여러 사람과 공동으로 일할 의욕을 부여해 주는 것이 중요하다.

근로자가 자신의 능력을 펼쳐 보일 수 있는 공간을 조성하고 창의

---

1 Yves Clot, *Le travail à cœur : pour en finir avec les risques psychosociaux*, La Découverte, 2010 및 Bruno Maggi, "Théorie en clinique de l'activité," *Interpréter l'agir : un défi théorique*, PUF, 2011 참고.

력이 발현될 환경을 만드는 것은 시급하고도 중요한 과제이다. 이는 직장 내 정신 건강의 유지를 위해서도 꼭 필요한 조건이다. 번아웃 증후군을 겪은 사람들의 후일담에서도 이러한 의견이 종종 등장한다. 번아웃 증후군이 지나고 난 다음에는 새로운 무언가를 하고 싶다는 의욕이 생겨난다. 보호막이 쳐진 공간에서 스스로 이런저런 활동을 펼쳐 보이는 시기가 오는 것이다. 그다음에는 2차적으로 조직적 행동의 시기가 도래하는데, 번아웃 회복기에 있는 근로자의 노력이 결실을 맺을 수 있으려면 인사본부와의 연계 아래 조직 차원에서의 자발적 지원이 이루어져야 한다. 이후 이렇듯 호의적이고 적극적인 업무 환경이 지속되는 가운데 번아웃 피해 근로자의 직장 내 편입 시기가 도래한다. 일의 의미를 추구할 때나 일의 중요성을 정의할 때나 이 시기는 번아웃 회복기의 근로자와 인사본부 모두에게 공통된다.

조직적 차원에서의 이러한 단계적 노력은 그동안 번아웃 회복을 위해 걸어온 길이 어느 정도인지 가늠하게 해 주며, 아울러 회사와 근로자 모두에게 능력 발휘를 위한 '회복 및 재창조'의 선순환 구조를 열어 준다. 하지만 안타깝게도 모두가 그 역량을 발휘할 수 있기 위한 이 단계적 노력은 인사본부 관리자의 머릿속에 들어 있지 않다는 것이 번아웃 경험자 다수의 증언이다. 다시 회사로 돌아간 사람들 중에는 잘하고자 하는 의욕과 열심히 자기 경력을 쌓아 가고자 하는 의지를 자기 혼자서만 느낀 경우가 많았다. 좀 더 건전한 직장 환경을 조성하고자 한다면 각 회사 및 조직에서는 내부의 구조를 시급히 검토해 볼 필요가 있다.

일을 통해서도 얼마든지 회복 가능하다

이 책에서 진행한 연구는 대개 번아웃 증후군을 성공적으로 극복한 사람들을 관심의 대상으로 삼고 있지만, 그래도 일단은 일이라는 행위가 정신 건강의 보호 및 회복을 위한 한 요소임을 확인시켜 준다. 내가 만났던 번아웃 피해자들은 다시 직장으로 돌아가고 싶다는 이야기를 많이 했다. 일하는 자신의 모습을 그려 보는 것은 번아웃 회복 단계의 일부이자 현실 원칙의 반영이기도 하다.

행동 능력과 직무 활동은 그 자체로 번아웃 예방을 위한 한 가지 요인이자 원천이며, 나아가 사내 차원에서의 정신 건강을 도모하는 길이기도 하다. 하지만 대개는 이런 개념을 중시하기보다는 제대로 된 직무 수행이 이루어지지 않는 부분에 대해 비난하기 바쁘다.

이는 또한 소통의 중요성을 강조하는 것이자 소통의 행위를 중요시하는 것이기도 하다.[2] 즉 회사 차원에서의 엄정함과 정확성, 성실함에 기대는 경영 중심의 논리에서 탈피하여 모두의 논의에서 비롯된 정책적 의지가 부각되기 위한 환경을 조성해야 한다는 뜻이다. 직원을 생각하는 경영자의 미덕과 소통 중심의 사내 분위기 조성, 조직의 변화를 위한 용기 등이 기반이 될 때 사회적 상호 작용은 협상과 논의를 바탕으로 서로 조율해 나아갈 수 있으며, 더욱 차원 높은 번아웃 탈출법을 확립하는 동시에 번아웃이 남긴 교훈을 되새길 수 있다.

---

2 Jurgen Habermas, *Théorie de l'agir communicationnel*, Fayard, 1981..

다시 일을 사랑하기 위하여

맨 처음 출판 번역 계약서를 작성한 것이 2006년 3월의 일이었으니, 내가 번역 일을 시작한 지도 조금 있으면 만 10년이 된다. 중간에 일을 그만두거나 쉰 적이 없었으므로 근 10년 가까이 계속해서 한 가지 일만 해 온 셈이다. 일을 시작하고 나서 초반 3년 동안은 감히 이 일이 '좋다'고 말했다. 이후 3년 동안은 이 일이 '싫지 않다'고 이야기했던 것 같다. 그리고 7년차, 8년차부터는 내 입에서 슬슬 이 일이 '싫다'는 단어가 나오기 시작했다. 왜 그랬을까?

9년차의 막바지에 이 책을 맡아 번역하면서 그 질문에 대해 내가 찾아낸 답은 바로 '번아웃'이었다. 일을 시작한 지 10년이 가까워지면서는 사실 전과 다른 업무 습관이 차츰 자리를 잡고 있었다. 초창기만 하더라도 매일 아침 8시에 동네 도서관에 가서 노트북을 켜고 하루 작업을 시작했으며, 하루 8시간 근무 시간을 다 채우고 난 뒤에는 '야근'까지도 서슴지 않았다. 일을 시작하면서 제일 먼저 가슴에 꽂힌 조언은 "자기 관리를 철저히 하지 않으면 안 된다."라는 것이었기 때문이다. 하지만 언젠가부터 일을 마치는 날짜를 조금씩 미루는 내가 보였으며, 하루 8시간 근무제도 흔들리기 시작했다. 언젠가 마감을 한 달 미루고 나서 한숨 돌리며 안도하는 내게, 어느 번역가 선생님께서 "그 한 달이 두 달 되고, 두 달이 석 달 되는 거 금방이에요."라고 하신 적이 있었는데, 그 말이 차츰 현실이 되어 가고 있었다.

칼같이 마감 날짜를 지키며 꿋꿋이 자기 관리를 해 나가던 내가 왜 그렇게 되었을까? 나는 이 책에 한 사례로 등장할 수 있을 만큼 확실한 번아웃 상태였다. 지난 10여 년간 나 스스로가 내 자신을 하얗게 불태워 버려 더 이상 일할 기력이 남지 않은 상태였던 것이다. 그래서 어느 시점부터는 해를 거듭할수록 일의 능률이 오르기보다 점점 더 바닥으로 추락했고, 언제까지 하면 마감이 끝나리라는 가늠도 할 수 없었다. 10km를 달리고 난 후에도 여전히 1km 때의 속도를 유지할 수 있으리라 착각하고 있던 나는 그야말로 번아웃 중증 '환자'였던 셈이다. (이 책에서는 번아웃 당사자에 대해 '환자'가 아닌 '피해자'라는 표현을 쓰고 있는데, 번아웃 '환자'라고 하면 모든 문제를 개인의 문제로 치부하여 사회나 회사의 책임을 면해 줄 여지가 있기 때문이다. 하지만 프리랜서인

내 경우는 내가 곧 사장이자 직원이라 모든 문제의 책임이 나 자신에게 귀결되므로 나에게 한정해서는 '환자'라는 표현을 쓰기로 한다.)

이 책을 작업하면서 나는 내 상태에 대해 '인식'하고 '인정'할 수 있었다. 10km 장거리를 뛰고 난 상태이니 앞으로 10km를 더 뛰려면 속도 조절이 필요하다는 사실을 깨달았고, 그동안 위신과 체면을 세우기 위해 내 안의 목소리를 외면한 채 나 스스로를 혹사하고 있었다는 사실도 새삼 깨우쳤다. 번아웃 상태에서 만난 이 책은, 번아웃 증상 때문에 그 어느 책보다 마감이 힘들었지만, 번아웃 이후의 내가 어떻게 해야 할지 알려 주는 소중한 지침서가 되었다. 이 책의 저자는 내게 앞으로 더 길게 일하려면 더 적게 일을 해야 한다는 교훈을 남겨 주었다. 더 빨리, 더 많이 일해야 하는 우리의 근무 환경에서는 쉽게 와 닿지 않는 말이겠지만, 직원이자 사장으로서 내가 나라는 직원을 지켜보았을 때 느끼는 것은, 나를 더 오래 일하도록 만들려면 더 적게 일을 시킬 수밖에 없다는 결론이었다. 내 경우에는 직원이 평생 나 하나뿐이라서 대체할 직원이 없다는 맹점이 있기는 하지만, 대체할 계약직 사원이 널린 회사의 경우라도 새로운 직원을 뽑고 교육하여 그 자리에 채워 넣는 일련의 비생산적인 과정을 반복하느니 숙련된 직원을 더 오래 쓰는 편이 장기적으로는 더 이득일 것이다.

하지만 안타깝게도 휴가와 휴직이 곧 퇴직의 동의어인 우리의 기업 풍토에서 번아웃 증후군이라는 '사치스러운' 핑계는 쉽게 받아들여지지 않는다. '번아웃 증후군'을 호소하면 곧 '경쟁력 없는 나약한 게으름뱅이'로 낙인찍혀 다른 회사로 이직하기조차 힘들 것이기 때문이다. 하지만 직장인 열 명 중 여덟 명이 번아웃 상태에 놓여 있다는 조사 결과가 있을 만큼 번아웃 증후군은 이제 우리가 진지하게 고민해야 하는 또 하나의 현대병이 되었다. 비만이나 우울증, (환경의 영향으로 인한) 비염, 알레르기와 마찬가지로 이제 번아웃 증후군을 구성원 대다수가 시달리는 '흔한' 질병으로 인식해야 하는 것이다. 더욱이 이는 본인 스스로의 업무 습관만을 탓할 수도 없고, 과도한 업무를 강요하는 회사와 사회 분위기에 그 1차적인 책임이 있기 때문에 전체적인 사회 차원에서의 각성이 필요하다.

이 책을 통해 번아웃 증후군에 대한 사회적 인식이 확산되고 모두에게 정당한 휴가가 충분히 제공될 수 있다면, 대한민국이 피로사회라는 오명을 벗고 행복한 사회로 도약하는 계기가 될 수 있지 않을까? 나 또한 당분간은 "더 적게 일해야 더 오래 일한다."라는 말을 모토로 삼아 업무 강도를 낮춰 볼까 생각하고 있는 중이다. 그래야 다시금 이 일이 좋아질 수 있을 테니까.

옮긴이 배영란

도움이 되는 주체	역할	곁에서 맡아 주어야 할 부분과 맡아 줄 수 있는 부분에 대해 환기
직장 동료	경청 및 격려	위험 상태에 빠졌을 경우 이를 지적하고 미리 알림
가까운 선임	자신의 업무 수행에서 바람직한 환경이나 조건에 대한 조언(수단과 목적 등)	직업적인 어려움에 대해 함께 이야기를 나누면서 근로 조건 조정
인사본부	산업 전문의의 지적과 경고를 고려 자신의 직무 자질 및 건강 상태에 맞는 업무를 조절할 수 있는 권위 기관	산업 안전 및 보건 상태 준수
사회복지사	고용, 보건, 주거, ·가족, 재정 면에서 근로자의 어려움을 해결할 수 있는 임시 해결책 모색	정보 제공
촉탁의 (산업 전문의)	직무 적성 평가 직장에서의 (신체적 · 정신적) 건강 상태 확인 인사본부에 직원 상태 통보	해당 직원의 건강 상태에 맞는 해결책 모색(적성 검사, 치료를 위해 시간제 근무 제안) 의료 부문과 관련한 치유책 모색 건강 상태의 지속적 확인
일반의	증상 파악 신체적 · 정신적 건강 상태 진단 약물 처방 및 심리 상담 보조	업무 중단 처방 적절한 약물 처방 심리적 휴식 제안 업무 재개에 관한 조언
정신과 전문의	증상(불면증, 불안증, 과민증, 심장 발작 위험 경고, 혈압계 증상 등) 파악 정신 장애에 관한 국제 분류표에 따라 근로자의 건강 문제 진단	약물 처방으로 증상 해소 정기 검진 제안 또는 적절한 치료를 맡을 동료 의사 추천

도움이 되는 주체	역할	곁에서 맡아 주어야 할 부분과 맡아 줄 수 있는 부분에 대해 환기
심리 치료사	직업과 관련된 고민이나 개인적인 고민에 대해 적극적으로 들어주고 상담 정신 집중 효과학, 최면 요법, 눈 운동을 통한 이완 훈련 등 긴장 완화 훈련 실시 기분 좋은 시간을 늘리도록 보조 자신의 생체적 리듬에 대한 이해 노모	약물 처방 불가 약물 치료가 필요하거나 상태가 위중하다고 판단되는 경우, 전문의에게로 인도
심리 상담 코치	일에 제동이 걸리는 요인 규명에 도움 행동 역량 강화에 도움 목표 도달을 위해 함께 노력	약물 처방 불가 약물 치료가 필요하거나 상태가 위중하다고 판단되는 경우, 전문의에게로 인도 인사본부와의 중간에서 매개 역할을 해 주며 직무 복귀를 도와줌
심리 교육 코치	스트레스 관리법 교육	자기 계발 훈련을 중간에서 보조
근로자 대표 심의회, 임직원 대표	사내의 원활한 직무 수행을 방해하는 요소에 대해 법적으로 판정	정보 제공 인사본부와의 면담 시 근로자 지원
근로 환경 및 산업 보건 안전 위원회	사내의 원활한 직무 수행을 방해하는 요소에 대해 인사본부에 알림	정보 제공
노동법 전문 변호사	업무 및 고용 측면에서 근로자의 권리 보호	고용주에 대해 근로자의 권리 보호

업무 중단 시기 (피로, 도태, 분노, 극도의 슬픔 등이 느껴지는 단계)		**1단계** 피해자로서의 (법적) 지위 인정 문제점을 말로 표현하는 단계
업무 중단 시기의 연장 (근무 교대)	**보호적 틀의 마련** 법적 · 의료적 · 사회적 기틀을 마련하는 시간	**2단계** 구조적 문제에 대한 고민: 어떻게 해서 그 같은 상태에 이르렀는가? **3단계** 배려 및 치료 보조, 불평으로부터의 탈피, 일에 대해 고민 진행, 일에 대한 종합적인 평가 및 결산 시행
보호 공간 속에서 차츰 업무 시간 투입 (치료를 위해 시간제로 근무, 조금씩 일을 시작하는 단계, 고용 조건이나 근로 조건 수정)	**개인적인 고민의 틀 마련**	**4단계** 은둔 상태 탈피 조금씩 전진 황량한 사막 같은 시기의 극복 기회의 포착 의미의 양산 브레이크 해제: 1. 무언가를 하고자 하는 의욕 고취 2. 무언가를 할 수 있는 능력 부여 3. 근성을 자극하는 모순 활용
	조직적인 기틀 마련 직무 환경 관련 기관(인사 본부) 차원에서 이루어질 수 있는 활동에 대한 고민	**5단계** 과거 경험의 분석 및 이에 대한 설명 말할 수 있고 행동할 수 있는 단계 말하게 하고 이를 행동하게 할 수 있는 단계 **6단계** 일에 대한 고민에 참여 근로 조건 개선에 참여 사내 조직으로의 재편입

번아웃,
회사는 나를 다 태워 버리라고 한다

초판1쇄 인쇄 2015년 7월 23일   **초판1쇄 발행** 2015년 8월 3일

지은이 사빈 바타유   **옮긴이** 배영란

펴낸이 전광철   **펴낸곳** 협동조합 착한책가게

주소 서울시 마포구 어울마당로 112-6 3층

등록 제2015-000038호(2015년 1월 30일)

전화 02) 322-3238   **팩스** 02) 6499-8485

이메일 bonaliber@gmail.com

ISBN 979-11-954742-4-0 13320

* 책값은 뒤표지에 있습니다.

* 잘못된 책은 구입하신 서점에서 바꾸어 드립니다.

이 도서의 국립중앙도서관 출판예정도서목록(CIP)은 서지정보유통지원시스템 홈페이지(http://seoji.nl.go.kr)와
국가자료공동목록시스템(http://www.nl.go.kr/kolisnet)에서 이용하실 수 있습니다.(CIP제어번호: CIP2015018869)